Die öffentlichen Finanzen
der Europäischen Union

Europäische Hochschulschriften

Publications Universitaires Européennes

European University Studies

Reihe XXXI
Politikwissenschaft

Série XXXI Series XXXI
Sciences politiques
Political Science

Bd./Vol. 431

PETER LANG
Frankfurt am Main · Berlin · Bern · Bruxelles · New York · Oxford · Wien

Carl-Gustav Siuts

Die öffentlichen Finanzen der Europäischen Union

Status, Funktionen und Perspektiven

PETER LANG
Europäischer Verlag der Wissenschaften

Die Deutsche Bibliothek - CIP-Einheitsaufnahme

Siuts, Carl-Gustav:

Die öffentlichen Finanzen der Europäischen Union : Status, Funktionen und Perspektiven / Carl-Gustav Siuts. - Frankfurt am Main ; Berlin ; Bern ; Bruxelles ; New York ; Oxford ; Wien : Lang, 2001
(Europäische Hochschulschriften : Reihe 31, Politikwissenschaft ; Bd. 431)
Zugl.: Münster, Univ., Diss., 2000
ISBN 3-631-38147-6

D 6
ISSN 0721-3654
ISBN 3-631-38147-6

www.peterlang.de

GELEITWORT

Das System der öffentlichen Finanzen der Europäischen Union gilt nicht nur für Außenstehende als komplex, unverständlich, schwerfällig und ineffektiv, es steht auch seit langem im Mittelpunkt entsprechender wissenschaftlicher sowie politischer Debatten und Auseinandersetzungen. Dieses ist nicht zuletzt auf dem Hintergrund notwendiger Reformen der innergemeinschaftlichen Entscheidungsprozesse angesichts der beabsichtigten Erweiterungen der Gemeinschaft zu sehen, sondern auch im Hinblick auf jene Konsequenzen, die mit dem Prozeß der Globalisierung in Zusammenhang gebracht werden. Deshalb ist es zu begrüßen, daß der Verfasser den Versuch unternimmt, über Aufgaben und Funktionen eines öffentlichen Budgets im allgemeinen und dem der Gemeinschaft im speziellen nachzudenken.

Ausgehend von einer allgemeinen Betrachtung der Haushaltssystematik und den zur Diskussion stehenden Reformvorschlägen, beschränkt er die Diskussion der Einnahmenproblematik auf den Status quo des gegenwärtigen Eigenmittel-Systems der Europäischen Union. Dabei betrachtet der Verf. die Frage einer Steuerkompetenz der Gemeinschaft im Zusammenhang mit möglichen Reformüberlegungen der EU-Finanzierung. Den Schnittpunkt zur Untersuchung der gegebenen Ausgabenstruktur sieht er in Verbindung mit der Frage nach den eigentlichen Budgetfunktionen und ihrer Zuordnung zum Gemeinschaftshaushalt. Ihre Beantwortung hat ohne Zweifel große Auswirkungen auf die Verteilung der Einzelbudgets des Gesamthaushalts.

In der zutreffenden Einsicht, daß Verfassungsfragen in erster Linie nicht Rechts- sondern Machtfragen - vor allem in Verbindung mit dem Finanzverfassungsrecht - darstellen, ist eine Klärung grundlegender Fragen der Rechtsnatur der Gemeinschaft auf dem Hintergrund ihrer Finanzierungssystematik sowie der Natur ihrer Staatsaufgaben unerläßlich.

Die Reformüberlegungen des Verfassers hinsichtlich der Finanzierung der Gemeinschaft orientieren sich am Leitbild eines kompetitiven sowie kooperativen Föderalismus, ergänzt um Gedanken der ökonomischen Theorie des Föderalismus. Dieser versteht sich als Bezugsrahmen einer denkbaren europäischen Finanzverfassung. Dabei wird die Untersuchung möglicher Konfliktpotentiale, wie sie sich aus dem Verhältnis der Vertragsvorgaben der Union zu den entsprechenden Normierungen des Grundgesetzes ergeben, nicht vernachlässigt. Besondere Beachtung finden dabei die Transfers steuerrechtlicher Kompetenzen auf dem Hintergrund der geltenden Rechtsprechung.

Hinsichtlich des Verhältnisses von Finanzverfassung und Staatsaufgaben stellt sich für den Verfasser die Frage, ob angesichts des regelungsintensiven Steuerstaates und der Internationalisierung des Wirtschaftsgeschehens mit seinen unterschiedlichen Auswirkungen auf die traditionellen Funktionen öffentlicher Hauhalte die drei von Musgrave entwickelten klassischen Aufgaben öffentlicher Budgets noch Beschreibungs- und Diagnosepotential besitzen. Als Folge der Globalisierung gewinnt nach Ansicht des Verfassers die Distributionsfunktion öffentlicher Budgets gegenüber den beiden übrigen Funktionsbereichen an Gewicht, da sich einerseits die strategischen Handlungsmöglichkeiten privat agierender Wirtschaftssubjekte erhöhen und andererseits sich der Zwang zu strukturellen Reformen althergebrachter Politikmuster bei gleichzeitiger Verminderung der autonomen Einflußmöglichkeiten verstärkt. Letztendlich seien, so der Verfasser, die musgraveschen Kategorien in herkömmlicher Anwendung durch die zunehmende Verflechtung der Volkswirtschaften stumpfe Waffen der Wirtschaftspolitik geworden.

Diese Einschätzungen nimmt der Verfasser zum Anlaß, die Konsequenzen für die Gestaltung der öffentlichen Finanzen der EU an den Beispielen Umverteilung innerhalb der öffentlichen Finanzen der Gemeinschaft, Industriepolitik der EU sowie Bedeutung der sog. weichen Allokationsfaktoren aufzuzeigen und aus den gewonnenen Ergebnissen durchaus nachvollziehbare und gut belegte Reformschritte hinsichtlich einer Neustrukturierung

der Haushaltssystematik der Gemeinschaft abzuleiten.
Dem Verfasser ist es mit dieser Arbeit ohne Zweifel gelungen, eine Forschungslücke zu dokumentieren, zumal er im Rahmen des dynamischen Mehrebenensystems "EU" Fragen nach einem notwendigen Politikwechsel in Richtung auf eine aktive Gestaltung der Allokation unter der Nutzung der sog. weichen Standortfaktoren auf dem Hintergrund einer Ordnungspolitik stellt, die sich trans- oder gar supranational versteht. Damit wird er der tiefen Einsicht gerecht, daß letztlich eine Reform der öffentlichen Finanzen der EU neben den von der Kommission herausgearbeiteten Kriterien insbesondere die Entwicklungen zu berücksichtigen sind, die als externe – also nicht unmittelbar zu beeinflussende Faktoren - auf die Funktionsfähigkeit einer Finanzwirtschaft einwirken. U.a. ist es diese Einsicht, die den Bestand und die Legitimität des europäischen Integrationsprozesses garantieren kann. Nicht zuletzt aus diesem Grund wünsche ich der Publikation viele interessierte Leser.

Münster, im Februar 2001
Prof. Dr. Norbert Konegen

VORWORT

Die Europäische Union, jenes präzedenzlose Gebilde aus gegenwärtig 15 europäischen Staaten, hat in ihrer mittlerweile fast 50 Jahre währenden Geschichte eine äußerst wechselvolle Entwicklung durchlaufen. Ausgehend von einer sektoralen Zusammenarbeit in den Bereichen Kohle und Stahl hat sich seit 1952 eine Integrationsdynamik entwickelt, die immer mehr Sphären ehemals nationalstaatlicher Souveränität tangiert. Einen vorläufigen Höhepunkt wird diese Entwicklung am Beginn des Jahres 2002 erfahren, wenn im Zuge der dritten Stufe der Europäischen Wirtschafts- und Währungsunion der EURO die nationalen Währungen in zwölf Mitgliedstaaten als Zahlungsmittel ablöst.

Kein Grund für die europäische Staatengemeinschaft, sich auf dem Erreichten auszuruhen. Der Wegfall des eisernen Vorhangs und damit des Ost-West-Konfliktes bietet die historische Chance, auch die mittel- und osteuropäischen Staaten in die Gemeinschaft zu integrieren und sie bei Ihrem Weg in Richtung politische und ökonomische Stabilität zu unterstützen.

Die Entwicklung, die die EU bis heute durchlaufen hat, war gekennzeichnet von Konflikten und Kompromissen, gemeinsamen und divergierenden Interessen und den Versuchen ihrer Durchsetzung. Das wird auch in Zukunft nicht anders sein.

Der qualitative Unterschied liegt aber meines Erachtens darin, dass die Gemeinschaft an einer Wegmarke angekommen ist, wo eine grundsätzliche Entscheidung über das Ziel der Integration getroffen werden muss. Die offene Finalität ist kein tragfähiges Integrationsvehikel mehr. Die in der jüngsten Vergangenheit breit geführte Verfassungsdebatte mag als Beleg für diese Hypothese dienen.

Bereits an der AGENDA 2000, dem Programm der Europäischen Kommission für die Osterweiterung, entzündeten sich kontroverse Diskussionen die sich vornehmlich um das Problem der Finanzierung drehten. Beim Geld hört bekanntlich die Freundschaft auf und diese Volksweisheit beansprucht ihre Gültigkeit auch für das Miteinander der Mitgliedstaaten in der Europäischen Union.

Grund genug die „finanzielle Verfassung" der Union - das Wort „Finanzverfassung" soll hier bewusst vermieden werden - einer näheren Überprüfung zu unterziehen.
Verfügt die Gemeinschaft bereits über ein Finanzsystem, welches ihr den Einstieg in eine „Staatswerdung" erlaubt und wie ist die Stellung der öffentlichen Finanzen in der Rechtssystematik des Gemeinschaftsrechts? Darüber hinaus soll gefragt werden, welche Aufgaben und Funktionen dem EU-Budget zugeordnet sind und ob dieses Budget in seiner Struktur mit denen der Mitgliedstaaten vergleichbar bzw. in Teilen integrierbar ist?

Das Institut für Politikwissenschaft der Westfälischen Wilhelms-Universität Münster, von deren Philosophischen Fakultät die vorliegende Arbeit im Sommersemester 2000 als Dissertation angenommen wurde, hat mit seinen europapolitischen Lehrveranstaltungen den Grundstein für die vorliegende Arbeit gelegt.
Die Tatsache, dass mit dieser Arbeit der Versuch unternommen wird, politikwissenschaftliche, (polit-) ökonomische und staatsrechtliche Aspekte der europäischen Integration miteinander zu verbinden, ist auf die Anregung und konstruktiver Begleitung durch meinen akademischen Lehrer, Herrn Professor Dr. Norbert Konegen, zurückzuführen. Ich bin Ihm für seine fachliche wie menschliche Unterstützung zu tiefem Dank verpflichtet. Gleiches gilt für den ehemaligen Direktor des Institutes, Herrn Professor em. Dr. Gerhard W. Wittkämper, der sich freundlicherweise bereit erklärt hat die Mühen des Koreferates auf sich zu nehmen. Auch die Zusammenarbeit mit ihm hat bei mir einen prägenden Eindruck hinterlassen. Darüber hinaus möchte ich allen fleißigen Korrektur-Lesern danken die mich bei der redaktionellen Bearbeitung des Manuskriptes tatkräftig unterstützt haben. Ohne sie wäre die Arbeit in der vorliegenden Form nicht zustande gekommen.

Leipzig, im März 2001

Carl-Gustav Siuts

INHALTSVERZEICHNIS

ABSCHNITT A: ZUR EINFÜHRUNG IN DIE PROBLEMATIK

ABSCHNITT B: DIE ÖFFENTLICHEN FINANZEN DER GEMEINSCHAFT

ABSCHNITT C: ZUR REFORM DER EU-FINANZIERUNG - THEORIEN UND NORMATIVE GRENZEN

ABSCHNITT D: FINANZVERFASSUNG UND STAATSAUFGABEN

ABSCHNITT E: ZUSAMMENFASSUNG DER UNTERSUCHUNG

VERZEICHNIS DER ABBILDUNGEN:

VERZEICHNIS DER TABELLEN:

Verzeichnis der Abkürzungen

a. F.	alte Fassung
Abl.	Amtsblatt (der Europäischen Gemeinschaften)
Abs.	Absatz
AKP-Staaten	Afrikanische, karibische und pazifische Staaten
Anm. d. Verf.	Anmerkung des Verfassers
Art.	Artikel
BAFöG	Bundes-Ausbildungs-Förderungs-Gesetz
BGBl.	Bundesgesetzblatt
BSP	Bruttosozialprodukt
BverfG	Bundesverfassungsgericht
ders.	derselbe
dies.	dieselben
Dok. KOM	Dokument der Kommission der Europäischen Gemeinschaften
EAG	Europäische Atomgemeinschaft
EAGFL	Europäischer Ausrichtungs- und Garantiefonds für die Landwirtschaft
EAGV	Vertrag zur Gründung der Europäischen Atomgemeinschaft
ebd.	ebenda
ECU	European Currency Unit
EEA	Einheitliche Europäische Akte
EFRE	Europäischer Fonds für die regionale Entwicklung
EG	Europäische Gemeinschaft
EGV	Vertrag zur Gründung der Europäischen Gemeinschaft
EGKS	Europäische Gemeinschaft für Kohle und Stahl

EGKSV	Vertrag zur Gründung der Europäischen Gemeinschaft für Kohle und Stahl
EIB	Europäische Investitionsbank
EMB	Eigenmittelbeschluss
ERE	Europäische Recheneinheit
ESF	Europäischer Sozialfonds
EU	Europäische Union
EuGH	Europäischer Gerichtshof
EWG	Europäische Wirtschaftsgemeinschaft
EWS	Europäisches Währungssystem
FusV	Fusionsvertrag
GAP	Gemeinsame Agrarpolitik
GASP	Gemeinsame Außen- und Sicherheitspolitik
GATT	General Agreement on Tariffs and Trade
GHP	Gesamthaushaltsplan
GVK	Gemeinsame Verfassungskommission des Bundestages und des Bundesrates
GZT	Gemeinsamer Zolltarif
HO	Haushaltsordnung
Hrsg.	Herausgeber
HVE	Haushaltsvorentwurf
i. d. R.	in der Regel
IIV	Interinstitutionelle Vereinbarung
m. E.	meines Erachtens
MITI	Ministry of International Trade and Industry
m. w. N.	mit weiteren Nachweisen
MwSt.	Mehrwertsteuer

NOA	nicht obligatorische Ausgaben
OA	obligatorische Ausgaben
o. g.	oben genannte(n)
Rn.	Randnummer
TEN	Transeuropäische Netze
u. U.	unter Umständen
Vgl.	Vergleiche
WTO	World Trade Organization
ZIJ	Zusammenarbeit in den Bereichen Justiz und Inneres

ABSCHNITT A: ZUR EINFÜHRUNG IN DIE PROBLEMATIK

1. Einleitung

„In gewissen zeitlichen Abständen müssen Finanzentscheidungen dem Wandel der politischen und wirtschaftlichen Entwicklung angepaßt werden."
(KARL M. HETTLAGE 1986: 606)

Öffentliche Gebietskörperschaften müssen organisiert sein. Diese zunächst recht lapidar anmutende Erkenntnis gewinnt erheblich an Bedeutung, wenn man die öffentlichen Finanzen als ein wesentliches Instrument der Organisation betrachtet. Zur Bedeutung der Finanzen für die Gestaltung eines politischen Systems konstatiert Vogel bezogen auf die Bundesrepublik:

> *„Das geltende deutsche Recht verwendet das Mittel der Organisation durch Zuweisung von Geld bereits auf der Ebene der Verfassung."* (Vogel 1987: 1163).

Bereits hier zeigt sich die herausgehobene Stellung der öffentlichen Finanzen, dokumentiert durch ihre Normierung in einem höheren Rechtskreis, dem Verfassungsrecht[1]. Aus diesem Umstand ergibt sich für eines der Hauptanliegen dieser Arbeit allerdings ein erschwerender Umstand: Die elementaren Bezugspunkte wie »Staat«, »Souveränität«, »Finanzen« und »Verfassung« sind mit dem modernen Staat entstanden und beziehen sich i.d.R. auf ihn.[2] Dies gilt für den allgemeinen Sprachgebrauch ebenso wie für einen Großteil der wissenschaftlichen Literatur. Gleichwohl werden die genannten Begriffe oftmals auch unreflektiert auf die Europäische Gemeinschaft und ihr öffentliches Budget

---

[1]Dies trifft nicht nur für das Finanzwesen der Bundesrepublik und, im übertragenen Sinne, für das der Europäischen Union zu. Auch in anderen westlichen Industriestaaten nehmen die öffentlichen Finanzen eine in der Rechtssystematik herausgehobene Stellung ein.

[2]Vgl.: Vogel 1987: 1152.

übertragen und angewendet.[3]
Wie noch zu zeigen sein wird, entsprechen diese begrifflichen Unschärfen der allgemeinen Verwirrung und Konfusion, wenn es um die Einordnung der - ganz allgemein ausgedrückt - europäischen Integration in die wissenschaftliche Systematik von Staatsrecht und Völkerrecht geht.
Bezugnehmend auf das einleitende Zitat soll nunmehr zur Verdeutlichung der ausgewählten Thematik die Verbindung zu den öffentlichen Finanzen einer Gebietskörperschaft im allgemeinen und zu denen der Europäischen Union im speziellen hergestellt werden.
Der Grad staatlicher Aufgabenerfüllung ist in hohem Maße abhängig von der Ausstattung mit den dafür notwendigen finanziellen Ressourcen. Im Grundgesetz für die Bundesrepublik Deutschland regelt der Abschnitt 10 (Das Finanzwesen) mit seinen Artikeln 104a bis 115 GG das Miteinander der verschiedenen Gebietskörperschaften und die dazu gehörende Verteilung der Aufgaben, Ausgaben und Einnahmen.
Einen entsprechenden Regelungskatalog mit Verfassungscharakter für die Europäische Union (EU)[4] gibt es z. Zt. nicht. Die derzeit geltenden Bestimmungen

---

[3]Dies wird immer dann recht deutlich, wenn von der „Finanzverfassung" der Europäischen Union die Rede ist. Eine Bezeichnung, die streng genommen und wie im weiteren Verlauf der Arbeit noch zu zeigen sein wird, nicht zutreffend ist. Vgl. zunächst Fußnote 5 dieser Arbeit. Weiterführend dann Punkt 4 dieses Abschnitts.

[4]Um für den weiteren Verlauf der Arbeit definitorischen Unklarheiten vorzubeugen, soll der Begriff *Europäische Union* hier, in Anlehnung an die dt. Europarechtslehre, zweckmäßig abgegrenzt werden:
Das derzeit maßgebliche Vertragswerk der EU ist der *Vertrag zur Gründung der Europäischen Gemeinschaft* (EGV) vom 25. März 1957 in der Fassung vom 02. Oktober 1997 (BGBl. 1998 II S. 386). Er beruht auf dem Vertrag über die Europäische Union (EUV), der am 09./10. Dezember 1991 in Maastricht beschlossen wurde, und der nach der Ratifikation in allen Mitgliedstaaten am 01. November 1993 in Kraft trat. Gemäß Art. N, Abs. 2 EUV sollte dieser Vertrag einer Überprüfung unterzogen werden, deren Resultat nunmehr als Vertrag von Amsterdam (EGV) vorliegt.
Die wesentlichen Neuerungen des EUV waren die „Zusammenführungen" der drei bisherigen Vertragswerke der Europäischen Gemeinschaften. Dies waren im einzelnen der *Vertrag über die Gründung der Europäischen Gemeinschaft für Kohle und Stahl* (EGKSV) vom 18. April 1951 (BGBl. II S. 447), der *Vertrag zur Gründung der Europäischen Atomgemeinschaft* EURATOM
(Fortsetzung...)

für die öffentlichen Finanzen der Europäischen Gemeinschaft sind im Titel II des fünften Teils des Vertrages zur Gründung der Europäischen Gemeinschaft (EGV) in der Fassung vom 02. Oktober 1997, oder einfacher ausgedrückt, in den Artikeln 268 bis 280 EGV niedergelegt.
Dieser Teil des Vertrages findet in jenem vielzitierten "Drei-Säulen-Modell" aus Europäischer Gemeinschaft, Gemeinsamer Außen- und Sicherheitspolitik und der Zusammenarbeit in den Bereichen Justiz und Inneres jedoch explizit keine Erwähnung. Zu sehr wird die gegenwärtige Diskussion von dem Projekt der Währungsunion, die in die Vertragsbestimmungen der ersten Säule integriert ist, bestimmt. Auch nach ihrer Verwirklichung ist vor dem Hintergrund der anstehenden Osterweiterung nicht mit einer intensiveren Auseinandersetzung mit der „Finanzverfassung"[5] der Gemeinschaft zu rechnen. Bei beiden zentralen

---

[4](...Fortsetzung)
(EAG) vom 25. März 1957 (BGBl. II S. 1014) und der *Vertrag zur Gründung der Europäischen Gemeinschaft* (EGV) vom 25. März 1957 (BGBl. II S. 766) mit den durch die *Einheitliche Europäische Akte* (EEA) vom 28. Februar 1986 (BGBl. II. S. 1102) vorgenommenen Änderungen. Gemeinsam mit den Bestimmungen zur Wirtschafts- und Währungsunion bildet dieser Teil des Primärrechts die auf dem Prinzip der Supranationalität beruhenden sog. „erste Säule".
Neben diese reformierte Europäische Gemeinschaft (bestehend aus EG, EAG und EGKS) mit durchweg supranationalem Charakter tritt die zweite Säule in Form der Gemeinsamen Außen- und Sicherheitspolitik (GASP) sowie die dritte mit der Zusammenarbeit in den Bereichen Justiz und Inneres (ZIJ). Die Säulen zwei und drei beruhen auf intergouvernementaler Zusammenarbeit. Wenn im Folgenden somit von Europäischer Gemeinschaft oder Gemeinschaftsrecht gesprochen wird, so bezieht sich dies immer auf die erste Säule des EUV. Der Unionsvertrag stellt mit seinen Gemeinsamen Bestimmungen und den Schlussbestimmungen somit das Fundament und das Dach der drei Säulen dar. Aufgrund dieser "Mantelfunktion" des EUV spricht man auch von einem "Mantelvertrag".
Vgl.: Bleckmann 1997: 30f., Schweitzer / Hummer 1996: 01ff., Streinz 1999: 43, Koenig / Pechstein 1998: 01ff. und Weidenfeld / Wessels 1997.

[5]Im Zusammenhang mit der Europäischen Union von einer Finanzverfassung zu sprechen ist definitorisch etwas unscharf (abweichend hierzu: Bohnet-Joschko 1996: 91). Angesichts der Tatsache, dass in der Finanzwissenschaft, der Staatsrechtslehre und der Politikwissenschaft die Finanzverfassung stets im Kontext des "Staates" thematisiert wird, diese Klassifikation aber (wie noch darzustellen sein wird) für die Europäische Union nicht zutreffend ist, soll hier, auch in Anlehnung an Musgrave / Musgrave / Kullmer, von "den öffentlichen Finanzen" die Rede sein. Vgl.: Musgrave / Musgrave / Kullmer 1994: Die öffentlichen Finanzen in Theorie und Praxis: Bd. I, 6. Auflage 1994; Bd. II, 5. Auflage 1993; Bd. III, 4. Auflage 1992. Originaltitel:
(Fortsetzung...)

Aufgaben rücken die Finanzen erst in den Mittelpunkt des Interesses, wenn es um die Finanzierung, also um die Anteile der Mitgliedstaaten am Gesamthaushalt der EG, geht. Dabei wird die primärrechtliche Ebene aber weitgehend außer Acht gelassen.[6]

Berücksichtigt man jedoch die Tatsache, dass leistungsfähige öffentliche Finanzen eine Bedingung für die Bewältigung der o.g. Herausforderungen, insbesondere der Erweiterung um die Staaten Mittel- und Osteuropas darstellt, verdeutlicht sich die Relevanz der Thematik. Die Finanzvorschriften des Maastrichter Vertrages beinhalten u.a. lediglich Vorschriften über die Aufstellung des Haushaltes, das Haushaltsverfahren und seine Ausführung.

Die elementaren Bestandteile einer Finanzverfassung wie Aufgaben-, Ausgaben- und Einnahmenverteilung werden auf EG-Ebene in komplizierten Verhandlungen nach dem Konsensprinzip geregelt. Dabei spielen u.a. „interinstitutionelle Vereinbarungen", „finanzielle Vorausschauen", „Eigenmittelobergrenzen" und „Mehrwertsteuer-Bemessungsgrundlagen" ein wichtige Rolle.

Die Kompliziertheit dieses Systems in Verbindung mit der Tatsache, dass seine Strukturen noch für eine Europäische Gemeinschaft von sechs oder neun Mitgliedstaaten ausgelegt waren, führen heute zu großer Ineffizienz und mangelnder Problemlösungskapazität. Bei der dominierenden Rolle, die

---

[5](...Fortsetzung)
Public Finance in Theory and Practice von Richard A. und Peggy B. Musgrave.

[6]Dies wurde besonders in den Monaten vor dem Sondergipfel der Staats- und Regierungschefs der Europäischen Union im März 1999 in Berlin deutlich, auf dem die *AGENDA 2000*, das Programm der EU-Kommission zur Vorbereitung und Finanzierung der Osterweiterung, verabschiedet werden sollte. Der geltende Eigenmittel-Beschluss hatte eine Laufzeit bis Ende 1999. In diesem Zusammenhang forderte u. a. Deutschland bereits seit längerem eine ausgewogenere Verteilung der Finanzierungslasten, was mit einer höheren Belastung der anderen Mitgliedstaaten gleichbedeutend gewesen wäre. Da sich die geltenden Eigenmittel-Regelungen automatisch verlängern, wenn bis zu deren Auslaufen kein neuer Beschluss gefasst wird, und die Kommission die aktuelle Regelung für ausreichend zur Bewältigung der anstehenden Herausforderungen hält, konnte weder Deutschland noch eines der anderen Mitgliedsländer über einen neuen Eigenmittel-Beschluss eine nennenswerte Umverteilung der Finanzierungsanteile durchsetzen. Vgl.: Zeitgespräch (1999) und Abschnitt B, Punkt 5.6. dieser Arbeit.

öffentliche Finanzen für eine Gebietskörperschaft einnehmen, scheint es nicht länger akzeptabel, dass das Budget der Gemeinschaft weiterhin als Verhandlungsmasse der Mitgliedstaaten zur Finanzierung von Kompensationsmaßnahmen betrachtet wird. Neben einer klar definierten Einnahmen- und Ausgabenverteilung ist insbesondere eine Funktionszuweisung für den Haushalt der Gemeinschaft nötig.

So wird deutlich, dass eine Betrachtung der öffentlichen Finanzen der Union in drei verschiedenen Ebenen erfolgen kann. Da wäre zunächst einmal die Einnahme-Seite, d.h. die Frage, welche Eigenmittelarten in welcher Höhe und von wem an den Brüsseler Haushalt „bezahlt" werden. Die Arbeiten, die zur Reform des EU-Einnahmesystems vorliegen, sind ebenso zahlreich wie vielschichtig. Dabei lassen sich zwei Hauptströmungen erkennen, von denen sich die eine mit einer gerechteren Verteilung der Lasten unter Beibehaltung des derzeitigen Eigenmittelsystems beschäftigt, während für die andere Richtung eher die Stärkung der Finanzautonomie der Gemeinschaft durch Etablierung steuerpolitischer Kompetenzen auf der Gemeinschaftsebene im Vordergrund der Analyse steht.[7] Neben dieser Betrachtung der Einnahmen wird die Reform der Ausgabenstruktur des Gesamthaushalts der Gemeinschaft diskutiert.

Dabei dreht sich die Debatte in erster Linie um eine Korrektur der aus der Agrar- und Strukturlastigkeit des EU-Haushalts resultierenden Schieflage des Gemeinschafts-Budgets[8]. Darüber hinaus ist im Zuge der weiter fortschreitenden Integration aber auch die Implementierung eines Finanzausgleichs Gegenstand der Untersuchungen.[9]

Eine dritte Betrachtungsebene erschließt sich, wenn man über die Aufgaben und Funktionen eines öffentlichen Budgets im allgemeinen und dem der Gemeinschaft

[7]Vgl. zur Reform des Einnahme-Systems stellvertretend und teilweise m. w. N.: Europäische Kommission (1998a); Beirat (1998); Caesar (1996); Caesar (1996a); Caesar (1997); Genser (1995); Biehl (1996); Fuest (1996).

[8]Agrar- und Strukturpolitik machen gemeinsam etwa 80% der Gesamtausgaben der Europäischen Union aus. Vgl. auch Abschnitt D, Punkt 3 dieser Arbeit.

[9]Vgl. hierzu sehr erschöpfend: Kraff (1997) sowie Walthes (1995); Thomas (1994); Lammers (1993); Grüske / Walthes (1994); Feldsieper / Prokop (1996) und Erlei (1997).

im speziellen nachdenkt. Dieser Punkt bildet neben einer allgemeinen Betrachtung der Haushaltssystematik und den zur Diskussion stehenden Reformvorschlägen den eigentlichen Anknüpfungspunkt der Arbeit. Eine generelle Betrachtung des öffentlichen Haushalts der Europäischen Union unter dem Aspekt der Funktionszuweisung an das Budget ist in der wissenschaftlichen Diskussion bisher vernachlässigt worden.
Für den weiteren Verlauf der Arbeit soll sich somit die Diskussion der Einnahmen auf den Status quo des gegenwärtigen Eigenmittel-Systems beschränken. Die Frage einer Steuerkompetenz soll dabei - allerdings in einem anderen Zusammenhang - als ein möglicher Reform-Aspekt der EU-Finanzierung behandelt werden. Ähnliches trifft auf die Diskussion der Ausgabenstruktur zu, die sich nicht primär am Schwerpunkt der genannten Autoren orientieren wird (Finanzausgleich), sondern eng mit der Frage nach den eigentlichen Budgetfunktionen verknüpft ist. Eine möglichst umfassende Antwort auf die Frage, welche Funktionen dem Gemeinschaftshaushalt zugeordnet werden sollen, wird u. U. große Auswirkungen auf die Verteilung der Einzelbudgets des Gesamthaushaltes haben. An dieser Stelle ergibt sich der Schnittpunkt zu den Untersuchungen der Ausgabenstruktur.

2. Gang der Untersuchung

Der Begriff der „Verfassung“ hat mittlerweile auch Einzug in die Europarechtslehre[10] und in die Diskussion um die offene Finalität der europäischen Integration gefunden.[11] Diese Arbeit beschäftigt sich nur am Rande mit der Frage der Notwendigkeit einer Verfassung für den Fortgang der europäischen Integration. Gleichwohl wird die Bedeutung einer Verfassung für ein politisches Gemeinwesen dargestellt und als Einführung in die Problematik in Anwendung auf die Europäische Union herausgearbeitet. Denn Verfassungsfragen sind nicht

[10]Vgl. stellvertretend: Koenig / Pechstein 1998: 263ff. und Streinz 1999: 116

[11]Wie Friedrich aber feststellt, kann das Interesse an der Verfassungstheorie als eine deutsche Besonderheit verstanden werden. Vgl.: Friedrich 1978: 01.

in erster Linie Rechtsfragen, sondern Machtfragen[12]. Diese Aussage trifft zunächst allgemein für die Verteilung von Kompetenzen in einem politischen Mehrebenensystem per Verfassung zu. Sie wird maßgeblich durch das Finanzverfassungsrecht[13] bestimmt. Unabhängig von der Frage, ob es sich beim Primärrecht der Europäischen Union um eine Verfassung handelt, sollen die öffentlichen Finanzen der Gemeinschaft in ihrer Gesamtheit aber als ein System behandelt werden, dem Aufgaben und Funktionen zugewiesen worden sind. Insbesondere die von der Finanzwissenschaft vorgenommene Funktionszuweisung wird anhand der Funktionen der öffentlichen Finanzen der Europäischen Union einer genaueren Prüfung unterzogen. Diese soll belegen, dass die traditionellen Funktionen durch das europäische Budget aus verschiedenen Gründen nicht erfüllt werden können und somit eine Neuorientierung für die Finanzen Europas angezeigt wäre.
In einem ersten Schritt werden die grundlegenden Fragen bezüglich des Begriffs der Verfassung, aber auch in Anwendung auf die Europäische Union untersucht. Gegenstand dieses Teils der Ausführungen ist sowohl die Frage nach der Rechtsnatur des europäischen Gemeinschaftsrechts, als auch nach den Aufgaben einer (europäischen) Verfassung und speziell der Finanzverfassung. Anschließend wird in einem deskriptiven Teil der Untersuchung zunächst die Finanzierungssystematik der Europäischen Gemeinschaften dargelegt, bevor aus der Fülle der wissenschaftlichen Reformkonzeptionen sodann zwei grundlegende Modelle vorgestellt werden. In Ergänzung hierzu wird die ökonomische Theorie des Föderalismus vorgestellt. Diese kommt in ihren Schlussfolgerungen zu ähnlichen Ergebnissen wie die Theorie des kooperativen Föderalismus. Diese ökonomische Theorie soll dann auf ihre Tragfähigkeit bzw. ihre Realisierungsmöglichkeiten im Sinne der Thematik untersucht werden.
Vor dem Hintergrund dieser Informationen soll eine Antwort auf die Frage gesucht werden, was eine neugeordnete europäischen Finanzverfassung leisten

[12]Vgl. Hesse 1978: 77.

[13]Unter Finanzverfassungsrecht versteht man die Teilmenge des Verfassungsrechts, die als Gesamtheit der Rechtsvorschriften über die öffentlichen Finanzen dem Verfassungsrecht zuzuordnen sind. Vgl. Kremser / Leisner 1999: 333.

soll, also welche Aufgaben und Funktionen einem öffentlichen Budget überhaupt zugerechnet werden können. Die Implikationen, die sich aus diesen Untersuchungen für das Budget der Gemeinschaft ergeben, sollen im abschließenden Abschnitt dargestellt werden.

3. Zur Frage der Rechtsnatur des Gemeinschaftsrechts

Es liegt in der Natur der Sache, dass am Beginn der Thematisierung der öffentlichen Finanzen der Europäischen Gemeinschaft die Frage der Rechtsnatur des Gemeinschaftsrechts geklärt werden muss. Das Europarecht[14] als Wissenschaftsdisziplin, mit seinem genuinen Forschungsgegenstand des primären und sekundären Gemeinschaftsrechts der EU, musste sich eines Kunstgriffes bedienen, um die Rechtsnatur der EU in die klassischen Kategorien des allgemeinen Staatsrechts und der Völkerrechtslehre einzuordnen. Galt es doch, das Dilemma aufzulösen, nach dem die EU weder einen Bundesstaat, noch einen Staatenbund im herkömmlichen Sinne darstellt[15].

De facto kommt die gegenwärtige Erscheinungsform der EU dem Idealbild des Staatenbundes weitaus näher als dem des Bundesstaates.[16] Zieht man den Begriff der Souveränität[17] jedoch in die Überlegungen mit ein, so zeigt sich, dass hier ein elementares Ordnungsprinzip des Staatenbundes - die unumschränkte Souveräni-

---

[14]Koenig / Harratsch klassifizieren das „Europarecht im engeren Sinne" als das Recht der Europäischen Gemeinschaften, also der EGKS, der EWG und der EAG und der Europäischen Union (dies. 1998: 01ff.). Ebenso Schweitzer / Hummer: Sie klassifizieren die drei Säulen des Maastricht-Vertrags inklusive der gemeinsamen Bestimmungen und der Schlussbestimmungen als *Recht der Europäischen Union.* Sie unterscheiden allerdings zwischen *Gemeinschaftsrecht* (erste Säule) und *Unionsrecht* (zweite und dritte Säule) Darüber hinaus findet sich auch dort die allgemein übliche Unterscheidung zwischen primärem und sekundärem Gemeinschaftsrecht (dies. 1996: 02ff.).

[15]Vgl. zum Begriff und Wesensmerkmalen des Bundesstaates: Haller / Kölz 1996: 107ff.

[16]Vgl.: Weber 1993: 326.

[17]Zur Problematik des Souveränitätsbegriffes vgl.: Randelzhofer 1987: 692ff.

tät seiner Mitgliedstaaten - verletzt wird.
So betont auch Bleckmann, dass die Europäischen Gemeinschaften immer noch durch mangelnde Organisationsgewalt und fehlende *„Kompetenz-Kompetenz"* (Bleckmann 1997: 76) gekennzeichnet seien. Er schreibt: *„Es fehlt ihnen vor allem die umfassende Befugnisse beinhaltende staatliche **Souveränität**"* (ebd., Hervorhebung im Original). Kennzeichnend für die rechtliche Stellung der Europäischen Gemeinschaft sei der Souveränitätsverzicht der Mitgliedstaaten in bestimmten Politikbereichen. So lange der politische Wille der Mitgliedstaaten auf die Durchführung und Umsetzung der Verträge ausgerichtet sei, komme es zu einer Rechtslage, nach der die Mitgliedstaaten auf ihre Souveränität in diesen Bereichen verzichten würden.[18]

Diesem an sich klassischen Merkmal eines Staatenbundes, so fügt er aber hinzu, stehe so etwas wie die Bildung eines *„Europäischen Souveräns"* gegenüber (ders.: 79). So vermutet er, dass die nationalen Gerichte einem Gesetz, welches grundsätzlich vom europäischen Gemeinschaftsrecht abweicht, *„die Gefolgschaft verweigern"* werden (ebd.). Diese normative Kraft des Faktischen, welche die Europäische Integration mittlerweile entwickelt hat, lässt es trotz der immer noch vorhandenen, wenn auch unwahrscheinlichen Möglichkeit eines Austritts aus der Gemeinschaft[19] als gerechtfertigt erscheinen, davon zu sprechen, *„dass diese Gemeinschaften den Panzer der einzelstaatlichen Souveränität durchbrechen"* (Randelzhofer 1987: 704).

Unter diesem Aspekt ist die Europäische Union also auch nicht mehr als Staatenbund zu klassifizieren. Zu groß sind die Interdependenzen zwischen Gemeinschaft und Mitgliedstaat geworden. In zu vielen Bereichen greift die Rechtsprechung der Union in die der Mitgliedstaaten ein. Obgleich dies noch

---

[18]Bleckmann 1997: 78.

[19]Die Frage nach dem Austritt aus der Gemeinschaft stellt sich für Bleckmann nicht unter dem Aspekt der rechtlichen Möglichkeit, sondern unter dem Aspekt der Fähigkeit, die daraus folgenden Konsequenzen zu tragen. Vgl.: Bleckmann 1997: 78. In der Tat enthalten die Gemeinschaftsverträge keine Bestimmungen über einen Austritt. Vgl. näher dazu: Streinz 1999: 33.

nicht die Verfassungshoheit betrifft, stehen diese Entwicklungen der Einordnung der EU in die Gruppe der Staatenbünde entgegen.
Die Formel, mit der eine adäquate Einordnung der EU und ihres Rechtssystems in die gängigen Modelle des allgemeinen Staatsrechts erfolgen konnte, verwendet die Elemente „supranational" und „Rechtsordnung sui generis".
Demnach ist die Europäische Union ein Staatenbund mit **supranationalen** Elementen, deren Rechtsgrundlagen sich aus dem primären und sekundären Gemeinschaftsrecht bilden. Hier ist allerdings umstritten, ob das Gemeinschaftsrecht ohne weiteres dem Völkerrecht zugeordnet werden kann. Zwei unterschiedliche Strömungen sind erkennbar: Eine Lehrmeinung (von Schweitzer / Hummer als „Traditionalisten" bezeichnet[20]), vertritt den Standpunkt, beim Europarecht handele es sich um Völkerrecht, da es aus der Schließung völkerrechtlicher Verträge durch souveräne Staaten hervorgegangen sei.
Die von Schweitzer / Hummer als „Autonomisten" bezeichneten Vertreter sind hingegen der Meinung, beim Gemeinschaftsrecht handele es sich um eine eigenständige Rechtsordnung „sui generis". Aus ihrer Sicht ergebe sich aus dem Gesamtzusammenhang der Gemeinschaftsverträge eine Struktur, in der erhebliche Unterschiede zu anderen völkerrechtlichen Verträgen zu erkennen seien. Zentrales Merkmal dabei sei das supranationale Element des Gemeinschaftsrechts. Aus dieser Argumentation heraus wird gefolgert, dass es sich beim primären Gemeinschaftsrecht nicht mehr um Völkerrecht, sondern um ein Recht mit Doppelnatur handele, welches sowohl vertragsrechtlichen, als auch verfassungsrechtlichen Charakter besitzt. Diesem Status wird allerdings kein Staatscharakter oder staatsartiger Charakter zuerkannt.[21]

Aufgrund der weiter oben dargestellten Integrationsdynamik und der Tatsache, dass das Prinzip der souveränen Gleichheit der Staaten durch die prinzipielle Möglichkeit von Mehrheitsentscheidungen nach Art. 95 EGV durchbrochen wird, handelt es sich im Fall der Europäischen Union um eine Rechtsordnung **sui**

---

[20]Vgl.. Schweitzer / Hummer 1996: 27

[21]Vgl: Schweitzer / Hummer 1996: S.27ff., sowie Streinz 1999: 38ff.

generis.
Diese „autonomistische" Sichtweise hat sich mehr und mehr als die herrschende Lehre durchgesetzt und wird auch in der Judikatur sowohl des EuGH, als auch der nationalen Gerichte berücksichtigt.
Somit handelt es sich bei der Europäischen Union also nicht um einen **Bundesstaat.** Als **Staatenbund** jedoch stellt die Europäische Union mehr als die Summe ihrer Mitgliedstaaten dar.
Auch das Bundesverfassungsgericht (BVerfG) vermied in seinem Urteil zum Maastrichter Vertrag vom 12. Oktober 1993 die Termini „Bundesstaat" und "Staatenbund". In seiner Definition stellt die Europäische Union einen *„Staatenverbund zur Verwirklichung einer immer engeren Union der - staatlich organisierten - Völker Europas"* dar (BverfG 1993: 156).
Selbstverständlich konnte das Bundesverfassungsgericht mit seiner Rechtsprechung nicht die Gebote der Art. 20, Abs. 1 GG (Verfassungsgrundsätze) in Verbindung mit Art. 79, Abs. 3 GG (Änderung des Grundgesetzes - "Ewigkeitsklausel") missachten und somit die Staatsqualität des Bundes und seiner Länder in Frage stellen. Somit stellte das BVerfG im achten Leitsatz des Urteils fest: *„Der EU-Vertrag begründet einen Staatenverbund, (...) keinen sich auf ein europäisches Staatsvolk stützenden Staat"* (ebd.). Damit wiederum bediente es sich der auf Jellinek zurückgehenden klassischen „drei-Elementen-Lehre", wonach ein Staatsvolk, ein Staatsgebiet und eine Staatsgewalt die drei elementaren Charakteristika eines Staates sind.[22]
Mit der Feststellung, es handele sich bei der EU um eine Union staatlich organisierter Völker, und bei den Bürgern der EU nicht um ein europäisches Staatsvolk, ist zumindest ein Kriterium der neueren Staatsrechtslehre bezüglich der Staatsqualität der Europäischen Union nicht erfüllt.

[22]Vgl. dazu auch ausführlich: Kremser / Leisner 1999: 02ff.

3.1. Europäisches Primärrecht oder europäische Verfassung?

Ist die „Verfassung" Europas im Primärrecht der Europäischen Union niedergelegt, und wenn ja, ist es dann gerechtfertigt, von einer europäischen Verfassung zu sprechen?[23]

Der Begriff der Verfassung wird zu den *„härtesten Nüssen der Rechtswissenschaft"* (Stern 1984: 69f.)[24] gezählt. Verfassungen gehen vom Volk aus und sollen die Staatsgewalt binden. Dabei wirken sie

> *„nicht herrschaftsmodifizierend, sondern herrschaftsbegründend, nicht partikular, sondern universal und nicht punktuell, sondern umfassend. Der umfassende Geltungsanspruch darf freilich nicht mit Totalverrechtlichung von Politik verwechselt werden. (...) Sie* (die Verfassung, Anm. d. Verf.) *ist eine Grundordnung, die sich auf die Festlegung von Ziel und Rahmen der Politik beschränkt und im übrigen für politische Ausfüllung offen bleibt."* (Grimm 1995: 584)

Verfassungen sind mithin also keine abgeschlossenen Regelungskataloge und nicht imstande, alle Bereiche des öffentlichen Lebens abschließend und umfassend zu regeln. Eine Verfassung soll der legislativen Gewalt immer noch genügend Möglichkeiten zur eigenverantwortlichen Gestaltung des politischen Systems geben. Gleichwohl sollten bestimmte Bereiche wie z. B. die Organisationsstruktur des Staates, die Kompetenzverteilung etc. dezidiert in einer Verfassung festgelegt sein, um sie dem diskretionären Zugriff des tagespolitischen Geschehens zu entziehen.

Eine Verfassung legt aber auch die Ziele staatlichen Handelns in Form von Staatsaufgaben fest[25]. Da unser Verfassungsverständnis den *„für den westlichen Verfassungsstaat charakteristischen Anspruch* (widerspiegelt), *konstitutiv,*

---

[23]Vgl. grundlegend hierzu die hervorragende Darstellung bei Grimm 1995: 581ff.

[24]Zitiert nach P. Kastari (1966): Festschrift für G. Leibholz, Bd. II S. 49.

[25]Vgl. zur Reformdiskussion der Staatsaufgaben: Stern 1984a: 15ff., der die Überprüfung der Aufgabenlast des Staates als eine *„interdisziplinäre wissenschaftliche Aufgabe"* charakterisiert (ebd. mit weiteren Nachweisen).

umfassend und universal, Rechtsgrund und Maßstab für die staatliche Herrschaftsausübung zu sein." (Schulze-Fielitz 1990: 15), definieren diese Staatsaufgaben damit auch die Rolle, die der Staat in der Gesellschaft spielt.
Die Rechtsgrundlage eines Staates wird also von seiner Verfassung gebildet.[26] Der Staat ist sowohl eine Voraussetzung für eine Verfassung, als auch Gegenstand der Verfassung. Und obwohl Verfassungen durchaus unterschiedlich ausgestaltet sein können, gibt es im völkerrechtlichen Staatsbegriff ein allen Staaten gemeinsames Organisationsschema: die drei Elemente von Staatsvolk, Staatsgebiet und Staatsgewalt.[27]
Wie aber bereits dargelegt und durch die Rechtsprechung des BVerfG untermauert wurde, handelt es sich bei der Europäischen Union in ihrer heutigen Form nicht um einen Staat. Ihre Rechtsgrundlage bilden die von den Mitgliedstaaten geschlossenen völkerrechtlichen Verträge. Aufgrund der Teilsouveränität der Europäischen Gemeinschaft, die ihr durch Supranationalisierung bestimmter Politikbereiche von den Mitgliedstaaten quasi »verliehen« wurde, versagt aber auch der klassische Dualismus mit seiner Einteilung in Nationalstaat und internationaler Organisation.[28]
Ob es sich beim Primärrecht der Gemeinschaft um eine Art von Verfassung handelt, ist denn auch durchaus umstritten. In dieser Diskussion kommt die Besonderheit des *„präzedenzlosen Gebildes"* (Grimm 1997: 14) erneut zum Ausdruck. Streng normativ argumentiert, handelt es sich beim Primärrecht nicht um eine europäische Verfassung.

> *„Verfassungen, (...), sind Festlegungen einer Gesellschaft über Art und Form ihrer politischen Einheit. (...). Die Gesellschaften, (...), üben damit ihr Selbstbestimmungsrecht über die Herrschaftsordnung aus und erweisen sich darin als Souverän und Quelle der Staatsgewalt.*" (Grimm 1999: 4).

[26]Vgl.: Grimm 1994: 11.

[27]Vgl.: Isensee 1995: 10f.

[28]Das Problem liegt hier, wie Schuppert es formuliert, in *„der Unzulänglichkeit der überkommenen Begrifflichkeit"*. (Schuppert 1994: 53).

Innerhalb dieser Grenzen, die eine Verfassung als Rahmen bzw. als konstitutionelle Basis verkörpert, vollzieht sich die Ausübung staatlicher Gewalt. Dementsprechend könnte man eine Verfassung (analog zum Rechtssystem der Gemeinschaft) auch als Primärrecht und das aus ihm hervorgehende Rechtssystem als Sekundärrecht bezeichnen. Dies erscheint jedoch nicht zulässig. *„Die Differenz liegt in der Rückführung auf den Willen der Mitgliedstaaten statt auf den des Unionsvolks.“* (Grimm 1994: 32).

Darüber hinaus offenbart sich bei genauerem Hinsehen ein weiterer elementarer Unterschied, der es unter klassischem Verständnis als nicht gerechtfertigt erscheinen läßt, von einer europäischen Verfassung zu sprechen: Während eine Verfassung im staatsrechtlichen Sinne eine *„potentielle Allzuständigkeit“* (Grimm 1995: 586) für sich beansprucht, steht dem auf europäischer Ebene das Prinzip der begrenzten Einzelermächtigung gegenüber.[29]

An dieser Stelle wird erneut deutlich, dass die Herren der Verträge immer noch die Mitgliedstaaten sind und somit die von ihnen entworfene „Verfass“, d.h die Gestalt und Ausprägungsform der Gemeinschaft, nur indirekt auf den eigentlichen Souverän, das (europäische) Volk zurückzuführen ist.[30]

Trotz all dieser definitorischen Winkelzüge und Trennschärfen bzw. Unschärfen hat der Begriff der Verfassung in Anwendung auf die europäische Integration und ihr Primärrecht, wie bereits angesprochen, seit langem Eingang in die Literatur und den Sprachgebrauch gefunden.

Da eine Entwicklung der Europäischen Union zu einem vollwertigen Bundesstaat klassischer Prägung mittel- bis langfristig als sehr unwahrscheinlich gilt, sind für die Bezeichnung des „konstitutionellen Regelwerks“ der Union jüngst neuere Vorschläge zur Auflösung des Dilemmas vorgelegt worden. Diese reichen von einem »Verfassungsvertrag« oder Kernvertrag, in den jene Bestandteile

---

[29]Vgl. u.a.: Bleckmann 1997: 149ff., Schweitzer / Hummer 1996: 98ff. sowie Streinz 1999: 162ff.

[30]Diese nicht unmittelbar verliehene (Staats)-Gewalt bildet die Grundlage für das immer wieder konstatierte Demokratiedefizit der Europäischen Gemeinschaft.

aufgenommen werden, die üblicherweise in Verfassungen geregelt werden, bis zu einer grundlegend neu ausgearbeiteten europäischen Verfassung.[31] Nach dem ersten Vorschlag hätte dieser, von Detailregelungen „entschlackte" Basisvertrag dann den *„Charakter einer Grundordnung"* (Grimm 1995: 585), ohne die konstitutiven Elemente der jetzigen Konstruktion preiszugeben.[32]

3.2. Verfassungswandel und Aufgaben einer europäischen Verfassung

Einige Kennzeichen und Inhalte einer Verfassung sind vorausgehend bereits dargestellt worden. Festgestellt worden ist, dass Verfassungen durchaus prozessual angelegt sein sollen, um der Politik genügend Spielraum zur Lösung von Problemen zu bieten.

Stern ordnet einer Verfassung insgesamt zehn verschiedene Funktionen zu, von denen im Zusammenhang mit der Frage nach einer europäischen „Verfassung" das Ziel der Festlegung einer grundlegenden *„Organisationsstruktur des Staates"* (Stern 1984: 82) im übertragenen Sinne m. E. die größte Relevanz besitzt.[33] Schließlich muss mit Hilfe der Verfassung die Frage nach der Organisationsstruktur eines „prä-föderalen" Gebildes beantwortet werden. Zur Veranschaulichung folgende Abbildung:

[31]Vgl. zu den grundlegenden Problemen einer europäischen Verfassung die sehr breit gefächerten und umfassenden Beiträge in: Müller-Graff / Riedel (1998): Gemeinsames Verfassungsrecht in der Europäischen Union.

[32]Vgl. zur aktuellen Diskussion auch: Frankenberger 1999

[33]Vgl.: Stern 1984: 82ff.

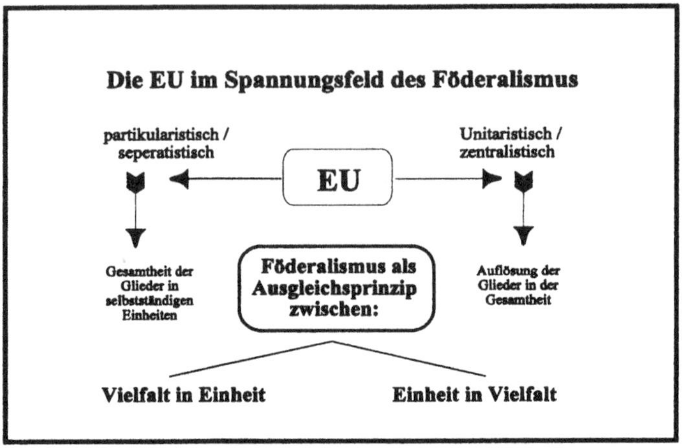

Abbildung 1: Die EU im Spannungsfeld des Föderalismus
Quelle: Eigene Darstellung in Anlehnung an Magiera (1994): 71ff.

Wie soll ein überwiegend dezentral organisiertes Gemeinwesen (Bundesstaat, Staatenbund, Staatenverbund) verfasst sein, d. h. auf welcher Grundlage sollen die Beziehungen zwischen den beteiligten Einheiten geregelt werden?[34]
Die Gesamtheit dieser Fragen wird im modernen Staat mitteleuropäischer Prägung i. d. R. mittels einer Verfassung beantwortet.[35] Kernstück einer solchen Verfassung ist aufgrund seiner herausragenden Stellung für die Handlungsfähigkeit und den Grad der Selbstständigkeit der Teilsysteme jener Teil der Verfassung, der die Finanzbeziehungen regelt, also die Finanzverfassung.[36]

---

[34]Der föderative Staatsaufbau der Bundesrepublik ist zu einem großen Teil Resultat der negativen Erfahrungen mit dem nationalsozialistischen Einheitsstaat. Aus diesem Grunde geht der föderative Staatsaufbau in Deutschland auch wesentlich auf den Einfluß der Alliierten zurück. Daneben gibt es aber auch ökonomische Gründe für einen föderativen Staatsaufbau. Vgl. dazu: Zimmermann / Henke, 1994: 174ff.

[35]Vgl. zum Begriff der Verfassung: Stern, 1984: 61ff.

[36]Auf den Typ des Bundesstaates bezogen kommen Schmidt-Bleibtreu / Klein zu dem Schluß: *„Die **Finanzverfassung** ist eine Kernfrage des bundesstaatlichen Aufbaues. Sie sichert die*
(Fortsetzung...)

Weil die Verfassung aufgrund ihrer exponierten Stellung wesentliche Strukturen des Gesamtsystems determiniert, müssen mit ihr zwei elementare Fragen beantwortet werden. Die erste Frage bezieht sich auf das organisatorische Prinzip, mit dem die Beziehungen der einzelnen Glieder in der Gesamtheit geregelt werden sollen und die zweite zielt auf die Kompetenzabgrenzungen innerhalb der Gemeinschaft. Steht bei der Organisationsfrage der horizontale und / oder vertikale Aufbau des Gemeinwesens im Vordergrund, so geht es bei der zweiten Frage um die *„substantielle Kompetenzaufteilung"* (Magiera 1994: 79) innerhalb der föderal gegliederten Gesamtheit.

Die Skala der Möglichkeiten reicht dabei von einem zentral organisierten, unitaristischen Einheitsstaat, bis hin zum föderal gegliederten Bundesstaat. Zwischen diesen beiden Extrempolen des Kontinuums existieren eine Vielzahl unterschiedlicher Möglichkeiten wie konföderale Staatenbünde oder verschiedene Ausprägungen des staatlichen, zwischenstaatlichen oder transnationalen Föderalismus (vgl. folgende Abbildung).

[36](...Fortsetzung)
Grundlagen für das Tätigwerden der verschiedenen Träger der öffentlichen Aufgaben und damit für das ganze Wirtschafts- und Sozialgefüge." Schmidt-Bleibtreu / Klein, 1999: 1547 (Hervorhebung im Original).

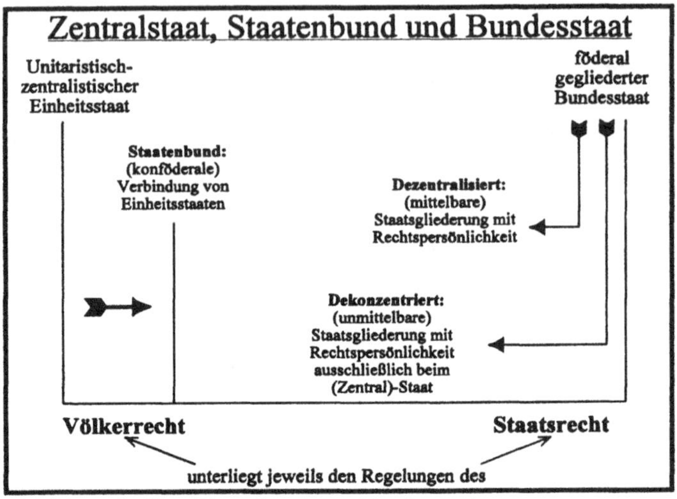

Abbildung 2: Vom Zentralstaat zum Bundesstaat
Quelle: Eigener Entwurf in Anlehnung an Magiera 1994: 71ff.

Auch die Frage der kompetentiellen Ordnung kann seperatistische oder zentralistische Tendenzen hervorbringen.
„*Die politische Stoßrichtung des Begriffes F.* (F. für Föderalismus, Anm. des Verf.) *wechselt also mit der Situation, in der er verwendet wird."* (Herzog 1987: 914).
Obige Abbildung soll die Spannbreite der Möglichkeiten verdeutlichen, die zwischen einer konföderalen Verbindung von Einheitsstaaten (völkerrechtlicher Staatenbund) und einem (dem Staatsrecht unterliegenden) föderal gegliederten Bundesstaat, der entweder in dezentralisierter oder in dekonzentrierter Form auftritt, liegen.
Um den „*traditionellen Dualismus"* (Magiera 1994:74) zwischen Völkerrecht und Staatsrecht zu berücksichtigen, wird *"zwischen einem staatlichen (nationalen) und einem zwischenstaatlichen (internationalen) Föderalismus"* (ebd.) unterschieden. Diese Kategorisierung vermag aber eine adäquate Einordnung der Europäischen Gemeinschaft (wie bereits erwähnt) nicht zu leisten. Aus diesem Grund trat eine weitere Ausprägung des Föderalismus hinzu: die „*des staatsübergreifenden*

(transnationalen) Föderalismus" (ebd.), die insbesondere die Europäische Union erfassen sollte.

Dabei ist der Föderalismus als Organisationsprinzip durchaus nicht unumstritten. Während die einen in ihm überwiegend partikularistisch-separatistische Tendenzen ausmachen, die den Bestand der Glieder in selbstständigen Einheiten innerhalb der Gesamtheit gewährleisten, interpretieren andere ihn als Weg zu einer unitaristisch-zentralistischen Einheit, in der die Glieder in der Gesamtheit aufzugehen drohen (Vgl. Abb.1).

Föderalismus soll hier als politisches Organisationsprinzip verstanden werden, als Prinzip für eine *"territoriale Organisationsstruktur(en)"* (Thöni 1986: 36), das die Gliederung eines Gemeinwesens bestimmt - und zwar unabhängig von der Möglichkeit, ob es sich dabei um einen durch eine staatsrechtliche Verfassung ausgestalteten Bundesstaat oder um einen durch einen völkerrechtlichen Vertrag gegründeten Staaten(ver)bund handelt.

Innerhalb eines föderal gegliederten Gemeinwesens bedarf es darüber hinaus eines Organisationsprinzips, um die Kompetenzabgrenzung zwischen den einzelnen Gebietskörperschaften zu kanalisieren und somit unerwünschte „drifts" des Systems in eine separatistische oder eine zentralistische Richtung zu verhindern und den Föderalismus als Ausgleichsprinzip zwischen den beiden Extrempolen abzusichern. Neben dem Föderalismus als Strukturprinzip tritt das Subsidiaritätsprinzip, welches eine optimale Ausbalancierung der Entscheidungsstrukturen gewährleisten soll.

In Bezug auf die Europäische Union lassen sich die zwei tragenden Prinzipien folgendermaßen abbilden:

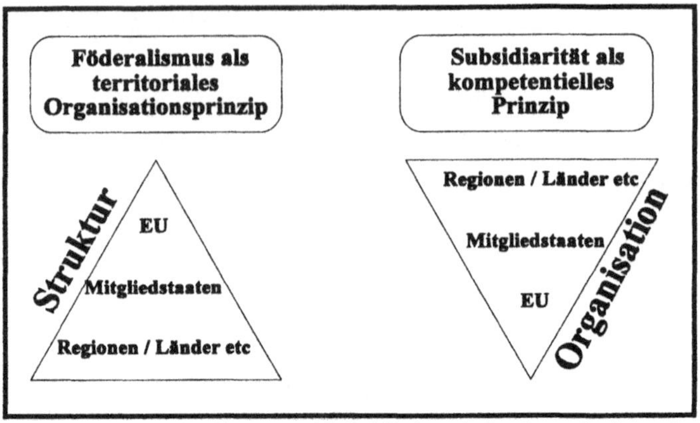

Abbildung 3: Föderalismus und Subsidiarität als Strukturprinzipien der EU
Quelle: Eigener Entwurf

Im Idealfall sollen beide Elemente dafür Sorge tragen, dass es innerhalb des Gemeinwesens zu einem optimalen Grad an Zentralisation bzw. Dezentralisation und einer optimalen Kompetenzausstattung kommt. Aus einer gelungenen Synthese der beiden Kernelemente entsteht der policy-mix, der die Gegensätze zwischen zentripetalen und zentrifugalen Kräften in einem ständigen Prozess auszugleichen sucht.

Obwohl es sich bei dieser Definition des Föderalismus also um einen dynamischen Prozess handelt, in dessen Verlauf stets die Ausgleichsfähigkeit des Föderalismus gefragt ist, muß dieser doch in seinem Kern verfassungsmäßig, d.h. statisch in Form einer Verfassung fundiert werden. Aus dieser Notwendigkeit heraus ergibt sich unmittelbar das Problem einer optimalen „Justierung“ der (Verfassungs)-Struktur und der (Kompetenz)-Organisation.[37]

[37] Vgl. zum Problem der Kompetenzverteilung und zur Rolle des Verfassungsstaates als Glied einer Europäischen Gemeinschaft grundlegend: Klein 1991: 56ff.

3.3. Zur Bedeutung der Finanzverfassung

Angesichts der Tatsache, dass Finanzwissenschaftler, Staatsrechtler und Politikwissenschaftler die Finanzverfassung stets in Verbindung mit dem Begriff des „Staates" darstellen und analysieren[38], diese Klassifikation für die Europäische Union, wie oben dargestellt, aber nicht zutreffend ist, soll im weiteren Verlauf der Arbeit der Begriff der „öffentlichen Finanzen" Anwendung finden[39]. Alle drei genannten Wissenschaftsdisziplinen räumen der Finanzverfassung oder den öffentlichen Finanzen einen außerordentlich hohen Stellenwert ein.

Einige Beispiele:

> *„Einen Staat ohne Finanzwesen gibt es nicht, er wäre nicht lebensfähig"* (Vogel 1987: 1152) und weiter unter Zuhilfenahme eines Zitates von Bodin: *"die Finanzen seien »die Nerven des Staates«"* (ebd.: 1160).

Oder etwa:

> *„Ohne eine ausreichende Finanzausstattung der öffentlichen Aufgabenträger können die politischen Ziele der Verfassung und der Staatsführung nicht oder nicht ausreichend verwirklicht werden. Finanzverfassungsfragen sind deshalb von höchster politischen Bedeutung."* (Hettlage 1986: 606).

Ebenso:

> *„Die Ordnung des staatlichen Finanzwesens, die Finanzverfassung, ist ein wesentlicher Bestandteil der Gesamtordnung jedes Staates und damit der Gesamtverfassung."* (Rürüp / Körner 1985: 27).

Diese Zitate sollen stellvertretend für alle Autoren verdeutlichen, welche Bedeutung die öffentlichen Finanzen in einem, bis zu welchem Grad und in welcher Form auch immer organisierten, Gemeinwesen haben.

---

[38]Vgl.: Vogel 1987: 1152ff. exemplarisch für das Staatsrecht und stellvertretend für die Finanzwissenschaft Zimmermann / Henke 1994:01ff. Grimm spricht in diesem Zusammenhang vom Problem *„der Ablösbarkeit der Verfassung vom Staat"* (Grimm 1995: 584).

[39]Vgl.: Musgrave / Musgrave / Kullmer 1994.

Das in der spezifischen Analyse die unterschiedlichen Autoren i.d.R. den modernen Staat als Referenzmodell ihrer Untersuchungen herangezogen haben, widerspricht trotz der weiter oben angesprochenen "Einordnungsschwierigkeiten" nicht der Notwendigkeit, auch im Fall der Europäischen Union die Relevanz der öffentlichen Finanzen und damit der Finanzverfassung zu verdeutlichen.
Wie die Finanzverfassung in der Bundesrepublik die Aufgaben-, Ausgaben- und Einnahmeverteilung regelt, so muss auch die mit Aufgaben ausgestattete Europäische Gemeinschaft Einnahmen zur Erfüllung dieser zur Verfügung haben. Bisher ist die Gemeinschaft für die Bereiche Agrar- und Fischereipolitik sowie Verkehrs- und Außenhandelspolitik zuständig. Darüber hinaus betreibt sie in beschränktem Maß eine Regional- (Struktur-) und Sozialpolitik. Schon an dieser Aufstellung ist zu erkennen, dass sich der Aufgabenkatalog der EU in keiner Weise mit dem eines Nationalstaates klassischer Prägung vergleichen lässt.[40]
Auch der Umfang der ökonomischen Aktivitäten der EU lässt sich nicht mit dem eines nationalen Budgets vergleichen. Die Unterschiede sind hier vor allem quantitativer Natur. Zur Verdeutlichung zeigt die folgende Abbildung die Haushaltsvolumen der Europäischen Union und der Bundesrepublik Deutschland für das Jahr 2000.

[40]Eine ganzheitliche Darstellung der Zuständigkeiten der europäischen Ebene erfolgt im Abschnitt D, Punkt 3.

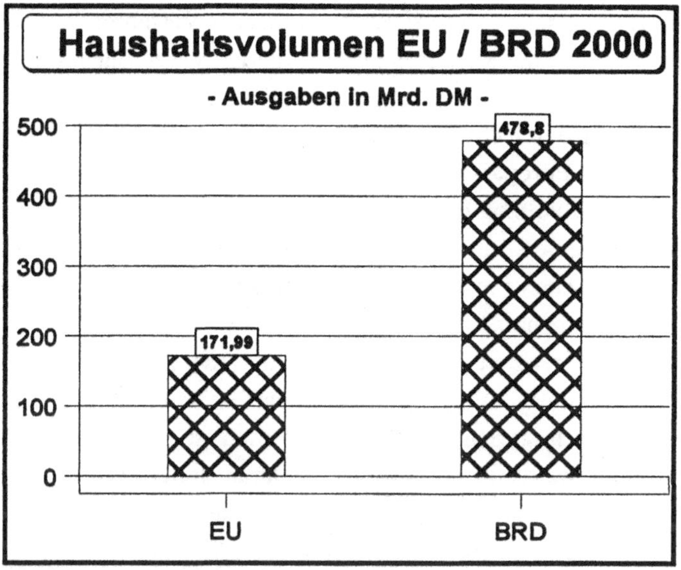

Abbildung 4: Haushaltsvolumen EU / BRD 2000
Daten: Bundesministerium der Finanzen, Bundeshaushalt 2000, Tabellen und Übersichten (EU = Haushaltsentwurf des Rates / Bundeshaushalt = Regierungsentwurf)

4. EU-Finanzen und Staatsaufgaben

In nahezu allen internationalen Organisationen statten die Mitgliedstaaten über zu leistende Beitragszahlungen die Organisation mit den notwendigen finanziellen Ressourcen aus. Die Höhe der Beiträge wird gemeinhin einvernehmlich festgelegt und richtet sich i.d.R. nach der ökonomischen Leistungsfähigkeit der Mitgliedstaaten[41]. Internationale Organisationen mit diesem Finanzierungsmechanismus werden aufgrund dieser mangelnden Finanzautonomie auch als "Kostgänger ihrer Mitgliedstaaten" bezeichnet.

[41] Vgl.: Seidl-Hohenveldern / Loibl 1996: 267ff.

Auch in der Europäischen Gemeinschaft war dieses Verfahren lt. Art. 200 EGV a.F.[42] (Finanzbeiträge der Mitgliedstaaten) zunächst vorgesehen. Darüber hinaus sah aber bereits der Art. 269 (201 a.F.) EGV vor, das System der Mitgliedsbeiträge langfristig durch ein System eigener Mittel zu ersetzen[43]. Ab 1980 wurde der Haushalt der Europäischen Gemeinschaft vollständig aus Eigenmitteln finanziert [44]. Damit vollzog die Gemeinschaft auch auf dem Finanzsektor einen Schritt, der sie auf eine Stufe zwischen einer intergouvernementalen Organisation und den dafür üblichen Finanzierungsmechanismen und einem bundesstaatlich organisierten Gebilde hob.[45]

Das Prinzip der begrenzten Einzelermächtigung (Art. 249 EUV), nach dem die Gemeinschaft legislativ nur tätig werden darf, wenn dies ausdrücklich zur Erfüllung eines Vertragsgegenstandes erforderlich ist, behielt auch im Rahmen der Finanzierung weiter seine Gültigkeit. Daran ändert für den Bereich der Finanzautonomie auch die Umstellung der Finanzierung auf Eigenmittel nichts. Dies läßt jedoch nicht den Schluß zu, bei der „finanziellen Unabhängigkeit" sei die Gemeinschaft weiterhin auf die Bereitschaft der Mitgliedstaaten angewiesen, ihren Anteil an der Finanzierung auch tatsächlich zu tragen[46].

---

[42]Da einige der hier genannten Artikel mittlerweile aufgehoben sind, werden sie hier mit dem Zusatz a.F. für „alte Fassung" aufgeführt. Diese beziehen sich dann i.d.R. auf die Fassung vom 25. März 1957. Sind die Artikel noch Bestandteil der Verträge, wird, die aktuelle Nummerierung des Amsterdamer Vertrages verwendet. Ggf. werden beide Angaben vermerkt.

[43]Bei den Eigenmitteln handelt es sich um Abschöpfungen im Rahmen des gemeinsamen Agrarmarktes, um Zölle aus der 1968 verwirklichten Zollunion, um von den Mitgliedstaaten erhobene und an die Gemeinschaft weitergegebene Mehrwertsteuereigenmittel sowie um BSP-Eigenmittel der Gemeinschaft.

[44]Vgl. bezüglich der Entwicklung des Eigenmittelsystems: Magiera 1994a: 01ff.; Peffekoven 1994: 49ff.; Europäische Kommission 1995: 14ff. und Strasser 1991: 75ff. sowie Abschnitt B, Punkt 5 dieser Arbeit.

[45]In diesem Sinne auch Strasser 1991, 13.

[46]Diese Vermutung erscheint insbesondere dann angebracht, wenn man berücksichtigt, dass beispielsweise 1997 der Anteil der Mehrwertsteuer-Eigenmittel der EU mit 42% den weitaus größten Anteil an den Gesamteinnahmen der Union ausmachte. Diese Tatsache erhält dann eine

(Fortsetzung...)

So betont auch Magiera (Magiera 1994a: Art. 201 EGV, Rn. 30, S. 09):

> *„Eigenmittel unterscheiden sich von Finanzbeiträgen (...) wesentlich dadurch, dass sie nach Art und Umfang grundsätzlich unabhängig vom weiteren Willen der MS* (MS = Mitgliedstaaten, Anm. d. Verf.) *anfallen und der Gemeinschaft zur Verfügung stehen."*

Wegen der Beschränkung der Einnahmequellen aufgrund der begrenzten Einzelermächtigung und der fehlenden Kompetenz-Kompetenz verfügt die Gemeinschaft also nicht über eine „staatliche Finanzsouveränität" welche es ihr ermöglicht, sich die erforderlichen Finanzmittel über eine grundsätzlich nicht begrenzte Abgabenhoheit zu verschaffen. Dennoch ist im Vergleich zu anderen internationalen Organisationen ein qualitativer Unterschied in der Finanzierungsarchitektur der Gemeinschaft zu erkennen. Dieser manifestiert sich insbesondere insofern, als dass es sich bei den Finanzierungsquellen um originäre Einnahmen der Union handelt.

Die Reform dieses Finanzierungssystems steht insbesondere unter dem Aspekt der gerechten Lastenverteilung seit einiger Zeit im Zentrum einer nicht nur wissenschaftlichen Auseinandersetzung.[47] Sieht man einmal von dem Problem der

---

[46](...Fortsetzung)
besondere Brisanz, wenn man bedenkt, dass die Mehrwertsteuer von den Mitgliedstaaten erhoben wird und der vereinbarte Anteil dann an die Gemeinschaft überwiesen wird (Verbund-System). Im Gegensatz dazu liegt bei den Zöllen und Agrarabschöpfungen die Ertragskompetenz bei der Gemeinschaft.

[47]Die Debatte um eine gerechte Lastenverteilung wurde insbesondere nach der Vorlage der *AGENDA 2000*, des Programms der Kommission für die zukünftige Finanzierung und Erweiterung der Gemeinschaft, intensiviert. Der dt. Finanzminister Theo Waigl stellte während des Jahres 1998 wiederholt die Forderung, eine Neufassung des Eigenmittelbeschlusses müsse eine nennenswerte Entlastung Deutschlands mit sich bringen (Vgl. hierzu die Beiträge von Clostermeyer, Deffaa und Caesar in: Caesar 1997). Hintergrund war das Auslaufen der bis 1999 gültigen finanziellen Vorausschau. Da sich die Gemeinschaft aber nicht auf eine neue Eigenmittelregelung einigen konnte, und darüber hinaus die Kommission dies auch nicht für notwendig hielt, bleibt die alte Regelung wahrscheinlich bis zum ersten Beitritt eines oder mehrerer mittelosteuropäischer Länder in Kraft. Die finanzielle Vorausschau wurde dementsprechend bis 2006 aktualisiert.
Vgl.: Abschnitt B, Punkt 5.6. dieser Arbeit und: Kommission der Europäischen Gemeinschaften: Die Finanzierung der Europäischen Union. Bericht der Kommission über das Funktionieren des
(Fortsetzung...)

Beitragsgerechtigkeit ab, so spiegeln sich in dieser Diskussion aber auch die verschiedenen Vorstellungen über den Fortgang der Integration wider. Während Weidenfeld die *„Finanzverfassung als Nukleus einer Gesamtverfassung"* sieht (Weidenfeld 1990: 11) und damit so etwas wie den Einstieg in eine *„Staatswerdung Europas"*[48] prophezeit, so wird von anderen Autoren eine zentrale Finanzierungskompetenz für die Europäische Union abgelehnt.[49]
Bei dieser Diskussion wird jedoch deutlich, wie eng die Frage der Finanzierung mit dem Fortgang der Integration zusammenhängt. Die Finanzverfassung als elementarer Bestandteil der Gesamtverfassung ordnet dem öffentlichen Sektor Aufgaben zu, welche über ihre Ausgabenwirksamkeit großen Einfluß auf die Handlungsfähigkeit der Körperschaft haben. Diese Form der Aufgabenzuordnung durch eine (Finanz)-Verfassung ist in der Vergangenheit trotz der zweifellos stabilisierenden Wirkung der Verfassung auf ein Allgemeinwesen zunehmend in die Kritik geraten:

> *„Trotz dieser unbestreitbaren äußeren Erfolge mehren sich aber die Anzeichen, die auf eine zunehmende innere Schwäche der Verfassung hindeuten und Zweifel an ihrer unverminderten Fähigkeit zur Politikregulierung wecken."* (Grimm 1994: 277)

Wenn diese Einschätzung zutreffen sollte, was sind dann die Gründe für das diagnostizierte Staatsversagen? Wo liegen die Ursachen für die mangelnde Problemlösungskapazität von Politik? Sind dem Staat qua Verfassung zu viele Staatsaufgaben zugewiesen worden? Zu dieser Problematik merkt Stern an: *„Obschon wenig durchleuchtet - überraschenderweise -, gehört das Problem der Staatsaufgaben gewiß zu den Grundfragen von Sinn und Bestimmung des Staates."* (Stern 1984a: 06). Und weiter auf die hier zu behandelnde Thematik

---

47(...Fortsetzung)
Eigenmittelsystems.

48 So der mit einem Fragezeichen versehene Titel des Buches von Rudolf Wildenmann (Hrsg.): Staatswerdung Europas? Optionen für eine Europäische Union, Baden-Baden 1991. Auch Bohnet-Joschko verwendet den Teminus „Staatswerdung" in ihrem Buch: Leviathan Europa? Föderalistische und institutionelle Aspekte der Staatswerdung Europas (Bohnet-Joschko, 1996).

49 Vgl.: Folkers 1995: 99f. und Caesar 1996: 258.

übertragbar: *„Eine neue Staatslehre hat vor allem die Frage zunehmender »Verstaatlichung«, d. h. den funktional und finanziell expansiven Staat zu überdenken.“* (ebd.: 07).
Hier offenbart sich der Schnittpunkt zwischen der Finanzverfassung und der Problemlösungskapazität öffentlicher Handlungssysteme: Die auf die traditionelle Finanzwissenschaft zurückgehende Theorie der öffentlichen Güter mit den daraus resultierenden Aufgaben einer öffentlichen Finanzwirtschaft hat in Verbindung mit dem oftmals im Verfassungsrang stehenden Sozialstaatsprinzip zu einer außerordentlich hohen Belastung der öffentlichen Haushalte geführt, die die Handlungs- und Gestaltungsmöglichkeiten der Politik immer mehr einengt.
Die Funktionstriade öffentlicher Budgetpolitik aus Allokation, Distribution und Stabilisierung ist bisher jedoch nicht grundlegend einer Überprüfung unterzogen worden. Fast scheint es, als würden die Funktionen öffentlicher Haushalte ebenso unreflektiert auf den Gesamthaushalt der Europäischen Union übertragen werden, wie dies bereits mit dem Begriff der Verfassung geschehen ist. Wie im abschließenden Abschnitt dieser Arbeit aber dargestellt wird, erscheint insbesondere diese Funktionszuweisung vor dem Hintergrund der zusammenwachsenden Wirtschaftsräume und dem damit einhergehenden Verlust staatlich-autonomer Handlungsfähigkeit als nicht mehr zeitgemäß.

ABSCHNITT B: DIE ÖFFENTLICHEN FINANZEN DER GEMEINSCHAFT

1. Zur Einführung in die Finanzierung der Europäischen Gemeinschaften

In diesem Abschnitt sollen die Grundlagen der Finanzierungsarchitektur der Europäischen Gemeinschaften dargestellt und erörtert werden. Hierbei wird zunächst auf die Finanzierungsmechanismen der EGKS einzugehen sein, welche insbesondere hinsichtlich ihrer vertraglichen "Regelungsdichte" deutliche Unterschiede zu den für die Untersuchung elementareren Finanzvorschriften der Römischen Verträge aufweisen[50].

So handelt es sich beim Vertrag über die Gründung der Europäischen Gemeinschaft für Kohle und Stahl um einen detailliert ausgearbeiteten Vertrag zur Regelung der Zielmaterie, um einen sog. *„traité-règle"*, einen Regelungsvertrag (Strasser 1991: 17).

Demgegenüber stellt der Vertrag zur Gründung der Europäischen Gemeinschaft einen Rahmenvertrag, einen sog. *„traité-cadre"* dar, der vor allem Ziele und Befugnisse der vertragsgründenden Parteien definiert, die Instrumentarien zu ihrer Erreichung aber nicht dezidiert erwähnt (ders. 1991: 18).

Diese - aus heutiger Sicht - unzureichende primärrechtliche Absicherung der öffentlichen Finanzen hat die Finanzierung der Gemeinschaft immer wieder zum Gegenstand politischer Verhandlungsprozesse werden lassen. Die zunächst für sechs Teilnehmerstaaten ausgelegten Finanzbestimmungen wurden bei Vertragsänderungen oder Erweiterungen nie grundlegend revidiert, sondern in einem immer komplizierter werdenden System sekundärrechtlich den Bedingungen angepasst. Unter diesem Aspekt ist auch das in der Einführung bereits erwähnte System aus „interinstitutionellen Vereinbarungen", „finanziellen Vorausschauen", „Eigenmittelobergrenzen" und „Mehrwertsteuer-Bemessungsgrundlagen" entstanden.

---

[50] Vgl.: Peffekoven 1994: 35f., sowie Strasser 1991: 17f.

2. Die Finanzbestimmungen des EGKSV

Der EGKSV hat drei finanztechnisch relevante Artikel. Dies sind die Art. 49, 50 und 78 EGKSV. Art. 49 EGKSV ermächtigte die Hohe Behörde, sich durch die Erhebung von Umlagen auf die Erzeugung von Kohle und Stahl, sowie durch die Aufnahme von Anleihen, die zur Erfüllung ihrer Aufgaben erforderlichen Mittel zu beschaffen. Diese Einnahmeautonomie der Hohen Behörde unterscheidet die EGKS deutlich von den Finanzierungsmechanismen der späteren EWG. Die allgemeine EKGS-Umlage ist deshalb auch *„als erste (und bisher) einzige europäische Steuer"* (Peffekoven 1994: 37) bezeichnet worden.[51]

Definiert man den Begriff „Steuer" als eine einmalige oder regelmäßig zu entrichtende Zwangsabgabe in Form einer Geldleistung an ein öffentliches Finanzwesen ohne Anspruch auf eine Gegenleistung[52], so ist diese Klassifikation durchaus zutreffend.

Die Einnahmen aus der allgemeinen Umlage dienen nach Art. 50, Abs. 1 EGKSV zur Deckung der Verwaltungsausgaben, zur Finanzierung der nicht rückzahlbaren Anpassungsbeihilfen, der Ausgaben für den Forschungsbereich sowie schließlich zur Sicherung eventueller Defizite aus dem Anleihe- und Darlehensgeschäft der EGKS.

Mit dem letzten Verwendungszweck hat bereits ein weiterer struktureller Unterschied zwischen den Finanzbestimmungen des EGKSV und denen des EGV Erwähnung gefunden: Im Gegensatz zu den Finanzbestimmungen der Römischen Verträge, die eine Haushaltsfinanzierung aus Kreditmitteln ausschließen[53], wird der EGKS diese Möglichkeit mit Art. 49 EGKSV sogar ausdrücklich eingeräumt. Ein Grund für diesen fundamentalen Unterschied liegt in der Einnahmeautonomie der EGKS. Sie kann für den Fall, dass ihr im Anleihegeschäft Verluste entstehen,

[51]Vgl. bezüglich der Auswahl der Produkte, auf die eine Umlage erhoben wurde sowie zur Festlegung der Bemessungsgrundlage etc vgl: Peffekoven 1994: 35ff. sowie sehr detailliert: Strasser 1991: 77ff.

[52]Vgl.: § 3 Abgabenordnung vom 16. März 1976 (BGBl. I, S.613f.)

[53]Vgl. Magiera 1994: Art. 201 EGV, S. 04, Rn. 10

diese durch eine autonome Erhöhung der Einnahmen aus der allgemeinen Umlage wieder ausgleichen. Diese Möglichkeit besitzt die EWG nicht. Sie wäre aber eine der Voraussetzungen dafür, dass Anleihen auf den Kapitalmärkten überhaupt nachgefragt werden.

Neben den in Art. 49 EGKSV erwähnten Einnahmearten bestehend aus Umlagen und Anleihen treten die speziellen Umlagen. Sie erfüllen im Gegensatz zur allgemeinen Umlage keine fiskalischen Zwecke, sondern dienen im Rahmen der gemeinsamen Politik in den Bereichen Kohle und Stahl der Marktsteuerung und -regulierung gemäß Art. 58 EGKSV. Darüber hinaus kann die EGKS noch Zinseinnahmen aus der *„Darlehensvergabe aus Anleihemitteln"* sowie aus der *„Anlage von Umlagemitteln"* erzielen (Peffekoven 1994: 39). Schließlich besteht noch die Möglichkeit von Finanzbeiträgen der Mitgliedstaaten, da die Hohe Behörde nach Art. 49 EGKSV *„unentgeltliche Zuwendungen entgegennehmen"* darf.

Zusammenfassend läßt sich sagen, dass sich die hohe Finanzautonomie der Europäischen Gemeinschaft für Kohle und Stahl im wesentlichen in dem *„Quasi-Besteuerungsrecht"* (Peffekoven 1994: 38) des Art. 49 EGKSV ausdrückt. Diese Kompetenz-Kompetenz in puncto Einnahmebeschaffung blieb aber auf die EGKS beschränkt.

Die dritte finanztechnisch relevante Bestimmung bildet der Art. 78 EGKSV, der die Aufstellung eines Verwaltungshaushaltsplans vorsieht und das entsprechende Beschlussfassungsverfahren regelt. Hier stößt man auf eine weitere Besonderheit des EGKS-Haushaltsrechts: Der Großteil der zu tätigenden Ausgaben, welche naturgemäß von den Investitions- und Innovationsmaßnahmen sowie den Anpassungs- und Umstrukturierungsbeihilfen nach Art. 50, 54 und 56 EGKSV dominiert werden, wurden im Gegensatz zu den Verwaltungsausgaben in den sog. Funktionshaushaltsplan eingestellt.[54] Er beinhaltet die operativen Einnahmen und Ausgaben der EGKS und stützt sich nicht *„auf eine spezifische rechtliche Grundlage"* (Strasser 1991: 357). Die Aufstellung zweier verschiedener Budgets für eine Organisation hat sich im Laufe der Jahre herausgebildet. Dieses Verfahren

[54]Vgl.: Erdmann et.al. 1995: 190f.

wird auch heute noch praktiziert.
Mit dem Vertrag zur Einsetzung eines gemeinsamen Rates und einer gemeinsamen Kommission der Europäischen Gemeinschaften vom 08. April 1965[55] (Fusions-Vertrag, FusV) wurde nach Art. 20, Abs. 1 FusV der Verwaltungshaushalt der EGKS in den Gesamthaushalt der EG integriert[56].
Aufgrund der untergeordneten Rolle der Europäischen Gemeinschaft für Kohle und Stahl insbesondere für die Zukunft der europäischen Integration werden die Vertragsbestimmungen zu ihrer Finanzierung hier nicht in der Ausführlichkeit wie die des EGV behandelt. Zu diesem Umstand trägt auch die Tatsache bei, dass der EGKSV nach einer Dauer von 50 Jahren 2002 ausläuft. Gleichwohl soll unter Vorgriff auf die Ausführungen zu einer europäischen Industriepolitik in Abschnitt D, Punkt 7.2. dieser Arbeit festgestellt werden, dass der Funktionshaushalt der EGKS durchaus als industriepolitisches Lenkungsinstrument zu interpretieren ist.
Das Haushaltsverfahren für den Verwaltungshaushalt der EGKS ist also in Art. 78 EGKSV geregelt und wird in der folgenden Abbildung schematisch dargestellt.

[55]Vertrag zur Einsetzung eines gemeinsamen Rates und einer gemeinsamen Kommission der Europäischen Gemeinschaften vom 08. 04. 1965 (**Abl. L 1967 152/2** vom 13. 07. 1967)

[56]Vgl.: Magiera 1994: Art. 199 EGV, S. 04, Rn.17

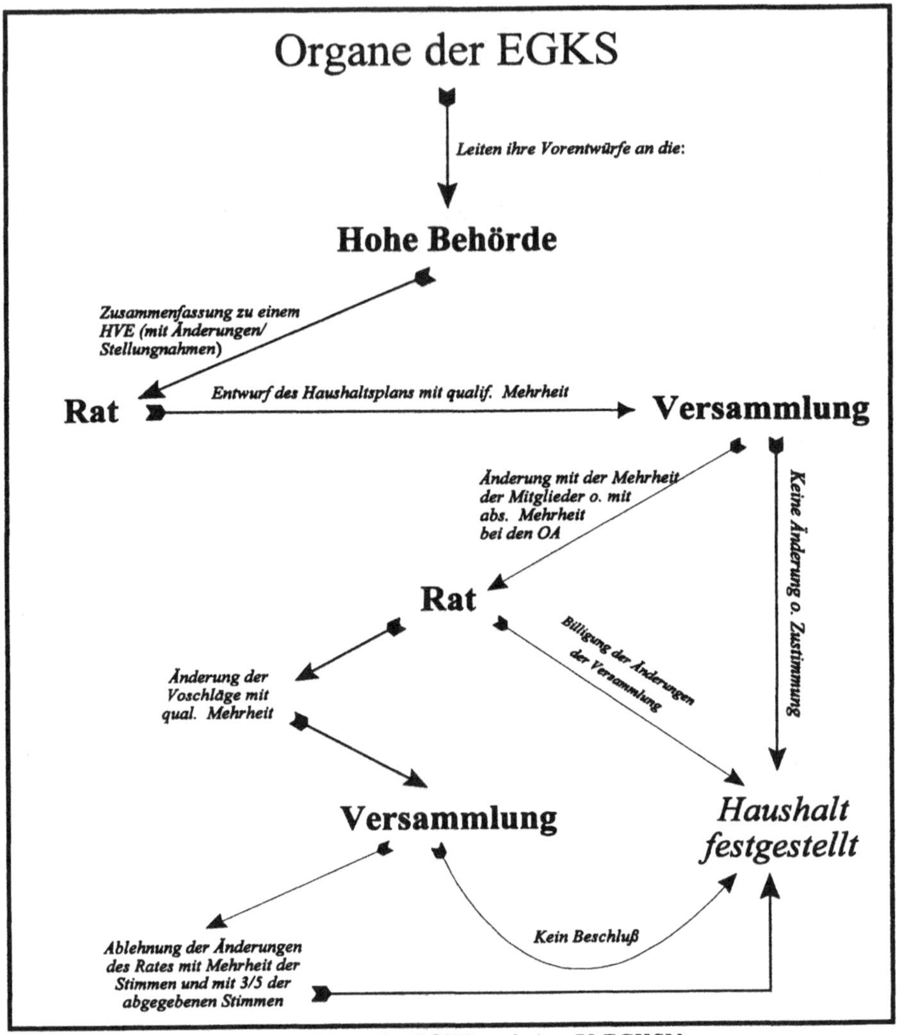

Abbildung 5: Das Haushaltsverfahren der EGKS nach Art. 78 EGKSV
Quelle: Eigene Graphik

1.) Art. 78 EKGSV sieht vor, dass die Organe der EGKS (Hohe Behörde[57], die Gemeinsame Versammlung[58], der Ministerrat, der Gerichtshof und der Rechnungshof) einen Haushaltsvoranschlag bei der Hohen Behörde einreichen, welche diesen zu einem Vorentwurf für den Verwaltungshaushaltsplan zusammenfasst (§2).

2.) Dieser wird, mit einer Stellungnahme versehen, dem Rat zugeleitet. Der Rat kann von dem Vorentwurf abweichen und einen Entwurf mit qualifizierter Mehrheit aufstellen, um ihn der Versammlung zuzuleiten (§3).

3.) Hat die Versammlung dem Entwurf innerhalb von 45 Tagen zugestimmt oder ihn weder abgeändert noch Änderungen vorgeschlagen, gilt der Verwaltungshaushaltsplan als endgültig festgestellt. Hat die Versammlung mit der Mehrheit der Stimmen ihrer Mitglieder Änderungen vorgenommen oder vorgeschlagen, wird der neue Entwurf wieder dem Rat zugeleitet. Bei Änderungsvorschlägen bezüglich der obligatorischen Ausgaben[59] ist eine absolute Mehrheit der abgegebenen Stimmen erforderlich (§4).

4.) Wenn der Rat die Änderungsvorschläge der Versammlung akzeptiert oder aber keine der von der Versammlung vorgenommenen Änderungen erneut ändert, so gilt der Verwaltungshaushaltsplan als endgültig festgestellt. Werden vom Rat erneut Änderungen vorgenommen, so wird der geänderte Entwurf des Verwaltungshaushaltsplans erneut der Versammlung zugeleitet (§5).

[57]Die Hohe Behörde ist das frühere Pendant zur Europäischen Kommission.

[58]Die Gemeinsame Versammlung stellt den Vorläufer des Europäischen Parlamentes dar.

[59]Vgl. bezüglich der Unterscheidung zwischen obligatorischen und nicht obligatorischen Ausgaben die Ausführungen zum Haushaltsverfahren der EWG (Punkt 6 dieses Abschnitts, insbesondere Fußnote Nr. 135).

5.) Diese kann schließlich mit der Mehrheit der Stimmen ihrer Mitglieder und mit 3/5 der abgegebenen Stimmen die Änderungen des Rates ablehnen bzw. ändern und damit den Verwaltungshaushaltsplan feststellen. Fasst Sie keinen Beschluss, so ist der Haushalt ebenfalls endgültig festgestellt (§6).

3. Die Finanzbestimmungen der Römischen Verträge

Die bereits erwähnten strukturellen Unterschiede im Vergleich zur EGKS finden schon ihren Ausdruck in der Tatsache, dass die Finanzvorschriften in den Verträgen von Rom sowohl im fünften Teil des EGV mit dem Titel II, als auch mit dem vierten Teil des EAGV einen gehobeneren Stellenwert erhalten haben.[60]
Im nun folgenden Abschnitt sollen die einzelnen primär- und sekundärrechtlichen Finanzbestimmungen der Europäischen Gemeinschaften dargestellt werden.[61] Dabei werden die Artikel, die für die Untersuchung von besonderer Relevanz sind, auch dementsprechend ausführlicher untersucht. Es sind dies die Art. 268, der mittlerweile aufgehobene Art. 200 a.F., sowie die Art. 269, 271, 272 und 279 EGV. Andere Artikel hingegen finden der Vollständigkeit halber Erwähnung, sollen aber nicht in Form eines Kommentars behandelt werden.[62]
Das Haushaltsrecht der Gemeinschaft speist sich jedoch nicht nur aus den primärrechtlichen Finanzbestimmungen. Eine ebenso wichtige Rechtsgrundlage bildet

---

[60]Dabei könnte man den Stellenwert der Finanzvorschriften im EAGV mit einem eigenen (vierten) Vertragsteil noch etwas höher einschätzen als den der Finanzvorschriften im EGV. So Magiera 1994: Art 199 EGV, S. 02, Rn.2

[61]Neben den Finanzvorschriften des Primärrechts finden sich im EGV auch noch andere finanzrelevante Vorschriften. Diese resultieren aus den verschiedenen Gemeinschaftspolitiken wie z.B. der GAP, der Struktur- und Sozialpolitik und den damit verbundenen Fonds. Vgl.: Magiera 1994: Art. 199 EGV, S.02, Rn. 03.

[62]Für diese Artikel sei verwiesen auf: Magiera 1994: Art. 199 bis Art. 209a EGV. Da bei Redaktionsschluss der Arbeit für den Bereich der Finanzbestimmungen noch keine neue Ausgabe des verwendeten Kommentars vorlag, ist hier auf die alte Nummerierung verwiesen.

die gemäß Art. 279 EGV festgelegte *„Haushaltsordnung vom 21. 12. 1977 für den Gesamthaushaltsplan der Europäischen Gemeinschaften"*.[63]
Ursprünglich ohne genaue Zuordnung im Rechtssystem der Gemeinschaft erlassen, wird die HO heute dem Sekundärrecht im Range einer Verordnung zugerechnet. Dies resultiert aus der Tatsache, dass alle Änderungen der HO als Verordnung erlassen worden sind und somit unmittelbar und in allen Teilen verbindlich sind, sowie in jedem Mitgliedsland allgemeine Geltung haben.[64]
Die als Römische Verträge bezeichneten Einzelabkommen umfassen, wie bereits erwähnt, den *Vertrag zur Gründung der Europäischen Gemeinschaft* (EGV)[65] und den *Vertrag zur Gründung der Europäischen Atomgemeinschaft* (EAGV).
Die im Folgenden dargestellten Änderungen der Finanzbestimmungen des EGV (insbesondere des Art. 272 EGV) brachten i. d. R. auch Änderungen der beiden anderen Verträge (EGKSV und EAGV) mit sich. Bezüglich des Haushaltsverfahrens beispielsweise waren dies die Art. 78 EGKSV und Art. 177 EAGV. Da die Europäische Wirtschaftsgemeinschaft heute die dominierende Gemeinschaft darstellt, in deren Vertragswerk auch die Bestimmungen zur Wirtschafts- und Währungsunion eingebunden wurden, bezieht sich die Darstellung der Finanzbestimmungen auf den EGV. Dort, wo mit einer Änderung der Bestimmungen des EGV eine identische Änderung der beiden anderen Verträge einherging, wird auf einen entsprechenden Hinweis im folgenden verzichtet. Betrifft eine Modifikation lediglich einen der drei bestehenden Verträge, wird dies ausdrücklich erwähnt.

[63]Abl. 1977 L 356/1 vom 31.12.1977. Die HO wurde zuletzt geändert durch Verordnung (EG, EGKS, Euratom) Nr. 2673/1999 des Rates vom 13. Dezember 1999 zur Änderung der Haushaltsordnung vom 31.12.1977 für den Gesamthaushaltsplan der Europäischen Gemeinschaften. Abl. L 326 vom 18.12.1999.

[64]Vgl.: Magiera 1994: Art. 209 EGV, S. 01, Rn 2.

[65]Der hier als EGV bezeichnete Vertrag trägt den genauen Titel: *Vertrag zur Gründung der Europäischen Gemeinschaft.* In der Schlussakte der Regierungskonferenz für den Gemeinsamen Markt und Euratom heißt es dann aber unter I. 1.: VERTRAG zur Gründung der Europäischen Wirtschaftsgemeinschaft. Vgl.: Europa-Recht, 1998: 01ff.

3.1. Haushaltsplan und Haushaltsprinzipien

Die primär- und sekundärrechtlichen Bestimmungen zum Haushaltsplan bestehen im wesentlichen aus *„allgemein anerkannten **Grundprinzipien des Haushaltsrechts**"* der Gemeinschaft (Wurmeling 1996: 256, Hervorhebung im Original), *„wie sie auch für das öffentliche Finanzgebaren der MS* (MS = Mitgliedstaaten, Anm. d. Verf.) *maßgeblich sind* (Oppermann 1991: 272).[66]
Für den Gemeinschaftshaushalt gelten sechs zentrale Haushaltsgrundsätze, deren Inhalt und Bedeutung im Folgenden dargestellt werden sollen. Es sind dies die Grundsätze der *Einheit*, der *Universalität*, der *Jährlichkeit*, der *Ausgeglichenheit*, der *Spezialität* und der *Rechnungseinheit*.[67].

3.1.1. Die Prinzipien der Einheit und der Vollständigkeit

> *„Alle Einnahmen und Ausgaben der Gemeinschaft einschließlich derjenigen des Europäischen Sozialfonds werden für jedes Haushaltsjahr veranschlagt und in den Haushaltsplan eingesetzt."* (Art. 268, Abs. 1 EGV)

In diesem ersten Absatz des ersten Artikels der Finanzvorschriften verbergen sich bereits mehrere Haushaltsprinzipien. Zunächst wäre das Prinzip der **Einheit** zu nennen. Es ist stets im Zusammenhang mit dem Grundsatz der **Vollständigkeit** zu sehen. Dabei besagt das Gebot der Haushaltseinheit, dass die Aufstellung von Neben- und Schattenhaushalten nicht zulässig ist. In Verbindung mit dem Prinzip

[66]Vgl. auch: Erdmann et.al. 1995: S.203 und Peffekoven 1996: S.10.

[67]In der Literatur gibt es unterschiedliche Angaben über die Anzahl der Haushaltsgrundsätze. So zählt Bleckmann neun Haushaltsgrundsätze (ders. 1997: 456ff.), Erdmann et al. kommen auf acht (dies., 1995: 203ff.), Peffekoven auf sieben (ders. 1996: 10ff.) und Wurmeling führt deren sechs auf (ders. 1996: 256ff.). Die Liste ließe sich fortführen. An dieser Stelle soll die von der Europäischen Kommission vorgenommenen Einteilung in die sechs o.g. Haushaltsprinzipien Anwendung finden (vgl.: **KOMMISSION 1995**: 55ff. und Kommission: Haushaltsvademekum, Ausgabe 1997: 06.)

der Vollständigkeit ergibt sich, dass alle Einnahmen und alle Ausgaben der Gemeinschaft in einem Budget erscheinen müssen. Die Regeln der Einheit und der Vollständigkeit dienen der Transparenz und der Kontrolle des Budgets.
In diesem Zusammenhang ist auch die ausdrückliche Erwähnung des *Europäischen Sozialfonds* (ESF) zu sehen. Durch die primärrechtliche Fixierung des ESF im Gesamthaushalt mußten auch der *Europäische Fonds für die regionale Entwicklung* (EFRE) und der *Europäische Ausrichtungs- und Garantiefonds für die Landwirtschaft* (EAGFL) in den Gesamthaushalt eingestellt werden.[68]
In Verbindung mit den sekundärrechtlichen Bestimmungen der Haushaltsordnung ergeben sich hieraus aber drei weitere Budgetprinzipien. Das bereits erwähnte Prinzip der Einheit und Vollständigkeit geht dabei Hand in Hand mit dem Grundsatz der **Universalität**, welcher wiederum unterteilt wird in das **Brutto-** und das **Non-Affektationsprinzip.** Das Bruttoprinzip basiert auf dem Art. 4 Absatz 1 der Haushaltsordnung in dem festgeschrieben wird, dass *„alle Einnahmen und Ausgaben in voller Höhe in den Haushaltsplan und in die Haushaltsrechnung ohne vorherige Verrechnung einzusetzen"* sind.
Neben diesem Verbot der Verrechnung von Einnahmen und Ausgaben gewährleistet das Gebot der **Universalität** (auch Gesamtdeckung genannt), dass die Einnahmen grundsätzlich zur Deckung aller im Haushalt der Gemeinschaft ausgewiesenen Ausgaben herangezogen werden. Dieses Prinzip deckt sich mit dem der Non-Affektation, wonach eine Zweckbindung der Mittel nicht statthaft ist.

Das Gebot der Haushaltseinheit kann für die Europäischen Gemeinschaften keineswegs als erfüllt betrachtet werden. Dies hat mehrere Gründe. Zunächst

---

[68]Die Strukturpolitik hat ihre Rechtsgrundlage im Titel XVII EGV. Unter der Überschrift **„Wirtschaftlicher und sozialer Zusammenhalt"** werden dort im Art. 158 - 162 EGV die Ziele und Instrumente der Strukturpolitik der Gemeinschaft festgelegt. Art. 159 EGV erwähnt dann ausdrücklich den EAGFL, den ESF und den EFRE. 1993 ist mit dem Kohäsionsfonds, dessen Mittel ausschließlich den Staaten Irland, Portugal, Spanien und Griechenland zufließen, ein weiteres strukturpolitisches Instrument hinzugekommen [Verordnung (EG) Nr. 1164/94 des Rates vom 16. Mai 1994 zur Errichtung des Kohäsionsfonds (Abl. L 130 vom 25. Mai 1994)]. Dieser Politikbereich ist neben der Gemeinsamen Agrarpolitik der ausgabenintensivste der Gemeinschaft. Aus diesem Grunde wird bei der Analyse des Haushalts noch differenzierter auf diesen Ausgabensektor einzugehen sein.

einmal wurden die drei bestehenden Gemeinschaften erst mit dem Fusionsvertrag[69] von 1965 unter ein gemeinsames (Haushalts)- Dach gestellt. Art. 20 des FusV vom 08. 04. 1965 führt nämlich den *„Haushaltsplan der EGen"*, den Gesamthaushaltsplan (GHP) ein. Darin waren der Haushalt der EWG, sowie die Verwaltungshaushalte der EAG und der EGKS integriert. Durch Art. 10 des Änderungsvertrages vom 22. 04. 1970 (Abl. 1971 L 2/1 vom 02. 01. 1972) kam auch noch der Forschungs- und Investitionshaushalt der EAG hinzu[70].
Mit dem Vertrag von Maastricht kamen schließlich noch zwei weitere Ausgabenbereiche hinzu: Verwaltungsausgaben, die aus der *Gemeinsamen Außen- und Sicherheitspolitik* und der *Zusammenarbeit in den Bereichen Justiz und Inneres* resultieren, gehen voll zu Lasten des GHPs. Durchführungskosten der GASP und der ZIJ können durch Beschluss des Rates dem Haushalt angelastet, oder aber von den Mitgliedstaaten gemeinsam finanziert werden (Art. 268, Abs. 2 EGV).

Obwohl das Prinzip der Einheit nach und nach auf die Budgets der einzelnen Gemeinschaften Anwendung fand, gibt es heute immer noch einige Abweichungen von diesem Prinzip. Dies sind die sogenannten Neben- und Schattenhaushalte. Die älteste dieser Ausnahmen bildet der Funktionshaushalt der EGKS[71]. Begründet wird diese Externalität mit den Besonderheiten der Einnahmebeschaffung (Art. 49 EGKSV) sowie der begrenzten Verwendung der Mittel für den Kohle- und Stahl-Sektor nach Art. 50 EGKSV. Strasser sieht hierin auch *„keinen Verstoß gegen das Prinzip der Haushaltseinheit"* (ders. 1991: 46). Auch Erdmann et.al. sehen diese *„historisch gewachsene Ausnahme"* nicht als bedenklich an (dies.,

[69]Vertrag zur Einsetzung eines gemeinsamen Rates und einer gemeinsamen Kommission der Europäischen Gemeinschaften vom 08. 04. 1965 (Abl. 1967 152/2)

[70]Vgl.: Magiera 1994: Art. 199 EGV, S.04, Rn. 17.

[71]Aufstellung und Vollzug des Funktionshaushaltes der EGKS vollzieht sich aber nicht in einem rechtsfreien Raum. 1976 wurden *„interne Vorschriften über die Aufstellung des EGKS-Funktionshaushaltsplans"* (**Kommission, 1995**: 132) festgelegt. Vgl. zu den besonderen Merkmalen des EGKSV-Funktionshaushaltsplans: ebd, S.132f. sowie Strasser 1991: 77ff.

1995: 210)[72].

Tatsache ist, dass mit der Existenz eines EGKS-Funktionshaushaltsplans gegen das Gebot der Einheitlichkeit verstoßen wird. Die Parallelität zweier Budgets widerspricht darüber hinaus dem in Art.19 HO niedergelegten Grundsatz der Klarheit und Wahrheit. Würde dieser Haushalt aber in den GHP integriert werden, so müßte die Zweckbindung der EGKS-Mittel aufgehoben werden, um nicht gegen das Prinzip der Universalität zu verstoßen. Dies würde aber bedeuten, dass beispielsweise die EWG Einnahmen aus der EGKS-Umlage zur Finanzierung der Gemeinsamen Agrarpolitik heranziehen könnte. Diese Möglichkeit ist schon unter dem Aspekt der Wahrung einer Haushaltsdisziplin nicht wünschenswert.

Der Zielkonflikt zwischen dem Gebot der Einheit und der Existenz eines EGKS-Funktionshaushalts wird sich mit dem Auslaufen des EGKSV im Jahre 2002 wohl von selbst erledigen.[73]

Bei einer weiteren Ausnahme handelt es sich um den Europäischen Entwicklungsfonds (EEF). Grundlage ist der vierte Teil des EGV (Die Assoziierung der überseeischen Länder und Hoheitsgebiete). Der EEF basiert auf dem darin enthaltenen Art. 187 EGV, der die Ausgestaltung dieser Materie einem Durchführungsabkommen überantwortet. Da die Mitgliedstaaten der EWG in unterschiedlicher Intensität mit den unter dem Kürzel „AKP-Staaten“ zusammengefassten ehemals abhängigen Ländern **A**frikas, des **K**aribischen Raumes und des **P**azifischen Ozeans verbunden waren, wurde in diesem, den Verträgen von Rom beigelegten Durchführungsabkommen, ein von den EWG-Mitgliedsbeiträgen abweichender Finanzierungsschlüssel für den EEF beschlossen[74]. Diese historisch bedingte Tatsache verhinderte trotz wiederholter Versuche die vollständige Budgetierung des EEF im Gesamthaushaltsplan. Magiera merkt hier zu Recht an, dass *„mit zuneh-*

[72]Abweichend dazu jedoch: Bleckmann, 1997: 456 und Peffekoven 1994: 30. Strasser betont aber, dass das Europäische Parlament die Integration des EGKS-Funktionshaushaltsplans in den GHP fordert. Vgl.: ders. 1991: 46.

[73]Art. 97 EGKSV legt die Geltungsdauer des Vertrags auf fünfzig Jahre vom Zeitpunkt seines Inkrafttretens an fest.

[74]Vgl. zur Struktur, Mittelausstattung und Wirkungsweise des EEF: Strasser 1991: 116ff.

mendem Abstand zur Kolonialzeit (...) diese Besonderheit jedoch an Überzeugungskraft" verliert (ders., 1994: Art. 199, S.05, Rn.20).

Die dritte und wohl auch bedeutungsvollste Abweichung vom Grundsatz der Einheit und Vollständigkeit des Haushaltes bildet die Anleihe- und Darlehenstätigkeit der Europäischen Gemeinschaft[75]. Die Europäische Atomgemeinschaft war gemäß Art. 172 EAGV ermächtigt, Anleihen auf dem Kapitalmarkt aufzunehmen. Von diesem Recht wurde aber nur wenig Gebrauch gemacht.[76]

Eine (in den Gründungsverträgen nicht vorgesehene) Anleihe- und Darlehenstätigkeit der EWG wurde erst unter Rückgriff auf den Art. 308 EGV möglich. Vor dem Hintergrund der durch die Ölpreiskrisen ausgelösten Zahlungsbilanzprobleme der westlichen Industriestaaten beschloss der Rat am 17. Februar 1975 nach Art. 308 EGV, die Gemeinschaft zu ermächtigen, Anleihen aufzunehmen, um den Zahlungsbilanzschwierigkeiten der Mitgliedstaaten wirkungsvoller begegnen zu können[77].

War dieses Instrument ursprünglich zur Stärkung der gemeinschaftlichen Solidarität konzipiert worden, wird es im Zuge der Entwicklung in Osteuropa seit 1990 zunehmend auch für die Unterstützung der Reformstaaten eingesetzt.

Dieses Instrument steht der Gemeinschaft auch heute noch zur Verfügung, bewegt sich finanztechnisch aber außerhalb des Gesamthaushaltsplans. Haushaltstechnisch wirkt sich dieses Finanzgebaren erst im Falle einer Inanspruchnahme der gewährten Garantien durch den Ausfall eines Schuldners aus. Aufgrund der Zunahme der übernommenen Garantien wurde ab 1993 eine Reserve in den Haushaltsplan eingestellt. Dieser Reserve- und Garantieposten ist unter der Bezeichnung B0 in den Teileinzelplan III der Kommission eingefügt worden. Dieser

[75]Diese zunehmende Bedeutung erlangen die Anleihe- und Darlehenstätigkeiten der Gemeinschaft vor dem Hintergrund der Tatsache, dass bereits heute die finanziellen Hilfen für die mittel- und osteuropäischen Beitrittskandidaten teilweise außerhalb des Gesamthaushaltes finanziert werden. Dies gilt für die von der Gemeinschaft zugunsten Dritter aufgenommenen Anleihen und für gewährte Garantien für Darlehen, die die EIB zur Finanzierung von Projekten außerhalb der Gemeinschaft vergibt.

[76]Vgl.: Strasser 1991: 106f.

[77]Vgl.: ebd.: 107ff.

Teileinzelplan enthält für jede gewährte Operation eine Haushaltslinie, die mit einem sog. „p.m.-Vermerk“ versehen sind. Der „p.m.-Vermerk“ steht für „pro memoria“ (lat. für „zur Erinnerung“). Diese Haushaltslinien werden bei Ausfall eines Schuldners entweder durch Übertragung von Mitteln gemäß Art. 26 Absatz 8 der Haushaltsordnung ausgestattet, oder aber auf dem Wege eines Nachtragshaushalts in die Lage versetzt, auftretende Ansprüche zu erfüllen[78]. Eine Aufstellung der Anleihe- und Darlehensoperationen der Gemeinschaft erscheint im Gesamthaushaltsplan als Anlage zu Teil B des Einzelplans der Kommission. Zur Haushaltssystematik sowie zu Umfang und Struktur der Schatten- und Nebenhaushalte vgl. nachfolgende Tabelle und Graphiken.

<table>
<tr><td colspan="2">Gesamthaushaltsplan der Gemeinschaft</td><td>Davon getrennt:
• Funktionshaushalt der EGKS</td></tr>
<tr><td rowspan="3">Verwaltungshaushalte von:</td><td>EGKS</td><td rowspan="5">Außerhalb der Haushaltssystematik stehen:
• Europäischer Entwicklungsfonds
• (EEF)
• Anleihe- & Darlehenstätigkeit der EWG
• Europäische Investitionsbank
• (EIB)</td></tr>
<tr><td>EAG</td></tr>
<tr><td>EWG</td></tr>
<tr><td colspan="2">• Forschungs- und Investitionshaushalt der Europäischen Atomgemeinschaft (EAG)</td></tr>
<tr><td colspan="2">• Europäischer Sozialfonds (ESF)
• Europäischer Fonds für Regionale Entwicklung (EFRE)
• Europäischer Ausgleichs- und Garantiefonds für die Landwirtschaft (EAGFL)</td></tr>
</table>

Tabelle 1: Die Haushaltssystematik der Europäischen Gemeinschaften
Quelle: Eigene Zusammenstellung

[78]Vgl.: Europäische Kommission, Haushaltsvademekum 1997: 16, sowie KOMMISSION 1995 : 57 und Strasser 1991: 48 / 157 / 162 und 332.

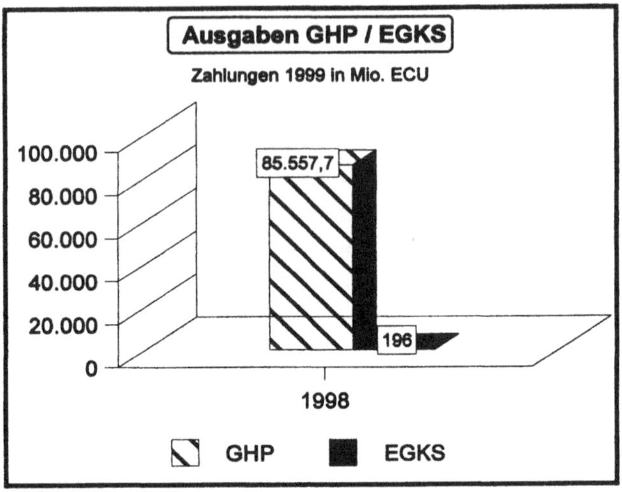

Abbildung 6: Dimension der Ausgaben GHP / EGKS
Daten: Kommission: Haushaltsvademekum Ausgabe 1999, S.31.

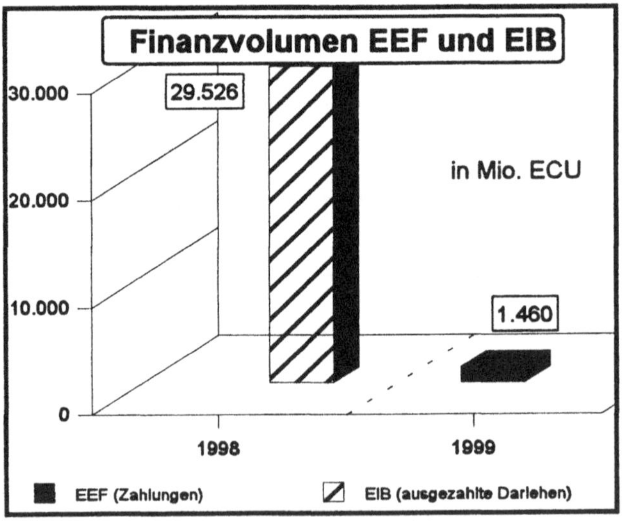

Abbildung 7: Volumen EEF und EIB-Darlehen
Daten: Kommission: Haushaltsvademekum Ausgabe 1999, S. 31 und S. 46.

Abbildung 6 verdeutlicht die quantitativen Unterschiede zwischen dem Gesamthaushaltsplan der Europäischen Gemeinschaft und den Ausgaben der EGKS. Schon in quantitativer Hinsicht spielt die nicht dem Prinzip der Einheitlichkeit entsprechende Stellung des EGKS-Funktionshaushaltes eine eher unbedeutende Rolle. Abbildung 7 soll verdeutlichen, dass die Bedeutung der außerhalb der Haushaltssystematik stehenden Fonds weitaus größer einzuschätzen ist als die des EGKS-Funktionshaushaltes. Neben diesen quantitativ bedeutsamen Neben- und Schattenhaushalten gibt es noch einige weitere, allerdings relativ unbedeutende, Ausnahmen. Unbedeutend sind diese auch deshalb, weil diese sog. „Satelliten-Haushaltspläne" in einer im GHP eingefügten Haushaltslinie zusammengefasst werden, die ihre Gesamtmittel beinhaltet. Zu nennen wären an dieser Stelle die Budgets der:

- Europäischen Stiftung zur Verbesserung der Lebens- und Arbeitsbedingungen,
- des Europäischen Zentrums für die Förderung der Berufsbildung,
- der EURATOM-Versorgungsagentur,
- der Europäischen Stiftung für die Berufsbildung,
- des Wirtschafts- und Sozialausschusses,
- der Europäischen Drogenbeobachtungsstelle,
- der Agentur für Sicherheit und Gesundheitsschutz am Arbeitsplatz
- des Amtes für amtliche Veröffentlichungen der Europäischen Gemeinschaften[79].

[79]Vgl.: Kommission 1995: 56 sowie Strasser 1991: 48.

3.1.2. Die Prinzipien der Jährlichkeit[80] und Ausgeglichenheit

Art. 268 Abs. 1 EGV normiert neben den Prinzipien der Einheit und der Vollständigkeit auch den Grundsatz der Jährlichkeit, in dem es heißt: *„(...) alle Einnahmen und Ausgaben (...) werden für jedes Haushaltsjahr veranschlagt (...).“* Eine sinngemäß identische Bestimmung findet sich in Art. 1 Abs. 1 der HO. Dort wird auch festgelegt, dass die Einnahmen und Ausgaben im Voraus bewilligt werden.

Dieser zeitliche Grundsatz ist darüber hinaus auch in Art. 271 Abs.1 EGV verankert, der die Bewilligung der Ausgaben auf ein Haushaltsjahr beschränkt. Dieses Haushaltsjahr ist nach den Bestimmungen des Art. 272 Abs. 1 EGV identisch mit dem Kalenderjahr und beginnt somit am 01. Januar und endet am 31. Dezember. Die diesen Bestimmungen entsprechenden Passagen der HO sind die Art. 1, Abs.2 und Art. 5 HO. Das Gebot des Haushaltsausgleichs hat seinen Niederschlag sowohl in Art. 268 Abs. 3 EGV (Der Haushalt ist in Einnahmen und Ausgaben auszugleichen.), als auch in Art. 272, Satz 10 (Ausgleich von Einnahmen und Ausgaben) gefunden. Das ursprünglich im Art. 272 EGV vorgesehene Verfahren zur Aufstellung des Haushaltsplans erwies sich schnell als nicht praktikabel. Der mit insgesamt zehn Einzelabsätzen längste Artikel des EGV führte in seiner Kompliziertheit dazu, dass den beteiligten Organen nicht genügend Zeit zur ordnungsgemäßen Ausführung ihrer Haushaltsbefugnisse zur Verfügung stand. Aus diesem Grunde einigten sich die beiden Organe der Haushaltsbehörde (Rat und Parlament) schon 1976 auf Vorschlag der Kommission auf die Einführung eines sog. „pragmatischen Kalenders“. Dieser sieht vor, dass die

[80] Magiera erwähnt den Begriff der Jährlichkeit nicht explizit in Zusammenhang mit Art. 199 EWGV (268 EGV i.d.F. vom 02. Okt. 1997), sondern erst mit dem in Art. 202 EGV (271 EGV i.d.F. vom 02. Okt. 1997) verankerten Prinzip der Spezialität. Dort spricht er von einer Konkretisierung des Grundsatzes der Spezialität, wobei er zwischen zeitlicher und sachlicher Spezialität unterscheidet. Die zeitliche Spezialität bezieht sich dabei auf die Definition des Haushalts-Zeitraumes und die sachliche Spezialität quantitativ auf die Höhe der Ausgaben und qualitativ auf die Mittelbindung der im Haushalt veranschlagten Ausgaben. Vgl.: Magiera 1994: Art. 199 EGV, S.07. Rn. 28. und Art. 202 EGV, S.01 Rn. 1. Auch Bleckmann unterteilt den Grundsatz der Jährlichkeit in eine zeitliche und eine sachliche Spezialität. Vgl.: Ders. 1997: 457. Ebenso Fugmann 1992: 85f.

Haushaltsdokumente dem Rat und dem Parlament schon vor den in Art. 272 EGV genannten Terminen zugeleitet werden und somit das gesamte Verfahren gestrafft wird.[81] Die nachstehende Tabelle verdeutlicht die Unterschiede zwischen den im Art. 272 EGV genannten Terminen und dem nunmehr praktizierten Verfahren[82].

Phase des HH-Verfahrens:	**Offizieller Kalender:**	**Pragmatischer Kalender:**
Haushaltsvorentwurf der Organe an die Kommission und zur Kenntnisnahme an EP und Rat	bis spätestens 01. Juli:	bis spätestens 01. Mai
Vorlage des HVE durch die Kommission an den Rat und Übermittlung an das Parlament	bis spätestens 01. September	bis spätestens 15. Juni
1. Lesung im Rat. Der Rat berät über den Vorentwurf bzw. erstellt mit qual. Mehrheit einen Entwurf und leitet ihn dem Parlament zu	bis spätestens 05. Oktober	bis spätestens 31. Juli
1. Lesung im Parlament (Frist von 45 Tagen) Zustimmung / Änderung / Ablehnung und Übermittlung an den Rat	bis spätestens Mitte November	September bis spätestens Ende Oktober
2. Lesung im Rat (Frist von 15 Tagen) und Übermittlung an das Parlament	bis spätestens Ende November	bis ca. Ende Oktober / Mitte November
2. Lesung im Parlament (Frist von 15 Tagen)	bis spätestens Mitte Dezember	Mitte November bis Mitte Dezember
Feststellung des Haushaltsplans durch den Präsidenten des EP	Mitte Dezember	Mitte Dezember

Tabelle 2: Offizielles und pragmatisches Haushaltsverfahren
Quelle: Eigene Zusammenstellung

[81] Art. 272 EGV regelt darüber hinaus noch weitere Einzelheiten. Es handelt sich hierbei um die Entscheidungskompetenzen über die obligatorischen und die nicht-obligatorischen Ausgaben sowie die Höchstsatzfestlegung durch die Kommission. Vgl. dazu auch Fußnote 135 in dieser Arbeit.

[82] Vgl.: Magiera 1994, Art. 203 EGV, S.04ff, Rn. 08 ff.

Dieser pragmatische Zeitplan ermöglicht es, dass die sich aus dem Art. 272 EGV ergebende Forderung, den Haushalt vor dem 01. Januar zu verabschieden bzw. festzustellen, erfüllt werden kann.
Nachdem durch die Anwendung des pragmatischen Zeitplans nunmehr eine fristgerechte Aufstellung des Haushaltes gewährleistet war, ergab sich sehr bald ein weiterer Problemkreis. Wie sollten unter Beachtung des Jährlichkeitsprinzips die immer wichtiger werdenden Mehrjahresprogramme in den Haushaltsplan eingestellt werden?[83] Am Budgetprinzip der Jährlichkeit entzündet sich nämlich stets erneut der Streit zwischen den Anhängern des Bewirtschaftungszeitraums und denen des Haushaltsjahres.[84]
Um die Notwendigkeit einer vorausschauenden Finanzplanung und die Regel der Jährlichkeit miteinander in Einklang zu bringen, wurde im Gesamthaushaltsplan zwischen »getrennten« und »nicht-getrennten« Mitteln unterschieden. Bei dieser Systematik sind die getrennten Mittel in sog. »Verpflichtungsermächtigungen« und »Zahlungsermächtigungen« unterteilt. Dieses regelt der Art. 3 der Haushaltsordnung.
Die Gesamtkosten für Verpflichtungen, die im laufenden Haushaltsjahr eingegangen worden sind, die jedoch über das Haushaltsjahr hinaus kostenwirksam werden, sind durch die Verpflichtungsermächtigungen gedeckt und in den Haushalt eingestellt. Demgegenüber decken Zahlungsermächtigungen die Ausgaben, die entstehen, wenn den aus dem laufenden Haushaltsjahr und / oder früheren Haushaltsjahren eingegangenen Verbindlichkeiten nachgekommen wird.
Bei den nicht-getrennten Mitteln handelt es sich um die Mittel, *„(...) bei denen im Prinzip sowohl die Verpflichtungsermächtigungen als auch die Zahlungsermächtigungen in voller Höhe in einem einzigen Haushaltsjahr ausgeführt werden müssen."* (Erdmann et.al., 1995: 203).
In der Terminologie der Haushaltssystematik tauchen dann noch die Begriffe

[83]Die Tatsache, dass *„(...) eine rationale Finanzpolitik allein auf der Grundlage eines jährlichen Haushaltsplans kaum möglich (...)"*ist (Peffekoven 1996: 18), ist auch von der Finanzwissenschaft erkannt worden. Aus diesem Grunde stellt diese Abweichung kein zu großes Problem dar.

[84]Vgl.: Strasser 1991: 53.

»Mittel für Verpflichtungen«, welche sich aus der Summe der Verpflichtungsermächtigungen plus den nicht-getrennten Mitteln zusammensetzen, und »Mittel für Ermächtigungen« auf, die sich aus der Summe der Zahlungsermächtigungen plus den nicht-getrennten Mittel ergeben. Aus der Einführung der getrennten Mittel ergab sich dann aber auch die Notwendigkeit, eine Übertragung von Haushaltsansätzen in ein neues Rechnungsjahr zu ermöglichen. Art. 6 der HO regelt die genauen Modalitäten einer Mittelübertragung.

Zusammenfassend lässt sich sagen, dass mit der Einführung eines Mischsystems, bei dem auf der Einnahmeseite das Prinzip des Haushaltsjahres, auf der Ausgabenseite das des Bewirtschaftungszeitraumes Anwendung findet, ein pragmatischer Weg beschritten wurde, um das Prinzip der Jährlichkeit mit den Erfordernissen moderner Finanzplanung in Einklang zu bringen.

Die bilanztechnische Selbstverständlichkeit eines ausgeglichenen Budgets haben bereits die Väter der Römischen Verträge der Europäischen Gemeinschaft ins Stammbuch geschrieben. Dass grundsätzlich nicht mehr Ausgaben getätigt werden können als Einnahmen (gleich aus welcher Quelle) zur Verfügung stehen, liegt auf der Hand. Was in diesem Zusammenhang unter Einnahmen zu verstehen ist, wird in den bisherigen vier Eigenmittel-Beschlüssen bestimmt (vgl. Punkt 5 dieses Abschnitts).

Darüber hinaus hat der Grundsatz des ausgeglichenen Budgets aber auch eine finanzwirtschaftliche und eine juristische Dimension, die in engem Zusammenhang mit dem Postulat der vollständigen Finanzierung aus Eigenmitteln zu sehen ist. Da bei der Ansetzung der Einnahmen und Ausgaben und der im voraus erteilten Bewilligung das Bedarfsdeckungsprinzip zur Anwendung kommt, sind zwei haushaltstechnisch denkbare Möglichkeiten ausgeschlossen. Zum einen kann die Gesamtsumme der geplanten Ausgaben nicht höher angesetzt werden, als auf der Gegenseite Eigenmittel zu ihrer Deckung zu Verfügung stehen. Zum anderen gilt für den umgekehrten Fall, dass nicht mehr Einnahmen geplant werden, als Ausgaben im Haushaltsplan veranschlagt sind.[85]

[85]Vgl.: Erdmann et.al. 1995: 205.

Bei der Feststellung des Gesamthaushaltsplans werden diese beiden Regeln des Ausgleichs sowohl förmlich als auch rechnerisch streng beachtet. Etwas anders gestaltet sich die Ausführung des Haushalts. Die relative Konjunkturreagibilität der Einnahmeseite (bedingt durch die Zusammensetzung der Eigenmittel aus Mehrwertsteuer- und BSP-Anteilen) führt zu Schwankungen, die bei der Planung des Budgets nicht immer vorhersehbar sind. Diese Abweichungen können sowohl in den positiven als auch in den negativen Bereich gehen. Die Ausgaben hingegen können nur unterhalb der veranschlagten Höhe bleiben, da diese ja eine Obergrenze darstellt, die nicht überschritten werden darf.[86]

3.1.3. Die Prinzipien der Spezialität und der Rechnungseinheit

Das Prinzip wurde in der Fußnote 80 bereits kurz erwähnt, soll an dieser Stelle aber noch einmal näher ausgeführt werden. Der Spezialitäts-Grundsatz ist in Art. 271 EGV verankert und lässt sich in drei Ebenen unterteilen. Abs. 1 stellt die zeitliche Spezialität klar, indem er festlegt, dass die in den Haushaltsplan eingesetzten Ausgaben für ein Haushaltsjahr bewilligt werden. Eine sachliche oder auch qualitative Spezialität verlangt der Abs. 3 durch die Festlegung, dass die vorgesehenen Mittel nach Kapiteln gegliedert werden, in denen die Ausgaben nach Art oder Bestimmung zusammengefasst sind. Dies führt zu folgender Einteilung des Gesamthaushalts:
Dem Institutionenprinzip folgend, werden die Einzelpläne I bis V den Institutionen der EU mit Organqualität zugeordnet. Es sind dies das Europäische Parlament (I), der Rat (II), die Kommission (III), der Europäische Gerichtshof (IV) und der Europäische Rechnungshof (V). Alle Einzelpläne werden weiter in Titel, Kapitel, Artikel und Posten unterteilt. Bis auf den Einzelplan der Kommission handelt es sich ausschließlich um Verwaltungsausgaben. Der Haushalt der Kommission hingegen ist in Teil A und Teil B aufgegliedert. Teil A enthält dabei, analog zu den Einzelplänen der anderen Organe, die Verwaltungsausgaben. Teil B, und der

[86] Vgl.: Kommission 1995: S.65.

ist mit ca. 95% des gesamten Einzelplans der Kommission der bei weitem größte, enthält sämtliche operationellen Mittel, die zur Durchführung der Gemeinschaftspolitiken zur Verfügung stehen. Die Verwaltungsausgaben aller Organe zusammen (Einzelpläne I, II, III A, IV, V und VI) machten 1999 bei den Verpflichtungen ganze 4,6% des Gesamthaushaltes aus.[87]
Der Einzelplan B der Kommission wiederum ist in die Teileinzelpläne 0-8 unterteilt, wobei jeder Ziffer ein Politikbereich zugeordnet ist (B1 = Landwirtschaft, B2 = Strukturmaßnahmen u.s.w.).[88]
Um den Gegebenheiten der modernen Finanzwirtschaft gerecht zu werden und dem Gesamthaushalt insgesamt eine gewisse Flexibilität zu geben, besteht die Möglichkeit von Mittelübertragungen von Kapitel zu Kapitel oder von Art. zu Art. gemäß Art. 274 Abs. 3 EGV. Näheres bestimmt der Art. 26 der Haushaltsordnung.

Der EGV sieht vor, dass der Haushaltsplan in einer Rechnungseinheit aufgestellt wird, die durch die Haushaltsordnung bestimmt wird. Diese Besonderheit unter den internationalen Organisationen drückte schon sehr früh das Streben der Gemeinschaft nach währungspolitischer Unabhängigkeit aus. In Zeiten, in denen das internationale Währungssystem mit dem darin festgeschriebenen Gold-Dollar-Standard noch reibungslos funktionierte, orientierte sich die Rechnungseinheit der Gemeinschaft am Dollar und am Gold. Mit zunehmenden Kursschwankungen auf den internationalen Gold- und Devisenmärkten zeichnete sich die Notwendigkeit einer engeren währungspolitischen Kooperation der EWG-Staaten aber immer deutlicher ab. Mit der Einführung einer Europäischen Rechnungseinheit (ERE) im Jahr 1975 wurde diesem Erfordernis Rechnung getragen[89].
Verstärkt und auf eine neue, stabilere Basis gestellt, wurde die Währungszusammenarbeit mit der Einführung des Europäischen Währungssystems (EWS) im Jahr

[87]Daten: Kommission: Haushaltsvademekum, Ausgabe 1999: S. 80.

[88]Vgl.:Kommission 1995: 68ff.

[89]Vgl.: Strasser 1991: 64ff., sowie Magiera 1994: Art. 207 EGV, S.01, Rn.1ff.

1979. Mit diesem Schritt wurde die European Currency Unit (ECU) als zentraler Bestandteil des EWS eingeführt und löste die ERE als Recheneinheit schrittweise bis zum Jahr 1980 vollständig ab.
Höhepunkt und krönender Abschluss der Zusammenarbeit der Mitgliedstaaten der Europäischen Gemeinschaft auf dem Gebiet der Währungspolitik ist die mit der unwiderrufbaren Fixierung der Wechselkurse zwischen den Teilnehmerstaaten am 01. Januar 1999 realisierte Währungsunion. In ihr soll der EURO als neue europäische Währung die nationalen Währungen der Mitglieder der Europäischen Währungsunion nach einer drei-jährigen Übergangsphase ablösen[90]. Er wird dann auch die ECU als Rechnungseinheit ersetzen.
Neben diesen sechs zentralen Budgetprinzipien existieren weitere Haushaltsgrundsätze, deren Rechtsgrundlage sich nicht unmittelbar aus dem Art. 268 des EGV ergibt. Primärrechtlich im Art. 274 Abs.1 EGV ist das Gebot der Sparsamkeit und der Wirtschaftlichkeit verankert. Die anderen beiden zu nennenden Grundsätze beziehen ihre Gültigkeit aus der Haushaltsordnung.
Art. 10 und 88 Nr. 4 der HO normieren dabei den Grundsatz der Öffentlichkeit, indem sie die Veröffentlichung des Haushaltsplans und des Jahresberichts des Europäischen Rechnungshofes im Amtsblatt vorschreiben.
Eine *„möglichst übersichtliche und wirklichkeitsnahe Haushaltsführung"* (Magiera 1994, Art. 199 EGV, S.07 Rn.34) soll durch die Prinzipien der Klarheit und der Wahrheit gewährleistet werden, die sich aus Art. 12 der Haushaltsordnung sowie dem Beschluss des Rates über die Aufstellung einer mehrjährigen finanziellen Vorausschau ergeben.

[90]Während dieser Übergangsphase kann die neue Währung für bargeldlose Transaktionen bereits genutzt werden.

3.2. Zusammenfassung

Haushaltsgrundsätze sind ein wesentlicher Bestandteil öffentlicher Finanzwirtschaft. Durch sie soll die Aufstellung und der Vollzug des Etats sowie dessen Kontrolle in einem demokratisch-konstitutionellen System gesichert werden. Ihr Stellenwert, ihre Anzahl und ihre Ausformulierung mögen durchaus unterschiedlich ausgeprägt sein, in der Ausgestaltung der jeweiligen Rechtsordnung gelten sie aber in allen Mitgliedstaaten der Gemeinschaft. Die differenzierte Form und Anwendung erklärt sich, wie auch Magiera anmerkt, aus der Tatsache, dass diese Budgetprinzipien keinesfalls einen Absolutheitsanspruch besitzen, sondern *„das anpassungsfähige Gerüst für eine rationale und funktionsgerechte Finanz- und Haushaltswirtschaft"* liefern sollen. (Magiera 1994: Art. 199 EGV, S.04, Rn.15).

4. Das Eigenmittelsystem - Einordnung in das Rechtssystem

Im Zusammenhang mit der Stellung der Haushaltsordnung im Rechtssystem der Europäischen Gemeinschaft ist bereits erwähnt worden, dass sie - im Range einer Verordnung erlassen - unmittelbar in jedem Mitgliedsland Geltung besitzt und somit direkt dem Sekundärrecht zuzuordnen ist.
Für das System der eigenen Mittel sind hinsichtlich seiner Stellung noch höhere Maßstäbe anzulegen. Dies ergibt sich aus Art. 269 Abs. 2 EGV in dem es heißt:

> *„Der Rat legt auf Vorschlag der Kommission und nach Anhörung des Europäischen Parlamentes* ***einstimmig*** *die Bestimmungen über das System der Eigenmittel der Gemeinschaft fest und empfiehlt sie den Mitgliedstaaten zur Annahme* ***gemäß ihren verfassungsrechtlichen Vorschriften"*** (Hervorhebungen vom Verfasser eingefügt).[91]

[91]Wie in Punkt 1 dieses Abschnitts bereits erwähnt, und an der Formulierung des ursprünglichen Artikels 201 EGV (Art. 269 EGV i. d. F. vom 02. 10. 1997) besonders deutlich wurde, überlässt der Rahmenvertrag den Mitgliedern der Gemeinschaft die Befugnis zur Ausgestaltung der Finanzierung. Die außerordentliche Sensibilität der Finanzierungsfrage und die festgelegten (Fortsetzung...)

Durch jeden der vier bisherigen Eigenmittel-Beschlüsse ist also eine Art *„Finanzierungsvertrag"* (Hölscheidt 1997: 443) zwischen den Mitgliedstaaten geschlossen worden, der die gleichen verfahrensmäßigen Hürden zu bewältigen hat wie beispielsweise eine Vertragsänderung. So deutet auch Magiera die Regelungen für die Gestaltung des Eigenmittelsystems als *„Verfahren der Vertragsänderung"* (ders. 1994: Art. 201 EGV, S.04, Rn.09.).
Tatsache ist, dass durch eine nach Art. 269 Abs. 2 EGV zustande gekommenen Bestimmung der EG-Vertrag in seinem ursprünglichen Text zwar nicht verändert wird, aber ein *„Rechtsakt mit hohem Verbindlichkeitscharakter"* (Messal 1991: 37) verabschiedet wird.[92] Aus diesem Zusammenhang heraus ergibt sich auch der qualitative Unterschied der Eigenmittelzahlungen der Mitgliedstaaten an die Gemeinschaft im Vergleich zu Beitragszahlungen eines Staates an eine andere internationale Organisation. Wie hoch der Verbindlichkeitscharakter ist und wie weit die Regelungen zur Finanzierung der Gemeinschaft in die nationale Autonomie der Mitgliedstaaten eingreifen, wird deutlich, wenn man sich vor Augen führt, dass durch einen Eigenmittel-Beschluss ein bestimmter Teil des nationalen Steuern- und Abgabenaufkommens dem Zugriff der Mitgliedstaaten entzogen wird. Dieser Umstand verdeutlicht die Begrenzung der nationalen Ertragshoheit und lässt ebenso Rückschlüsse auf die Bedeutung der Finanzierungsfrage zu. Nicht zuletzt deshalb darf wohl vermutet werden, dass das Einstimmigkeitserfordernis im Rat ein Resultat dieser Einschätzung ist.

[91](...Fortsetzung)
Entscheidungsstrukturen lassen aus heutiger Sicht zumindest Zweifel darüber aufkommen, ob diese Form der Beschlussfassung für den Bereich der öffentlichen Finanzen zufriedenstellende Ergebnisse zustande bringt.

[92]Vgl. zur Diskussion der rechtlichen Stellung der Eigenmittel-Beschlüsse: Fugmann 1992: S.144ff.

5. Die Einnahmen der EWG

Im nun folgenden Abschnitt wird das Einnahmesystem der Europäischen Gemeinschaften sowie dessen Entwicklung dargestellt.
Wie bereits erwähnt, war zunächst vorgesehen, die Europäische Gemeinschaft nach Art. 200 EGV a.F. über Finanzbeiträge der Mitgliedstaaten zu finanzieren. Der Verteilungsschlüssel über die Höhe der Mitgliedsbeiträge sah folgende Finanzierungsanteile vor:[93]

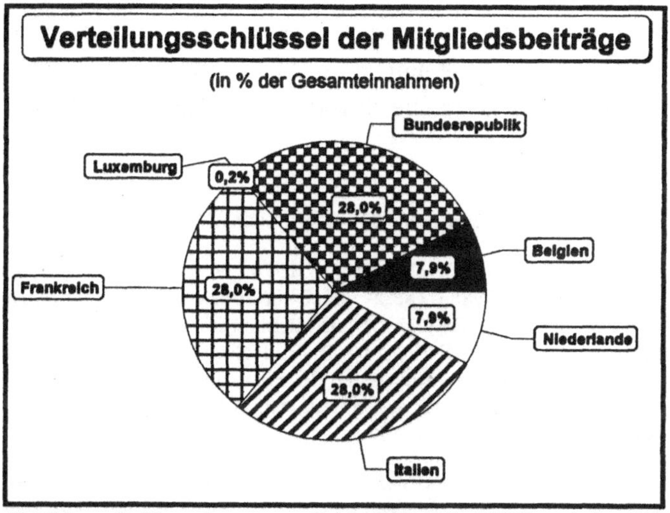

Abbildung 8: Finanzierungsanteile der MS an der EWG nach Art. 200 EGV a.F. (in % der Gesamteinnahmen).
Daten: Strasser, 1991: S. 89.

[93]Die Aufbringungsschlüssel zur Deckung der Ausgaben des Europäischen Sozialfonds sowie des Forschungs- und Investitionshaushaltes weichen vom o.g. Schlüssel ab. Da der Art. 200 EGV mittlerweile aufgehoben ist und die Angaben hier für die gewählte Thematik irrelevant sind, sei verwiesen auf: Strasser 1991: 89.

Das System der Finanzbeiträge existierte von 1958 bis 1970. Es sollte gemäß Art. 269 EGV mit dem *Beschluss des Rates vom 21. April 1970 über die Ersetzung der Finanzbeiträge der Mitgliedstaaten durch eigene Mittel der Gemeinschaft*[94], der am 01. Januar 1971 in Kraft trat, gegenstandslos werden[95]. Ab diesem Zeitpunkt sollte die Gemeinschaft komplett aus Eigenmitteln finanziert werden. Die Quellen, aus denen der Gemeinschaft anfangs eigene Mittel zustanden, waren Abschöpfungen aus Einfuhren in den ab 1959 schrittweise eingerichteten gemeinsamen Agrarmarkt[96], sowie Zölle aus der 1968 vollendeten Zollunion[97]. Während die Agrarabgaben mit Beginn des Jahres 1971 vollständig in den Haushalt der EG eingestellt wurden, war für die Einnahmen aus der gemeinsamen Außenhandelspolitik eine schrittweise Einstellung in den EG-Haushalt ab dem 01. Januar 1971 geplant. Die Übergangsphase sollte bis Ende 1974 andauern. Während dieser Zeit

[94]Beschluss des Rates (70/243/EGKS/EWG/Euratom) vom 21. 04. 1970 (Abl. 1970 L 94/19)

[95]Die vier bisherigen Eigenmittel-Beschlüsse (Abl. 1970 L 94/19 vom 21.04.1970, Abl. 1985 L 128/15 vom 07.05.1985, Abl. 1988 L 185/24 vom 24.06.1988 und Abl. L 293 vom 12 .11. 1994) werden, so Magiera, durch Art. 269 Abs. 1 ausdrücklich im sekundären Gemeinschaftsrecht verankert (Magiera 1994: Art 201 EGV, S. 02, Rn.2). Hölscheidt hingegen sieht in einem nach Art. 269 EGV verabschiedeten Rechtsakt einen EG-Finanzierungsvertrag, durch den der EGV textlich nicht geändert wird, der aber neben dem Art. 201 EGV rechtliche Gültigkeit beansprucht (Hölscheidt 1997: 443).

[96]Die Gemeinsame Agrarpolitik (GAP) war nach Abschluss der Verträge von Rom einer der elementarsten Politikbereiche der Gemeinschaft. Der Bereich Landwirtschaft erhielt im EGV einen eigenen Titel (II). In den Art. 32 - 38 EGV wurden in einer für eine einzelne Materie ungewöhnlich hohen Regelungsdichte Ziele, Grundlinien und Maßnahmen in diesem Politikbereich festgelegt. Das zentrale Instrument ist das der Marktordnung. Durch sie werden die Preise für landwirtschaftliche Erzeugnisse durch die Gemeinschaft festgelegt. Da zunächst primär das Ziel der Einkommenssicherung der in der Landwirtschaft Beschäftigten verfolgt wurde, lagen die Preise innerhalb der Gemeinschaft i.d.R. über dem Weltmarktpreis. Die "Zölle", die die Gemeinschaft bei Einfuhren aus Drittstaaten in den gemeinsamen Agrarmarkt erhebt, fließen seit dem ersten EM-B als Abschöpfungen in die Brüsseler Kasse.

[97]In einer Zollunion fallen die tarifären Handelshemmnisse zwischen den Mitgliedern weg. Dies ist auch das Kennzeichen einer Freihandelszone. Im Gegensatz zu ihr besteht in einer Zollunion aber auch ein gemeinsamer Außenzolltarif gegenüber Drittstaaten. Die Einnahmen aus den einheitlichen Außenzöllen standen mit Verwirklichung der Zollunion in der EG am 01. Juli 1968 als zweite Eigenmittel-Quelle der Gemeinschaft zu.

war eine Co-Finanzierung des Budgets durch eine Fortführung des Beitragssystems vorgesehen[98].

5.1. Die traditionellen Eigenmittel: Agrarabschöpfungen und Zölle

Der Artikel 2, Buchstabe a und b des ersten Eigenmittel-Beschlusses definiert diese Eigenmittel folgendermaßen. Folgende Mittel stellen Einnahmen dar, die in den Haushalt der Gemeinschaft einzusetzen sind:

a) *„Abschöpfungen, Prämien, Zusatz- oder Ausgleichsbeträge, zusätzliche Teilbeträge und andere Abgaben auf den Warenverkehr mit Nichtmitgliedstaaten, die von den Gemeinschaftsorganen im Rahmen der gemeinsamen Agrarpolitik eingeführt worden sind oder noch eingeführt werden, und Abgaben, die im Rahmen der gemeinsamen Marktorganisation für Zucker vorgesehen sind, nachstehend »Agrarabschöpfungen«* genannt."

b) *„Zölle des gemeinsamen Zolltarifs und andere Zölle auf den Warenverkehr mit Nichtmitgliedstaaten, die von den Gemeinschaftsorganen eingeführt worden sind oder noch eingeführt werden, nachstehend »Zölle« genannt."*

Diese Definition besitzt auch heute noch Gültigkeit, ist also in allen bisherigen Eigenmittel-Beschlüssen nicht geändert worden.[99]

---

[98]In der Zeit dieser Co-Finanzierung des Haushaltes galt ein etwas abgewandelter Beitragsschlüssel als nach dem alten Art. 200 EGV, dem der Mittelwert der in den drei Jahren zuvor geleisteten Beiträge zugrunde lag. Diese Daten wurden mit dem Bruttosozialprodukt der Mitgliedstaaten verrechnet und ergaben folgende Beitragssätze (in % der Gesamteinnahmen): Belgien: 6,8%; Deutschland: 32,9%; Frankreich: 32,6%; Italien: 20,2%; Luxemburg 0,2% und für die Niederlande 7,3%. Vgl.: Beschluss des Rates (70/243/EGKS/EWG/Euratom) vom 21. 04. 1970 (Abl. 1970 L 94/19)

[99]Im Entwurf der Kommission für einen neuen Eigenmittelbeschluss sind diese Formulierungen

(Fortsetzung...)

Zunächst zu den Agrarabschöpfungen:[100] Im Jahre 1962 wurden die ersten Marktordnungen für Agrarprodukte erlassen. Grundprinzip einer gemeinsamen Marktordnung ist die sog. Gemeinschaftspräferenz. Durch sie wird zusätzlich zum Weltmarktpreis für Agrarprodukte, für die eine Marktordnung gilt, bei Einfuhr in die Gemeinschaft aus Drittstaaten eine Abgabe erhoben, welche die Differenz zum gemeinschaftlich festgesetzten Binnenmarktpreis ausgleicht. Die jeweiligen Schwellenpreise werden jährlich von der Gemeinschaft neu festgesetzt. In Art. 43 Abs. 2 EGV a.F. wurde festgelegt, dass diese Entscheidungen während der schrittweisen Entwicklung einer gemeinsamen Agrarpolitik im Rat mit Einstimmigkeit getroffen werden sollten.

Später sollte zur Beschlussfassung mit qualifizierter Mehrheit übergegangen werden (jeweils auf Vorschlag der Kommission und nach Anhörung des Europäischen Parlamentes). Dazu kam es jedoch nicht. Nachdem die Kommission einen Vorschlag für eine Anschlussregelung vorgelegt hatte, die eine bessere Ausstattung der Gemeinschaft mit Eigenmitteln zur Folge gehabt hätte, zog Frankreich seine Vertreter wegen der drohenden Überstimmung im Rat aus allen Gremien zurück und lähmte so für annähernd sieben Monate die Arbeit der Gemeinschaft. Die Vorschläge der Kommission drehten sich im Kern um die Finanzierung der gemeinsamen Agrarpolitik, zu deren Sicherung nach Art. 34 Abs. 3 EGV ein oder mehrere Ausgleichs- und Garantiefonds für die Landwirtschaft geschaffen werden konnten. Der schließlich im Januar 1966 gefundene „Luxemburger Kompromiss" verhinderte den vorgesehenen Übergang zu Mehrheitsentscheidungen, da er jedem Mitgliedstaat bei Fragen von vitalen nationalen Interessen ein

---

[99](...Fortsetzung)
an die aktuelle Situation angepasst worden. So ist der Begriff „Nichtmitgliedstaaten" durch „Drittländer" ersetzt worden und die „Gemeinschaftsorgane" heißen jetzt „Organe der Union". Für den Bereich der traditionellen Eigenmittel ist der Entwurf inhaltlich aber identisch mit seinen Vorgängern. Vgl.: Kommission der Europäischen Gemeinschaften: Vorschlag für einen Beschluss des Rates über das System der Eigenmittel der Europäischen Union [**KOM (1999) 333 endg.**], Art. 2, Abs. 1 a und b.

[100]Zu den Einnahmen der Gemeinsamen Agrarpolitik gehören auch die in Art. 2 Buchstabe a des EM-B genannten Abgaben auf Zucker. Streng genommen stellen sie aber keine Agrarabschöpfungen dar.

Vetorecht zusicherte.[101]

Die Ertragskompetenz für die Agrarabschöpfungen liegt seit dem 01. Januar 1971 bei der Gemeinschaft. Da sie dem Ziel der Gemeinschaftspräferenz dienen sollen, müssen Agrarabschöpfungen flexibel eingesetzt und auf Schwankungen der Weltmarktpreise und der Wechselkurse reagieren können. Zu diesem Zweck werden die Sätze täglich von der Kommission festgesetzt.

Um den Schwankungen der Wechselkurse effektiver begegnen zu können, finden auf dem Agrarsektor außerdem sog. »grüne Paritäten« und »Währungsausgleichsbeträge« Anwendung.[102]

Die Zölle gehören ebenso wie die Agrarabschöpfungen zu den traditionellen Eigenmitteln der Gemeinschaft. Dies ist eine logische Folge aus der Realisierung der Zollunion und des Binnenmarktes. Die mit den Verträgen von Rom angestrebte Zollunion trat am 01. Juli 1968 in Kraft. Damit fielen die Zölle zwischen den Mitgliedstaaten weg und im Gemeinschaftsraum fand ein Gemeinsamer Zolltarif (GZT) für Importe aus Drittstaaten Anwendung. Die Zuordnung der Zolleinnahmen zu den originären Eigenmitteln der Europäischen Gemeinschaft ist eine logische Folge aus dem freien Warenverkehr innerhalb der Gemeinschaft. Güter, die über ein bestimmtes Land in den Gemeinschaftsraum gelangen, können in diesem auch frei bewegt werden. Aus diesem Grund stehen die Einnahmen aus dem GZT nicht mehr dem Staat zu, über den die Waren in die Gemeinschaft gelangen[103]. Mit der Supranationalisierung der Außenhandelspolitik wurden somit auch die Zölle zu Einnahmen der Europäischen Gemeinschaft.

Beide Einnahme-Quellen, Agrarabschöpfungen und Zolleinnahmen, dienen nicht

---

[101]Bei den Verhandlungen zum EWG-Vertrag drängte insbesondere Frankreich auf Einbeziehung der Agrarpolitik in den Gemeinsamen Markt. Frankreichs Agrarsektor nahm sowohl von der Anzahl der in der Landwirtschaft Beschäftigten als auch vom Anteil an der gesamten volkswirtschaftlichen Leistungsfähigkeit her innerhalb der französischen Wirtschaft einen hohen Stellenwert ein. Dies erklärt auch die spätere Blockadehaltung der Franzosen, als bei der Festsetzung der Preise für landwirtschaftliche Produkte - wodurch die Einkommen der Landwirte unmittelbar tangiert werden - eine Überstimmung Frankreichs im Ministerrat drohte.

[102]Vgl.: Messal 1991: 45ff sowie Urff 1997: 64f.

[103]Vgl.: Erdmann et. al. 1995: 233f., sowie Strasser 1991: 95f.

primär der Erzielung fiskalischer Einnahmen, sondern dem Schutz des Binnenmarktes und der Finanzierung der Politikbereiche Außenhandelspolitik und Gemeinsame Agrarpolitik. Dies brachte der Gemeinschaft immer wieder den Vorwurf ein, sie betreibe eine protektionistische Handelspolitik. Ein Argument, dass sicherlich nicht an der Realität vorbeigeht, hier aber nicht weiter diskutiert werden soll. Angemerkt werden soll lediglich noch, dass im Zuge des weltweiten Zollabbaus im Rahmen der GATT-Verhandlungen die Bedeutung der Zolleinnahmen für den Haushalt der EG stetig zurückging. Dies soll auch folgende Abbildung belegen:

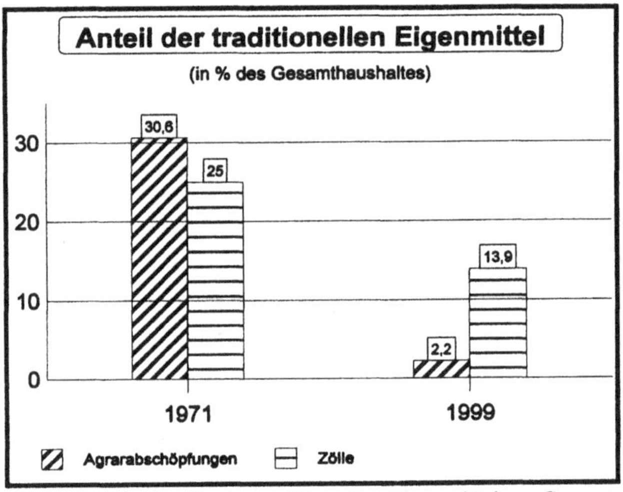

Abbildung 9: Anteile der traditionellen Eigenmittel am Gesamthaushalt der Gemeinschaft

Daten: Kommission: Haushaltsvademekum Ausgabe 1997, S.40/41 und Kommission: Gesamthaushaltsplan der Europäischen Union für das Haushaltsjahr 2000, SEK (2000)150-DE

Das seit 1971 geltende Verfahren soll hier nicht in seiner gesamten Breite und historischen Entwicklung diskutiert werden[104]. Gegenstand der Darstellung soll vielmehr der aktuelle Stand des Finanzierungssystems der Gemeinschaft sein. Zu diesem Zweck sollen die traditionellen Eigenmittel und die neueren Eigenmittel (MwSt.-Eigenmittel und BSP-Eigenmittel) in ihrer Definition, Struktur und Bedeutung dargestellt werden.

5.2. Der Eigenmittelbeschluss von 1970 - Inhalte und rechtliche Einordnung

Die Umstellung auf eine „autonome" Eigenmittel-Finanzierung der Gemeinschaft gestaltete sich komplizierter als zunächst geplant. Von vornherein war klar, dass die traditionellen Eigenmittel (Agrarabschöpfungen und Zölle) nicht zur Finanzierung des Budgets ausreichen würden. Da eine zusätzliche Einnahme aus einer eigenen Gemeinschafts-Steuer in Ermangelung einer Finanz-Souveränität nicht in Frage kam, entschied man sich für den indirekten Zugriff auf die Steuereinnahmen der Mitgliedstaaten. So legte der Beschluss des Rates (70/243/EGKS/EWG/Euratom) vom 21. 04. 1970 über die Ersetzung der Finanzbeiträge der Mitgliedstaaten durch eigene Mittel der Gemeinschaften (**Abl. 1970 L 94/19** vom 28. 04. 1970) fest:

> *„Die Einnahmen aus den Agrarabschöpfungen und den Zöllen reichen nicht zum Ausgleich des Haushalts der Gemeinschaften aus; den Gemeinschaften sind daher außerdem Steuereinnahmen zuzuweisen; besonders geeignet sind die Einnahmen, die sich aus der Anwendung eines einheitlichen Satzes auf die für die Mitgliedstaaten einheitlich festgelegte steuerpflichtige Bemessungsgrundlage für die Mehrwertsteuer ergeben."*

Auf diese Weise sollte die Restfinanzierung des Gemeinschaftshaushalts gesichert werden. Die Verzögerungen, die sich bis zur endgültigen Umstellung auf die Eigenmittel-Finanzierung ergaben, haben ihren Ursprung in der Heranziehung der

[104] Vgl. dazu die vortreffliche und ausführliche Darstellung bei: Strasser 1991: 89ff.

Mehrwertsteuer zum Ausgleich des Budgets. Art. 4 Satz 1 des ersten Eigenmittelbeschlusses (EM-B) legt die maximale Höhe des anzuwendenden Satzes auf 1% der Summe aller mehrwertsteuerpflichtigen Umsätze eines Mitgliedstaates auf der Stufe des Verbrauchs fest. Diese, auch einheitliche Bemessungsgrundlage genannte Größe, sollte im Rahmen des jährlichen Haushaltsverfahrens festgelegt werden. Aber eben diese Festlegung einer einheitlichen Bemessungsgrundlage führte zu den angesprochenen Verzögerungen. Es musste eine Richtlinie verabschiedet werden, um die Einheitlichkeit der Bestimmungen für die Bewertung steuerpflichtiger Umsätze im Rahmen der nationalen Steuersysteme zu gewährleisten. Dies wurde erst mit der 6. Richtlinie zur Harmonisierung der Rechtsvorschriften der Mitgliedstaaten über die Umsatzsteuern vom 17. Mai 1977 erreicht[105]. Mit dieser Richtlinie sollten die unterschiedlichen Auffassungen in puncto Steuerpflicht, Steuertatbestand, Besteuerungsgrundlage etc. in den Mitgliedstaaten harmonisiert werden. Die endgültige Umsetzung dieser Richtlinie in nationales Recht nahm dann weitere zweieinhalb Jahre in Anspruch, so dass erst im Haushaltsjahr 1980 die MwSt.-Eigenmittel in den Haushalt als dritte Einnahme-Quelle eingestellt werden konnten und sich die Gemeinschaft somit komplett aus Eigenmitteln finanzierte.

Die Einführung der Mehrwertsteuereigenmittel war der Einstieg in ein kompliziertes Finanzierungssystem. Gegenüber der Finanzierung durch ausschließlich originäre Eigenmitteln zeichnet es sich bis heute durch mangelnde Transparenz aus. In Verbindung mit den hohen Zustimmungserfordernissen ließen auch die nationalen Souveränitätsvorbehalte die Verhandlungskosten für eine einvernehmliche Regelung (wie die Umsatzsteuer-Richtlinie zeigte) deutlich steigen. Der Aspekt der Zahlungsgerechtigkeit trägt ein übriges zur Kompliziertheit des Systems bei.

Um diesem Aspekt der Zahlungsgerechtigkeit genüge zu tun, musste schon 1970 ein Verfahren entwickelt werden, mit dem eine einheitliche Bemessungsgrundlage

[105]Abl. L 145 vom 13. 06. 1977.

ermittelt werden konnte.[106] Zu diesem Zweck wurde von den tatsächlichen MwSt-Einnahmen zunächst der Anteil abgezogen, der aufgrund nationaler Sonderregelungen und in Einklang mit den Harmonisierungsvorschriften der EG nicht Teil der MwSt-Bemessungsgrundlage sein musste. Da alle Mitgliedstaaten der Gemeinschaft mindestens zwei differierende MwSt-Sätze anwenden, wurde von diesem Satz ein gewogenes Mittel gebildet, welches den tatsächlichen Umsätzen der verschiedene Sätze entspricht. Zu diesem Ergebnis wurden wiederum die Umsätze hinzugerechnet, die nach den Gemeinschaftsvorschriften Teil der MwSt.-Bemessungsgrundlage sind, nicht jedoch der nationalen Besteuerung unterliegen. Aus der nunmehr vereinheitlichten nationalen MwSt.-Bemessungsgrundlage wird durch Anwendung des für alle MS gültigen MwSt-Eigenmittelsatzes von max. 1% der Betrag gebildet, den die MS an die Gemeinschaft abzuführen haben. Da die MwSt.-Eigenmittel zur Restfinanzierung des Haushalts konzipiert waren, wurde der einheitliche von-Hundert-Satz im jährlichen Haushaltsverfahren unter Berücksichtigung der zu erwartenden Einnahmen aus den traditionellen Eigenmittelquellen neu festgesetzt, durfte aber maximal 1% nicht überschreiten.
Wie die nachstehende Graphik verdeutlicht, waren bereits in diesem Jahr die Mehrwertsteuereigenmittel die wichtigste Einnahmequelle der Gemeinschaft.

[106] Vgl. zu den folgenden Ausführungen: Messal 1991: 65ff.; Strasser 1991: 96ff.; Erdmann et.al. 1995: 234ff. und Peffekoven 1994: 52ff.

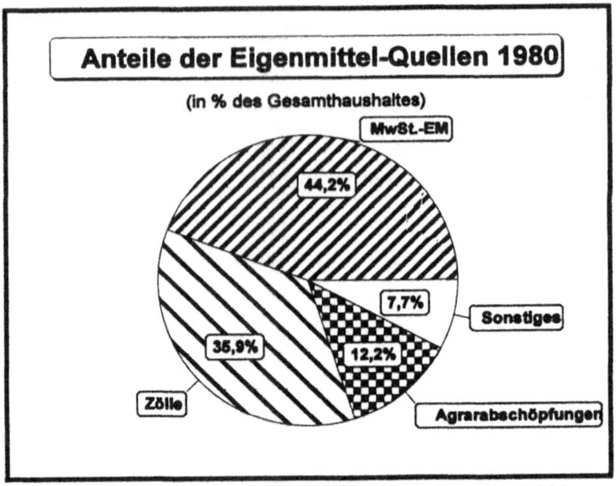

Abbildung 10: Anteile der Eigenmittelquellen 1980
Daten: Kommission: Haushaltsvademekum Ausgabe 1997, S. 40

Die Klassifizierung der Mehrwertsteuereigenmittel als „eigene Mittel" der Gemeinschaft ist umstritten. Strasser führt dies im wesentlichen auf zwei Faktoren zurück und überweist die Verantwortung für diesen Umstand den Mitgliedstaaten: Quantitativ könne die Gemeinschaft nur bis zum jeweils festgelegten Höchstsatz der einheitlichen steuerpflichtigen Bemessungsgrundlage auf das Mehrwertsteueraufkommen der MS zugreifen (Zudem betont er, dass dieser Satz bereits Teil des nationalen MwSt.-Satzes ist und nicht zusätzlich erhoben wird). In qualitativer Hinsicht bemängelt er, dass die MS sich überwiegend dafür entschieden haben, ihren Anteil monatlich in Höhe eines Zwölftels der in ihrem jeweiligen Haushaltsplan geplanten Einnahmen aus der MwSt. an die Gemeinschaft zu überweisen (Einnahmemethode). Konnten die MS zunächst noch zwischen dieser, auch als statistische Methode bezeichneteten Variante, und der sog. Vorumsatzabzugsmethode wählen, so schreibt die Verordnung 1553/89 (Abl. L 155 vom 07. 06. 1989) die Einnahmemethode als endgültige Regelung fest. Für sie hatten sich bis auf Dänemark und Irland bereits vorher alle MS entschieden. Dadurch, so Strasser, kommt die Qualität der MwSt.-Eigenmittel nicht über die

klassischen Finanzierungsbeiträge hinaus.[107]
In diesem Zusammenhang betont auch Peffekoven, dass die Ertrags- und die Verwaltungshoheit für die Mehrwertsteuer nach wie vor bei den MS liegt, die überdies auch noch die Gesetzgebungshoheit besitzen. Er qualifiziert die MwSt.-Eigenmittel als *„Finanzbeitrag nach MwSt.-Bemessungsgrundlage"* (Peffekoven 1994: 60).
Bei Strasser ist zu vermuten, dass diese Bewertung aus dem Wunsch nach mehr Finanzautonomie der Gemeinschaft entsprungen ist.
Wenn Peffekoven hingegen ausführt: *„Die Bezeichnung der MwSt.-Eigenmittel als »eigene Einnahmen« ist sachlich nicht zutreffend."* (ders. 1994: 59), so resultiert dies wohl aus der ihm eigenen finanzwissenschaftlichen Sichtweise. Er begründet dies nämlich mit der Tatsache, dass es *„sich nicht etwa um eine Beteiligung am nationalen Mehrwertsteueraufkommen - wie sie bei einem Verbundsystem üblich ist"* handelt (ebd.). Wie bereits in den grundsätzlichen Bemerkungen zur Finanzverfassung der Europäischen Union in dieser Arbeit dargelegt wurde, widerspricht Magiera in der Frage der Finanzautonomie beiden Interpretationen.

5.3. Der Eigenmittelbeschluss von 1985

Was die Entwicklung der MwSt.-Eigenmittel angeht, so ist bereits erwähnt worden, dass es mittlerweile zu vier Eigenmittel-Beschlüssen gekommen ist. Nach der endgültigen Umstellung auf das Eigenmittel-System 1980 zeichnete sich rasch ab, dass das neue System trotz dritter Einnahme-Quelle schnell an seine Finanzierungsgrenzen stoßen würde. Dies lag hauptsächlich an den Ausgaben für die Gemeinsame Agrarpolitik, die durch den Kursverfall des US-Dollars in die Höhe schnellten. Durch die Plafondierung der MwSt.-Eigenmittel und die relative Inflexibilität der traditionellen Eigenmittel drohte eine Finanzkrise. Es wurde sehr schnell deutlich, dass die Gemeinschaft sich mit dem ersten Eigenmittelbeschluss von 1970 ein Finanzierungssystem geschaffen hatte, welches zwar für mehr als

[107] Vgl.: Strasser 1991: 96f.

eine Dekade die Finanzierung sicherstellte, das aber bei externen Ereignissen (Kursverfall des US-$) nicht flexibel genug handhabbar war, um auf eine solche Krise angemessen zu reagieren.

Bereits in den Haushaltsjahren 1984 und 1985 reichten die Einnahmen nicht mehr zur Deckung der Ausgaben aus. Schon im Mai 1983 reagierte die Kommission auf diese bedrohliche Situation und legte einen Vorschlag für eine neue Eigenmittel-Finanzierung[108] vor. Da die Verhandlungen im Rat aber sehr kompliziert verliefen, dauerte es insgesamt zwei Jahre, bis der neue Beschluss am 07. Mai 1985 gefasst werden konnte. In der Zwischenzeit einigten sich die Mitgliedstaaten in zwei Regierungsabkommen, die Strasser als *„das Ende der Finanzautonomie"* bezeichnet (Strasser 1991: 92), auf ein Verfahren zur Deckung der Haushaltslücken durch mitgliedstaatliche Vorschüsse, die für das Jahr 1984 rückzahlbar und 1985 quasi als Beiträge nicht rückzahlbar waren.

Durch das sog. „Fontainebleau-Paket"[109] konnte die Finanzierung der Haus-haltspläne 1984 und 1985 mit den dazugehörenden Regierungsabkommen noch gesichert werden. Im Jahr 1986 konnte nur durch die Erhöhung des MwSt.-Eigenmittelsatzes von 1% auf 1,4% gewährleistet werden, dass ausreichende Ein-

[108]Vorschlag für einen Beschluss des Rates über das System der eigenen Mittel der Gemeinschaften (von der Kommission dem Rat vorgelegt am 5. Mai 1983). ABL Nr. C 145/5 vom 03.06.1983.

[109]Diese „Paket-Lösung" beinhaltete verschieden Problemkreise:

- Um die drängende Frage der Haushaltsmittel zu lösen, wurde beschlossen, den bisher angewandten Höchstsatz von 1% auf die einheitliche Mehrwertsteuer-Bemessungsgrundlage unter Beibehaltung des bisherigen Systems anzuheben. Dieser sollte gemäß den Schlussfolgerungen des Europäischen Rates von Fontainebleau ab dem 01. Januar 1986 auf höchstens 1,4% festgesetzt werden.
- Es wurde festgestellt, dass gemäß der Auffassung des Europäischen Rates die Lösung der Finanzprobleme nur auf der Ausgabenseite des Gesamthaushaltes liegen kann. In diesem Sinne wird die Ausgabenpolitik als wichtigstes Instrument betrachtet.
- Generell kann jeder Staat, wenn sich durch das bisherige Finanzierungs-System Zahlungsungerechtigkeiten ergeben, in den Genuss einer Korrekturmaßnahme kommen.
- Eine solche Korrekturmaßnahme wurde für das Vereinigte Königreich beschlossen.

Vgl.: Schlussfolgerungen des Europäischen Rates vom 25. und 26. Juni 1984 in Fontainebleau, abgedruckt in: Bulletin 06/1984, S. 10ff. sowie Beschluss des Rates vom 07. Mai 1985 über das System der eigenen Mittel der Gemeinschaften (85/257/EWG/Euratom), Abl. L 128/15 vom 14. 05. 1985.

nahmen zur Finanzierung des Haushaltes zur Verfügung standen. Jedoch zeigte sich schon in diesem Haushaltsjahr, dass der neue Höchstsatz bald ausgeschöpft sein würde und die Gemeinschaft erneut in Finanzierungsschwierigkeiten geraten würde[110].

Durch eine grundlegende Reform der Finanzierungs-Architektur wollte die Kommission die scheinbar chronischen Finanz-Krisen in den Griff bekommen und die Finanzierung des Budgets auf eine verlässliche Grundlage stellen.

5.4. Die Reform der Finanzen: Das Delors I-Paket

In der Veröffentlichung: *Die Einheitliche Akte muß ein Erfolg werden: Eine neue Perspektive für Europa*[111] kritisierte die Kommission das Haushaltsgebaren der Gemeinschaft in den Jahren zuvor. Zwar sei es durch Übertragung von Mitteln und zeitlicher Verschiebung zwischen Verpflichtungsermächtigungen und Ausgaben gelungen, den Haushalt innerhalb der gesteckten Grenzen zu halten; die Eigenmittelobergrenze bei den MwSt.-Eigenmitteln wäre ohne diese Maßnahmen jedoch gesprengt worden. Auch die Praxis der Zusatzfinanzierung durch Regierungszuschüsse wurde deutlich kritisiert. Wörtlich heißt es dort:

> *„Diese schlechte Praxis kaschiert seit 1983 das Defizit des Gemeinschaftshaushalts. (...) Die Kommission ist der Ansicht, dass diese*

---

[110]Nicht ohne Grund traten diese Finanzprobleme in der zweiten Hälfte der siebziger Jahre hervor. Zu den bereits erwähnten Problemen mit den Wechselkursschwankungen des US-Dollars trat die Erosion der Einnahmen aus den originären Eigenmittelquellen. Die Rahmenbedingungen entsprachen nicht mehr der Ausgangssituation, unter der die GAP konzipiert worden war. Der Selbstversorgungsgrad der Gemeinschaft mit Agrarerzeugnissen war ungleich höher als noch zu Beginn der GAP und gleichzeitig waren die Einnahmen aus Abschöpfungen im Zuge der multilateralen Zollsenkungen rückläufig. Ferner zeichnete sich bei den MwSt.-Eigenmitteln eine Entwicklung ab, in der die Anteile der konsumtiven Ausgaben am BSP stetig rückläufig waren. Auch dies trug zu einer Reduzierung der verfügbaren Mittel bei. Darüber hinaus stand die Gemeinschaft vor einer Erweiterung durch Spanien und Portugal und einer institutionellen Reform durch die Einheitliche Europäische Akte (EEA).

[111]Mitteilung der Kommission an den Rat (Dok. KOM 87 / 100), abgedruckt in: Bulletin der Europäischen Gemeinschaften, Beilage 1/87

Verhältnisse weder kurz- noch mittelfristig tragbar sind."

Dies beweist,

> *„... dass das geltende System der Eigenmittel unzureichend ist, (...). Die Beibehaltung dieses Finanzierungssystems führt zur Verewigung einer zu verurteilenden Praxis, mit der ein nunmehr strukturell gewordener Fehlbetrag kaschiert wird."* (Mitteilung der Kommission an den Rat, Dok. KOM 87 / 100)

Die Kommission strebte einen neuen Eigenmittelbeschluss an. Durch diese Maßnahme sollten der Gemeinschaft *„ausreichende, stabile und garantierte Eigenmittel"* (ebd.: 21) zugesichert werden. Allerdings war man sich der Tatsache bewusst, dass eine Änderung der Eigenmittelregelung (die erste von 1970 trat erst 1980 endgültig in Kraft und wurde bereits 1985 geändert) wegen der hohen Ratifizierungsanforderungen nicht zu oft erfolgen durfte. Auch aus diesem Grund sollte die neue Regelung eine Laufzeit von fünf Jahren haben (1988 - 1992).

Der o.g. Bericht der Kommission bildete die Grundlage für das sog. »Delors I-Paket«, wie der Eigenmittelbeschluss von 1988 auch genannt wird. Mit ihm begann eine grundlegende Reform des Finanzierungssystems der Europäischen Gemeinschaften. Im wesentlichen wurden mit dieser Reform nachstehende Ziele verfolgt:

- Schaffung ausreichender Mittel für die Gemeinschaft zur Sicherung ihrer Funktionsfähigkeit,
- Stärkung der Haushaltsdisziplin und Verbesserung des Haushaltsverfahrens,
- Begrenzung der ausufernden Agrarausgaben und Reform der Strukturpolitik.

Grundlage der ersten umfassenden Reform der Gemeinschaftsfinanzen waren die Schlussfolgerungen des Europäischen Rates vom 11. und 12. Februar 1988 in Brüssel. Auf ihrer Basis wurden die drei Bestandteile des Delors I-Paketes am 24. Juni 1988 verabschiedet. Dabei handelt es sich neben dem *„Beschluss des Rates*

vom 24. Juni 1988 über das System der Eigenmittel der Gemeinschaften"[112] um die *„Interinstitutionelle Vereinbarung über die Haushaltsdisziplin und die Verbesserung des Haushaltsverfahrens"*[113] und, als einer ihrer Bestandteile, die *„Finanzielle Vorausschau"* zur Optimierung der Ausgabenpolitik und -planung. Beide Komponenten sind unmittelbares Ergebnis der *„Entscheidung des Rates vom 24. Juni 1988 betreffend die Haushaltsdisziplin"*[114].
Sie werden als »Interinstitutionelle Vereinbarung« bezeichnet, weil alle am Haushaltsverfahren beteiligten Organe der Gemeinschaft an ihr mitgewirkt haben. Die *Entscheidung* wurde also auf Vorschlag der Kommission und nach Stellungnahme des Europäischen Parlamentes und des Rechnungshofes vom Rat erlassen. Die *Interinstitutionelle Vereinbarung* trägt dementsprechend die Unterschrift der Präsidenten des Parlamentes, des Rates und der Kommission.
Diese Vereinbarungen bedeuteten einen qualitativen Sprung in der Zusammenarbeit der Gemeinschaftsorgane in haushaltstechnischen Angelegenheiten.[115]
Die neue, in Zusammenarbeit aller am Haushaltsverfahren beteiligten Institutionen entstandene, Vereinbarung trat am 01. Juli 1988 in Kraft und umfasste den Zeitraum von 1988 bis 1992.
Was die originären Eigenmittel betraf, so änderte sich durch den neuen Eigenmittelbeschluss nur wenig. Nach Art. 2, Abs.1, Buchst. b fielen jetzt aber die Zölle aus dem Geltungsbereich der EGKS, die nach dem bisherigen Verfahren der Ertragshoheit der Mitgliedstaaten unterlagen, in die Ertragskompetenz der Europäischen Gemeinschaft. Technisch gesehen behielten die Mitgliedstaaten 10% ihrer Zahlungen aus diesen Kategorien als Erhebungskostenpauschale ein, wäh-

[112]Abl. L 185 / 24 vom 15. 07. 1988

[113]Abl. L 185 / 33 vom 15. 07. 1988

[114]Abl: L 185 / 29 vom 15. 07. 1988

[115]Bereits 1984 hatte der Rat »Schlussfolgerungen« zum Thema Haushaltsdisziplin vorgelegt. Das Europäische Parlament verweigerte diesen Ausführungen die Unterstützung schon aufgrund der Tatsache, dass der Rat sie ohne Beteiligung der anderen Organe ausgearbeitet und beschlossen hatte. Die Kommission distanzierte sich ebenfalls von der Auffassung des Rates. Vgl.: Strasser 1991: 223.

rend sie zuvor von der Gemeinschaft erstattet wurden.
Zu den Kernelementen der Finanzreform gehören die Regelungen bezüglich der neueren Eigenmittel. Zunächst wurde die Bemessungsgrundlage zur Erhebung der MwSt.-Eigenmittel bei 55% des Bruttosozialproduktes gekappt. Mit dieser Maßnahme sollte der systemimmanenten Beitragsungerechtigkeit begegnet werden. Das zuvor praktizierte System belastete die Länder, deren Mehrwertsteuer-Bemessungsgrundlage größer als 55% ihres BSP war, deren verfügbares Einkommen also zu einem großen Teil für konsumtive Zwecke verwendet wurde.
Der einheitliche Satz von 1,4% fand auch weiterhin Anwendung, solange die 55% des BSP nicht überschritten wurden.
Diese Maßnahme brachte natürlich eine Verringerung der Bedeutung der MwSt.-Eigenmittel mit sich. Um den Einnahmeausfall auszugleichen und sowohl dem Aspekt der Beitragsgerechtigkeit als auch dem Postulat der ausreichenden Finanzierung gerecht zu werden, wurde eine neue, vierte Einnahmequelle eingeführt. Diese Einnahmen ergeben sich *„aus der Anwendung eines im Rahmen des Haushaltsverfahrens unter Berücksichtigung aller sonstigen Einnahmen festzulegenden Satzes auf den Gesamtbetrag des BSP aller Mitgliedstaaten (...)."* (Art. 2, Abs. 1, Buchst. d des EM-B).
In dem Maße, wie vordem die MwSt.-Eigenmittel zur Restfinanzierung des Gemeinschaftshaushalts herangezogen wurden, sollte diese Aufgabe nunmehr von den Bruttosozialprodukteigenmitteln übernommen werden.[116]
Neben der Schaffung einer vierten Einnahmequelle wurde mit dem Beschluss von 1988 eine Gesamtobergrenze für alle Eigenmittelarten eingeführt. Danach durften die gesamten Eigenmittel der Gemeinschaft das Limit von 1,20% des gemeinschaftlichen Bruttosozialproduktes nicht überschreiten. Um zu vermeiden, dass dieser Satz frühzeitig ausgeschöpft wird, wurde für jedes Jahr ein Wert festgelegt, bis zu dem die Eigenmittel ausgeschöpft werden konnten. Ausgehend von 1,15% für das Jahr 1988 betrugen diese Werte 1,17% (1989), 1,18% (1990), 1,19%

[116]Die Heranziehung der BSP-Eigenmittel zur Deckung des Finanzierungsbedarfes wird unter dem Gesichtspunkt der finanziellen Autonomie der Gemeinschaft skeptisch beurteilt, da sie sich nicht wie die MWst.-Eigenmittel auf eine spezielle Einnahmequelle beziehen, sondern aus allgemeinen Haushaltsmitteln der Mitgliedstaaten bestritten werden. Vgl.: Griese 1998: 464.

(1991) und 1,20% für das Jahr 1992.

Die folgende Graphik veranschaulicht die Zusammensetzung der Eigenmittel der Gemeinschaft im ersten Haushaltsjahr, welches nach dem neuen Eigenmittelbeschluss durchgeführt wurde.

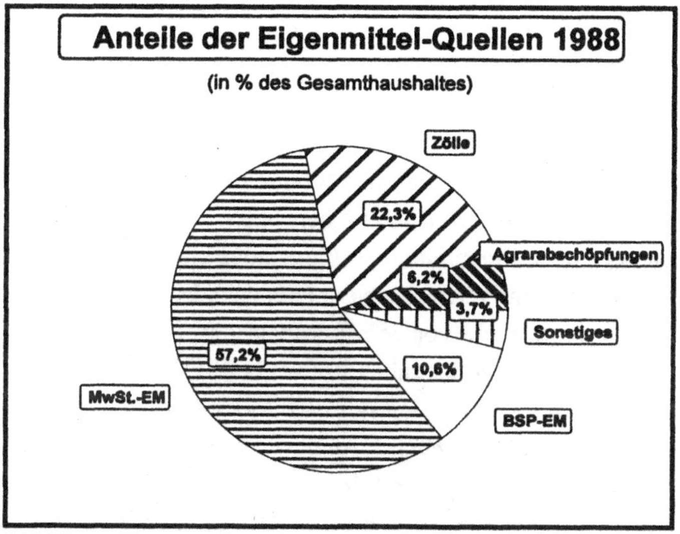

Abbildung 11: Zusammensetzung der Eigenmittel 1988.
Daten: Kommission: Haushaltsvademekum Ausgabe 1997, S.40.

Das Delors I-Paket entstand also unter folgenden Bedingungen:

- Unzulänglichkeiten des Eigenmittelbeschlusses von 1985
- Steigerung der Ausgaben für die Gemeinsame Agrarpolitik
- Erweiterung der Gemeinschaft um Spanien und Portugal
- Konflikte zwischen den an der Haushaltsaufstellung und dem Haushaltsvollzug beteiligten Organen
- Umsetzung der Einheitlichen Europäischen Akte mit den Inhalten:
    - Entwicklung neuer Gemeinschaftspolitiken wie Forschung und technologische Entwicklung
    - Förderung des wirtschaftlichen und sozialen Zusammenhalts in der

Gemeinschaft (Kohäsion)

- Vollendung des Binnenmarktes.

Vor dem Hintergrund dieser Anforderungen erschien eine Reform des gemeinschaftlichen Finanzierungssystems sowohl auf der Einnahme-, als auch auf der Ausgabenseite unumgänglich. Die Kommission verknüpfte diese Tatsache von Anfang an mit der Umsetzung der EEA. In einer ersten Bilanz[117] zur Reform des Finanzierungssystems beurteilte die Kommission das Reformpaket überwiegend positiv. Eine geordnete und überschaubare Entwicklung der Ausgaben wurde durch die mittelfristige Finanzplanung mittels der Finanziellen Vorausschau verwirklicht. Ebenso trug die interinstitutionelle Vereinbarung wesentlich zur Verbesserung des Haushaltsverfahrens bei. Nicht zuletzt wurden der Gemeinschaft durch den neuen Eigenmittelbeschluss ausreichende Mittel zur Verfügung gestellt. Diese Auffassung vertrat auch der Präsident der EG-Kommission Jacques Delors, als er in einer Rede vor dem Europäischen Parlament das Arbeitsprogramm der Kommission für das Jahr 1992 vorstellte.[118]

> *„(...) die von der Kommission in Paket I vorgeschlagene Finanzplanung hat sich nicht als Fessel, sondern vielmehr als Instrument erwiesen, mit dem Disziplin und Anpassungsvermögen miteinander in Einklang gebracht werden konnten."* [Bericht über das System der Eigenmittel **KOM (92) 81**]

Die begrenzte Laufzeit des Finanzierungspaketes sowie die Verabschiedung des Vertrages über die Europäische Union im Februar 1992 zwang die Gemeinschaft jedoch bald zu neuen Maßnahmen, die der Kommissionspräsident mit dem o.g. Konzept initiierte.

---

[117]Bericht über das System der Eigenmittel [KOM (92) 81] und Bericht über die Durchführung der Interinstitutionellen Vereinbarung [KOM (92) 82].

[118]1992: Ein entscheidendes Jahr. Rede von Präsident Jacques Delors vor dem Europäischen Parlament. Von der Einheitlichen Akte zu der Zeit nach Maastricht: Ausreichende Mittel für unsere ehrgeizigen Ziele. Mitteilung der Kommission [KOM (92) 2000], Arbeitsprogramm der Kommission für 1992. Abgedruckt in: Bulletin der Europäischen Gemeinschaften, Beilage 1/92.

5.5. Die Finanzierung bis 1999: Das Delors II-Paket

Die Europäische Kommission verheimlichte auch diesmal nicht den unmittelbaren Zusammenhang zwischen einer Vertragsänderung und einer Neugestaltung der Finanzierungsregelungen:

> *„Nunmehr gilt es, auch die Vorgaben des Vertragswerks von Maastricht erfolgreich umzusetzen; das dafür erforderliche Instrumentarium wird uns mit dem Paket II an die Hand gegeben."* (Ebd.: 10)

Unter der Ägide von Jaques Delors wurde erneut ein Paket geschnürt, das die Finanzierung der Gemeinschaft bis zum Jahr 1999 sicherstellen sollte. Ausgehend von den Schlussfolgerungen des Europäischen Rates von Edingburgh[119] am 11. und 12. Dezember 1992 wurden im nunmehr vierten und bisher letzten Eigenmittelbeschluss[120] folgende Änderungen in der Finanzierungssystematik vorgenommen:[121] Der maximale Eigenmittelplafonds der Gemeinschaft beträgt 1,27% des gesamten BSP der Mitgliedstaaten. Um dieses Limit nicht frühzeitig zu erreichen, wurden, wie bereits im EM-B von 1988, jährliche Steigerungsraten festgelegt. Bis 1995 galt weiterhin der Höchstsatz von 1,20%. Für die Jahre 1995: 1,21%; 1996: 1,22%; 1997: 1,24%; 1998: 1,26% und für das Jahr 1999 1,27%. Somit konnte die Gemeinschaft 1999 über einen Haushalt in der Größe von maximal 1,27% des BSP der Mitgliedstaaten verfügen.

---

[119]Europäischer Rat in Edinburgh 11. und 12. Dezember 1992, Schlußfolgerungen des Vorsitzes. Abgedruckt in: Kommission der Europäischen Gemeinschaften, Vertretung in der Bundesrepublik: EG-Nachrichten, Berichte und Informationen - Dokumentation Nr. 15 vom 21. 12. 1992.

[120]Beschluß des Rates vom 31. Oktober 1994 über das System der Eigenmittel der Gemeinschaften (94/728/EG, Euratom), Abl. L 293/9 vom 12.11.1994.

[121]Das zeitliche Auseinanderfallen der Laufzeit von „Delors-I" (1987 - 1992) und dem neuen EM-B, der ja erst 1994 erlassen wurde, dessen Änderungen aber erst ab 1995 griffen, erklärt sich aus der Weigerung Italiens der neuen Regelung, auf die man sich bereits im März 1994 geeinigt hatte, zuzustimmen. Italien drohte seinerzeit eine Geldbuße wegen einer Überschreitung von Milchquoten und man wollte sich die Zustimmung zum Delors II-Paket mit Nachsicht bei der Bußgeldregelung „erkaufen". Dieses Junktim konnte schließlich auf einer Sondersitzung des Rates am 21.10.1994 aufgelöst werden (vgl.: Hölscheidt 1997: 450). Da sich die Gesamtobergrenze der Eigenmittel nicht ändert, solange kein neuer EM-B ergeht (Art. 3 Abs.3 des EM-B von 1988), wurden die Regelungen von 1988 zunächst übernommen.

Diese Aufstockung der Gesamtobergrenze wurde notwendig, weil der einheitliche von-Hundert-Satz des Bruttosozialproduktes, den die Mitgliedstaaten als MwSt.-Eigenmittel an die Gemeinschaft abzuführen hatten, von 1,4% ab 1995 schrittweise auf 1% für das Jahr 1999 zurückgefahren werden sollte. Gemäß Art. 2 Abs. 4 des neuen EM-B betragen die Sätze für 1995: 1,32%; 1996: 1,24%; 1997: 1,16%; 1998: 1,08% und 1999 die erwähnten 1%. Darüber hinaus wurde die MwSt.-Bemessungsgrundlage, die 1988 bei 55% des BSP gekappt wurde, erneut reduziert. Ausgehend von 1995 (54%), sollte sie jährlich um 1% abgebaut werden, bis im Jahr 1999 50% erreicht werden[122].

Die Rechtsbestimmungen des Delors II-Paketes sind allesamt im Abl. L 293 vom 12.11.1994 enthalten. Neben den Änderungen im Eigenmittelbeschluss wurde eine Verordnung erlassen, auf deren Grundlage ein Garantiefonds für Maßnahmen im Zusammenhang mit den Außenbeziehungen der Gemeinschaft eingerichtet werden sollte[123]. Zur Deckung dieses Fonds sollten fortan Rückstellungen in den Haushalt aufgenommen werden (vgl.: Abschnitt B, Punkt 3.1.3. dieser Arbeit). In diesem Zusammenhang musste auch die Haushaltsordnung geändert werden, um die Reservelinien einem Teileinzelplan zuzuordnen[124]. Darüber hinaus sollte die Entscheidung des Rates vom 24. Juni 1988 die Haushaltsdisziplin betreffend fortgeführt und noch verstärkt werden. Zu diesem Zweck wurde die o.g. Entscheidung durch eine neue Übereinkunft ersetzt[125]. Etwas früher verabschiedet

[122]Für Mitgliedstaaten, deren pro-Kopf-BSP 1991 weniger als 90% des Gemeinschaftsdurchschnitts betrug (Griechenland, Portugal, Irland und Spanien), wurde die MwSt.-Bemessungsgrundlage schon 1995 bei 50% des BSP gekappt.

[123]Verordnung (EG, Euratom) Nr 2728/94 des Rates vom 31. Oktober 1994 zur Einrichtung eines Garantiefonds für Maßnahmen im Zusammenhang mit den Außenbeziehungen. ABL Nr. L 293/1 vom 12.11.1994.

[124]Verordnung (EGKS, EG, Euratom) Nr. 2730/94 des Rates vom 31. Oktober 1994 zur Änderung der Haushaltsordnung vom 21. Dezember 1977 für den Gesamthaushaltsplan der Europäischen Gemeinschaften. ABL Nr. L 293/7 vom 12.11.1994.

[125]Entscheidung des Rates vom 31. Oktober 1994 betreffend die Haushaltsdisziplin(94/729/EG). ABL Nr. L 293/14 vom 12.11.1994.

wurde die neue Interinstitutionelle Vereinbarung[126], deren Grundlagen ebenfalls auf dem Gipfel von Edingburgh beschlossen wurden. Integraler Bestandteil dieser neuen IIV war die finanzielle Vorausschau mit einer Laufzeit von nunmehr sieben Jahren (1993 bis 1999).

5.6. Der Europäische Rat von Berlin - Die Finanzierung bis 2006

Die Zeit der deutschen Ratspräsidentschaft von Januar bis Juni 1999 war gekennzeichnet von intensiven Diskussionen über die *AGENDA 2000*, dem Programm der Kommission zur Reform der Agrar- und Strukturpolitik sowie zur Sicherstellung der Finanzierung bis 2006 und der Aufnahme der Beitrittsverhandlungen mit einer ersten Gruppe mittel- und osteuropäischer Staaten. Auf dem Sondergipfel des Europäischen Rates am 24. und 25. März in Berlin erzielten die Staats- und Regierungschefs der Europäischen Union eine Einigung hinsichtlich der Inhalte der *AGENDA 2000*.[127]

Da sich die Modalitäten des geltenden Eigenmittelbeschlusses automatisch verlängern, wenn kein neuer EM-B zustande kommt, wurde auf dieser Basis eine neue finanzielle Vorausschau verabschiedet. Diese derzeit geltende Finanzielle Vorausschau mit einer Laufzeit bis 2006 ist im Anhang A dieser Arbeit beigefügt. Sie ist ebenfalls Bestandteil der aktuellen *Interinstitutionellen Vereinbarung vom 06. Mai 1999 zwischen dem Europäischen Parlament, dem Rat und der Kommission über die Haushaltsdisziplin und die Verbesserung des Haushaltsverfahrens*.[128]

---

[126]ABL Nr. C 331/1 vom 07. Dezember 1993.

[127]Der Gipfel war neben den Diskussionen um die Beitragsgerechtigkeit und die Probleme der Agrarpolitik überschattet von zwei weiteren Ereignissen. Kurz zuvor war die Europäische Kommission unter ihrem Präsidenten Santer aufgrund von massiven Korruptionsvorwürfen geschlossen zurückgetreten. Darüber hinaus begann die NATO in dieser Zeit im Kosovo-Krieg ihre Luftangriffe auf Jugoslawien.

[128]Abl. Nr. C 172 vom 18.06.1999.

In den Schlussfolgerungen des Vorsitzes[129] wurde die Kommission aufgefordert, einen Vorschlag für einen Beschluss des Rates über das System der Eigenmittel der Europäischen Union vorzulegen. Der Ratifizierungsprozess für diesen neuen Eigenmittelbeschluss soll so rechtzeitig abgeschlossen werden, dass der Beschluss zu Beginn des Jahres 2002 in Kraft treten kann. Gleichzeitig wurden die Eckdaten des neuen Eigenmittelbeschlusses bereits in die Schlussfolgerungen aufgenommen. Drei wesentliche Änderungen sollen im Vergleich zur geltenden Regelung umgesetzt werden. Diese betreffen die Korrektur der regressiven Elemente des Eigenmittelsystems, die Erhebungskostenpauschale der traditionellen Eigenmittel und die Finanzierung des Beitragsrabatts für Großbritannien.
Der Vorschlag der Kommission[130] sieht dementsprechend folgende Änderungen in diesen Bereichen vor:

- Der maximale Abrufsatz für die MwSt.-Eigenmittel wird von gegenwärtig 1% auf 0,75% für die Jahre 2002 und 2003 gesenkt, bevor er dann ab dem Jahr 2004 auf 0,50% fixiert wird. Durch diese Maßnahme soll die Beitragskapazität der weniger wohlhabenden Mitgliedstaaten stärker berücksichtigt, und der degressive Charakter des derzeitigen Systems entschärft werden.
- Für den Bereich der traditionellen Eigenmittel soll die Erhebungskostenpauschale von derzeit 10% auf 25% erhöht werden, da die von den Mitgliedstaaten für die Union ausgeführten zollamtlichen Tätigkeiten in zunehmendem Maße Aufgaben umfasst, die nicht zur Erhebung von Eigenmitteln führen.
- Die Finanzierung des Beitragrabattes für das Vereinigte Königreich wird dergestalt geändert, dass die Anteile Österreichs, Deutschlands, der Niederlande und Schwedens an der Finanzierung auf 25% ihres normalen Anteils reduziert werden. Die übrigen Mitgliedstaaten beteiligen sich in vollem Umfang an der Korrekturfinanzierung und gleichen damit die entstandene Differenz aus.

---

[129]Abgedruckt in Bulletin EU 3-1999

[130]Vorschlag für einen Beschluss des Rates über das System der Eigenmittel der Europäischen Union KOM (1999) 333 endg.

Die gesamte bisherige Entwicklung des Eigenmittelsystems der Europäischen Gemeinschaft ist in einer zusammenfassenden Tabelle mit den entsprechenden Änderungen der jeweiligen Eigenmittel-Beschlüsse und den Vorschlägen der Kommission für einen neuen Eigenmittelbeschluss ab dem Jahr 2002 im Anhang B dieser Arbeit dargestellt.

6. Das Haushaltsverfahren der EWG

Was das Haushaltsverfahren angeht, so regelt der Art. 272 EGV den Ablauf des jährlichen Haushaltsverfahrens. Dabei sind im Vergleich zum EGKSV folgende Unterschiede festzustellen:

- In der Montanunion ist mit der Hohen Behörde ein echtes supranationales Organ mit der Aufstellung und der Ausführung des Haushaltsplans betraut. Zwar stellt der Präsident des Rates nach Abschluss des Verfahrens den Verwaltungshaushalt fest; wie weiter oben aber bereits erwähnt, verschafft sich die Hohe Behörde die erforderlichen Mittel durch die Erhebung der Umlage.
- Demgegenüber war nach den ursprünglichen Regelungen des EGV der Ministerrat alleinige Haushaltsbehörde. Zwar besassen die anderen Organe gewisse Rechte auf Anhörung bzw. Stellungnahme, im Endeffekt und vor allem aber im Fall unterschiedlicher Meinungen lehnte der Ministerrat Änderungsvorschläge des EP stets ab.[131]
- Der mit dem ersten Eigenmittelbeschluss von 1970 abgeschlossene *»Luxemburger Vertrag«*[132] führte erstmals ein zweistufiges Haushaltsverfahren ein,

[131]Das alleinige Entscheidungsrecht des Rates erklärt sich aus der Struktur des Haushaltes, der sich zu jener Zeit ja noch ausschließlich aus Beiträgen finanzierte. Bei Berücksichtigung dieser Tatsache wird verständlich, warum die Mitgliedstaaten die Kontrolle über ihre Finanzbeiträge nicht einem supranationalen Organ übertragen wollten.

[132]Der vollständige Titel lautet: Vertrag zur Änderung bestimmter Haushaltsvorschriften der Verträge zur Gründung der EG und des Vertrages zur Einsetzung eines gemeinsamen Rates und (Fortsetzung...)

bei dem das Parlament mehr Einflussmöglichkeiten auf das Budget der Gemeinschaft erhielt. Aufgrund der Übergangsregelungen bei der Umstellung auf Eigenmittel gab es bei diesem neuen Verfahren zunächst eine erste Stufe (bis zum Ende des Haushaltsjahres 1974). Rechtsgrundlage war der neu in den Vertrag eingeführte Art. 203a EGV a. F.[133], nach dem der Rat die Änderungsvorschläge des EP, aus denen keine Erhöhung der Gesamtausgaben resultierte, nur mit einer qualifizierten Mehrheit ablehnen konnte. Der mit der Umstellung auf Eigenmittel-Finanzierung gegenstandslos gewordene (aber nicht ausdrücklich aufgehobenen) Art 203a EGV führte somit das Prinzip der umgekehrten Mehrheit ein.

- Ab dem Haushaltsjahr 1975 fand dann der durch den Brüsseler Vertrag[134] geänderte Art. 272 EGV Anwendung, der dem Rat das Recht der Letztentscheidung für die Ausgaben einräumte, *„die sich zwingend aus dem Vertrag oder den aufgrund des Vertrages erlassenen Rechtsvorschriften ergeben"* (Art. 272, Satz 9 EGV).[135]

[132](...Fortsetzung)
einer gemeinsamen Kommission der EG vom 22. 04. 1970 (Abl. 1971 L 2/1 vom 02.01.1972).

[133]Dieser Art. ist inzwischen gegenstandslos geworden, so dass keine neue Nummerierung vorliegt.

[134]Vollständig: Vertrag zur Änderung bestimmter Finanzvorschriften der Verträge zur Gründung der EG und des Vertrages zur Einsetzung eines gemeinsamen Rates und einer gemeinsamen Kommission der EG vom 22.07.1975 (Abl. 1977 L 359/1).

[135]Die Trennung der Ausgaben in obligatorische und nicht obligatorische Ausgaben geht auf die Stärkung der Haushaltsbefugnisse des Parlamentes durch die Verträge von 1970 und 1975 zurück. (vgl.: Strasser 1991: 28ff. und 186ff.). Während einer vierjährigen Übergangsphase konnte der Rat Änderungsvorschläge des Parlamentes, die nicht zu einer Erhöhung der Gesamtausgaben führten, mit qualifizierter Mehrheit ablehnen. Resultiert aus den Änderungen eine Erhöhung des Budgets, so muss der Rat dies ebenfalls mit qualifizierter Mehrheit annehmen. Ab 1975 wurde im neu eingeführten Verfahren das Recht der Letztentscheidung zwischen den beiden Teilen der Haushaltsbehörde (Rat und Parlament) aufgeteilt. Zu diesem Zweck wurden die Ausgaben in zwei Kategorien unterteilt. Das Parlament erhielt die Befugnis, abschließend über die nicht obligatorischen Ausgaben zu entscheiden, während diese Kompetenz für die als obligatorisch eingestuften Ausgaben beim Rat verblieb. Als obligatorisch definiert der Art. 272 Abs. 9 EGV Ausgaben, die sich zwingend aus dem Vertrag oder aus den aufgrund des Vertrags
(Fortsetzung...)

Das Parlament hat nach diesem Verfahren bei den *„sich nicht zwingend aus dem Vertrag"* ergebenden Ausgaben das Recht der endgültigen Entscheidung.[136]

- Fast zeitgleich wurde eine weitere wichtige Änderung des Art. 272 EGV vorgenommen. Durch den *Vertrag zur Änderung bestimmter Finanzvorschriften (...)* vom 22. 07. 1975[137] bekam das Parlament die Möglichkeit der Globalablehnung des Haushaltsplans. Von dieser Möglichkeit kann es *„mit der Mehrheit der Stimmen seiner Mitglieder und mit zwei Dritteln der abgegebenen Stimmen aus wichtigen Gründen"* Gebrauch machen (Art. 272, Abs. 8 EGV).

Auch das derzeit gültige Haushaltsverfahren nach Art. 272 EGV soll an dieser Stelle schematisch dargestellt werden:

[135](...Fortsetzung)
erlassenen Rechtsakten ergeben. Die Differenzierung der beiden Ausgabenarten hat in der Folgezeit immer wieder zu Auseinandersetzungen zwischen Rat und Parlament geführt. Das Parlament versuchte durch eine großzügige Interpretation der Ausgaben als nicht obligatorisch seinen Einfluss in der Haushaltsgesetzgebung zu stärken. Durch die Interinstitutionellen Vereinbarungen und die Finanziellen Vorausschauen hat dieser Streit mittlerweile an Schärfe verloren. Heute beträgt die Relation zwischen obligatorischen und nicht obligatorischen Ausgaben ungefähr 60 : 40. Vgl. auch: Hölscheidt 1997: 458ff., Erdmann et. al. 1995: 190 sowie Wurmeling 1996: 260.

[136]Eingeschränkt wird dieses Entscheidungsrecht durch die von der Kommission alljährlich durchgeführte Festlegung des sog. Höchstsatzes. Dieser beschreibt das oberste Limit, *„um den die gleichartigen Ausgaben des laufenden Haushaltsjahres erhöht werden können."* (Art. 272, Satz 9 EGV). In die Berechnung des neuen Höchstsatzes fließen drei makroökonomische Faktoren ein: Die Entwicklung des BSP der Gemeinschaft, die durchschnittliche Veränderung der nationalen Haushaltbudgets und die Entwicklung der Lebenshaltungskosten. Vgl.: Erdmann et.al. 1995: 212f. und Hölscheidt 1997: 458.

[137]Der genaue Titel des Vertrages lautet: Vertrag zur Änderung bestimmter Haushaltsvorschriften der Verträge zur Gründung der EG und des Vertrages zur Einsetzung eines gemeinsamen Rates und einer gemeinsamen Kommission der EG vom 22. 07. 1975. Abl. 1977 L 359/1.

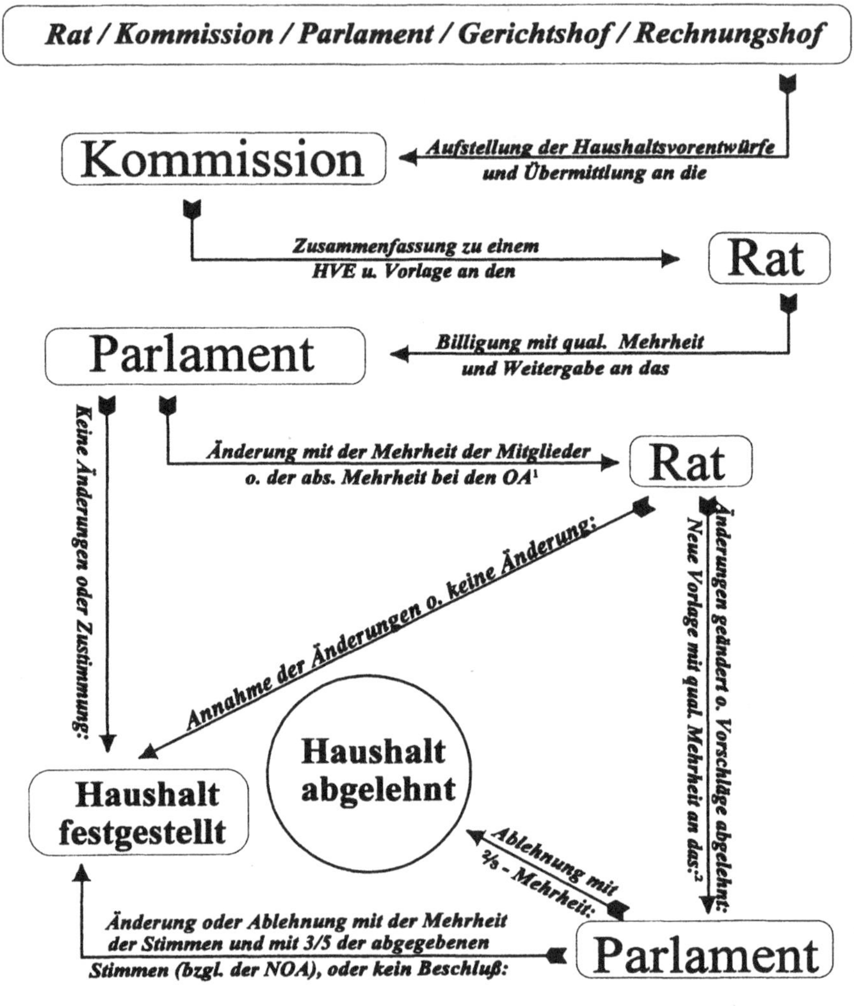

[1]Aufkommensneutrale Änderungen können vom Rat mit qual. Mehrheit abgelehnt werden. Erfolgt keine Ablehnung = Annahme
Änderungen mit Erhöhung der Ausgaben können vom Rat mit qual. Mehrheit angenommen werden. Erfolgt keine Annahme = Ablehnung
[2]In dieser 2. Lesung im Rat fällt allerdings die endgültige Entscheidung über die OA.

Abbildung 12: Das Haushaltsverfahren der EWG nach Art. 272 EGV
Quelle: Eigene Darstellung

ABSCHNITT C: ZUR REFORM DER EU-FINANZIERUNG - THEORIEN UND NORMATIVE GRENZEN -

1. Paradigmenwechsel in der Finanzwissenschaft - Zwei Grundpositionen

Die vorhergehenden Ausführungen haben gezeigt, dass das System der öffentlichen Finanzen der Europäischen Union unter verschiedenen Gesichtspunkten nicht den Anforderungen entspricht, die an die Finanzierungssystematik einer supranationalen Organisation zu stellen sind. Dabei mangelt es durchaus nicht an wissenschaftlichen Reformkonzeptionen. Bestimmend in der aktuellen Diskussion sind zwei, sich in ihren Ergebnissen und Schlussfolgerungen diametral gegenüber stehenden finanzwissenschaftlichen Ansätze, die im folgenden näher vorgestellt werden sollen. Beide Denkmodelle haben ihren Ursprung in der ökonomischen Theorie des Föderalismus, innerhalb derer sich nach Heinemann insbesondere unter dem Einfluß von Public-Choice-Einsichten ein Paradigmenwechsel vollzogen hat.[138]

Die ökonomische Theorie des Föderalismus[139] versucht unter Zuhilfenahme des wohlfahrtstheoretischen Instrumentariums von Musgrave[140], Prinzipien für die optimale Gliederung föderaler Systeme zu bestimmen. Die traditionelle Föderalismustheorie unterscheidet sich dabei in einem entscheidenden Punkt von neueren Ansätzen. Eine ihrer zentralen Prämissen ist die Annahme, die wirtschaftspolitischen Akteure würden ihr Handeln ausschließlich gemeinwohlorientiert aus-

[138]Vgl. zu diesem Paradigmenwechsel Heinemann 1998: 29 sowie für einen Überblick über die ökonomische Theorie des Föderalismus bezogen auf das Mehrebenensystem der Europäischen Union die zusammenfassende Darstellung bei Heinemann 1996.

[139]Vgl. auch die zusammenfassende Darstellung bei Neumann 1971 m. w. N.

[140]Vgl.: Musgrave 1969 und Oates 1972. Genser identifiziert Stigler (1957) als Urheber der modernen finanzwissenschaftlichen Theorie des Föderalismus. Er habe als erster das Prinzip der Subsidiarität, der allokativen Effizienz und der distributiven Gerechtigkeit als Richtschnur staatlichen Handelns abgeleitet. Vgl.: Genser 1995: 04.

richten[141]. Diese Hypothese hat weitreichende Folgen für die Empfehlungen, die hinsichtlich der Aufgaben- und Ressourcenverteilung innerhalb föderaler Strukturen gegeben werden. Zur Verdeutlichung ein Beispiel:[142]

- Die grundlegende Legitimation der Staatstätigkeit in ansonsten privatwirtschaftlich organisierten Wirtschaftssystemen ist die Bereitstellung öffentlicher Güter[143].
- Hintergrund ist die Erkenntnis, dass der Markt nicht in allen Bereichen und für alle Arten von Gütern optimale Ergebnisse produziert und es so zu einer Unterversorgung mit bestimmten Gütern kommen kann.
- Ursache dieses Marktversagens ist die mangelnde Anreizfunktion des Marktes zu privater Produktion öffentlicher Güter, bei denen die Prinzipien von Ausschluss und Rivalität nicht gegeben sind.

Für föderal gegliederte Systeme stellt sich in diesem Zusammenhang die Frage, welche Ebene mit der Bereitstellung welcher öffentlichen Güter betraut werden soll. Für diesen Fall besagt beispielsweise das Kongruenzprinzip[144], dass der Wirkungsbereich eines öffentlich bereitgestellten Gutes idealerweise möglichst exakt mit der Ausdehnung der bereitstellenden Körperschaft bzw. föderalen Ebene übereinstimmen sollte. In diesem Fall kann das betreffende öffentliche Gut auch ressourcenkostenoptimal bereitgestellt werden. Fallen jedoch Bereitstellungsorganisation und Nutzenstreuungsbereich territorial auseinander, so kann es zu einem Ressourcenkosten verursachenden Im- oder Export öffentlicher Güter kommen. Für den Fall, dass sich die Effekte einer öffentlichen Leistung über „spillover-Wirkungen" auch in benachbarten Regionen auswirken, empfiehlt die ökonomische Theorie des Föderalismus einen Transfer der entsprechenden öffentlichen Aufgabe auf die höhere Ebene.

An einem konkreten Beispiel der Bereitstellung eines öffentlichen Gutes wird

---

[141] Vgl.: Caesar 1996a: 06.

[142] Vgl. Musgrave 1994: 04ff.

[143] Vgl. zur Theorie der öffentlichen Güter: Musgrave 1994: 67ff.

[144] Vgl. u. a.: Blankart 1998: 527f., insbesondere S. 534 und Blankart 1998a.

deutlich, welche Auswirkungen diese Sichtweise auf die Verteilung fiskalpolitischer Kompetenzen innerhalb eines föderalen Systems hat: Die ausgabenintensiven öffentlichen Aufgaben wie äußere Sicherheit, soziale Sicherungssysteme etc. sind räumlich nicht auf eine bestimmte Teilregion der föderalen Struktur abgrenzbar. Aus diesem Grund sind auch die zu ihrer Finanzierung notwendigen Einnahme-(Steuer)-Kompetenzen i. d. R. auf einer höheren Ebene zentralisiert. Da die politischen Akteure in diesem Modell allgemeinwohlorientiert handeln, resultieren aus diesen Zentralisierungstendenzen keine negativen Wirkungen bezüglich einer optimalen Besteuerung oder ähnlicher Faktoren. Der wohlwollende Diktator sorgt gemeinsam mit den Empfehlungen der ökonomischen Theorie des Föderalismus für eine optimale Aufgaben- und Ressourcenverteilung unter wohlfahrtstheoretischen Gesichtspunkten.

Dieser Annahme widersprechen die auf den Arbeiten von Hayek und Tibout aufbauenden neueren Ansätze der Föderalismustheorie. Zunächst ist das Bild des wohlwollenden Diktators durch das des Leviathan-(Steuer) Staates ersetzt worden.[145] Die Revision dieser grundlegenden Hypothese der traditionellen Theorie des Föderalismus hat weitreichende Konsequenzen für die Beurteilung des Wettbewerbs zwischen öffentlichen Gebietskörperschaften[146] und ist damit Grundlage des Meinungsstreits zwischen den Vertretern des kooperativen und des kompetiti-

[145]Der Staat, und damit die Politiker als allgemeinwohlorientiert handelnde Akteure werden ersetzt durch das Bild des Steueraufkommen maximierenden Staates bzw. des eigennutz-(wiederwahl)-orientierten Politikers.

[146]Dieser Wettbewerb zwischen Gebietskörperschaften oder zwischen Staaten wurde in einem aufsehenerregenden Aufsatz zuerst von Tibout (1956) beschrieben. Bürger und Unternehmen suchen sich entsprechend ihren Präferenzen durch Zu- und Abwanderung einen Wohnort (Standort), der genau das öffentliche Güterangebot bereitstellt, welches der Bereitschaft entspricht, es durch Steuerzahlungen auch zu finanzieren. Dieser Mechanismus ist inzwischen unter dem Begriff „voting with one's feet" bekannt geworden. Hayek (1968) hat dieses Verfahren in einem ähnlich berühmt gewordenen Aufsatz später als Entdeckungsverfahren bezeichnet, dass als Instrument zur Bestimmung des effizientesten Systems dient (Vgl.: Hohaus 1996: 37f.).

ven Föderalismus.[147] Die zentrale Fragestellung dabei lautet: Hat der Wettbewerb zwischen Staaten auf offenen Märkten für die Einwohner genau die gleichen Vorteile (Steuersenkungen), wie der Wettbewerb von Unternehmen auf offenen Märkten für die Verbraucher (Preissenkungen)? Oder aus verhaltenstheoretischer Perspektive betrachtet: Verhalten sich Staaten im Wettbewerb untereinander genauso wie Unternehmen im privaten Wettbewerb mit den jeweils identischen Folgen für die Konsumenten (Bürger)? Beide Positionen sollen nachfolgend bezüglich ihrer Anwendbarkeit auf die öffentlichen Finanzen der Europäischen Union ausführlicher vorgestellt werden.[148]

1.1.Der kompetitive Föderalismus als Leitbild der EU-Finanzierung

Eines der zentralen Ziele der europäischen Integration war seit 1957 die Verwirklichung der vollständigen Freiheit von Waren, Personen sowie Dienstleistungen und Kapital im europäischen Binnenmarkt. Mit dem Beginn des Jahres 1993 ist dieses Ziel weitgehend realisiert worden. Dabei hat die Integration von zunächst rein ökonomischen Teilbereichen mittlerweile auf diverse andere Politiken ausgestrahlt. Die Verwirklichung eines Raumes ohne Binnengrenzen kann eine Unzahl von Maßnahmen auf anderen Gebieten erfordern, wenn Wettbewerbs- und Chancengleichheit für alle Teilnehmer am Gemeinsamen Markt gewährleistet werden sollen.

Bleibt es in einem solchen (prä)-föderalen System bei einer dezentralisierten Fiskalkompetenz, erscheint es nun auch möglich, dass die Staaten der Gemeinschaft untereinander in einen Wettbewerb um die günstigste Ausgestaltung ihrer Fiskalsysteme treten. Die einzelstaatliche Wirtschafts- bzw. Fiskalpolitik muß nun

---

[147]Vgl. zu den folgenden Ausführungen: Sinn, 1995: 240ff., Feld / Kirchgässner 1995: 562ff. sowie Fuest 1996: 166ff. In allen drei Publikationen werden beide Positionen vorgestellt.

[148]Diese Vorstellung beschränkt sich auf die Implikationen der beiden Paradigmen hinsichtlich der Fiskalverfassung. Im Abschnitt D, Punkt 6, dieser Arbeit wird noch einmal grundsätzlicher auf die Theorie des Systemwettbewerbs bzw. das Modell der Intervention als Integrationsstrategie eingegangen.

versuchen, eine optimale Kombination zwischen der Bereitstellung öffentlicher Güter und der zu ihrer Finanzierung notwendigen Steuerbelastung zu finden.[149] Uneingeschränkte Mobilität vorausgesetzt, wird eine als zu hoch empfundene Steuerbelastung durch die Nutzung der Abwanderungsoption einen disziplinierenden, vor übermäßiger Besteuerung schützenden Reformdruck entfalten. In diesem Sinne werden sich Unternehmen und Personen jene Gebietskörperschaft als „Standort“ wählen, deren Angebot an öffentlichen Gütern am ehesten ihren Präferenzen entspricht.[150] Ebenso werden sie im Gegenzug auch bereit sein, die zur Finanzierung dieses öffentlichen Güterangebotes notwendigen „Äquivalenzsteuern“ zu entrichten. Die »unsichtbare Hand« des Wettbewerbs sorgt für eine effiziente Bereitstellung öffentlicher Güter gemäß dem Prinzip fiskalischer Äquivalenz.

Eine Zentralisierung der Staatsaufgaben soll in diesem Modell nur in den Politikbereichen erfolgen, in denen deutlich sichtbare Skalenerträge zu erwarten sind oder denen aufgrund der räumlichen Unteilbarkeit nicht erwünschte spill-over-Wirkungen in andere Gebietskörperschaften drohen.[151]

Als einen weiteren Grund für eine dezentrale Fiskalkompetenz identifiziert Blankart die bei fehlender institutioneller (verfassungsmäßiger) Absicherung existierende Neigung von Politikern in einem föderalen System *„den Wettbewerb unter den Gebietskörperschaften durch vom Bund garantierte Steuerkartelle zu beschränken.“* (Blankart, 1998a: Zusammenfassung). So wäre es möglich, höhere Steuererträge zu realisieren und diese wiederum als Wahlgeschenke an die Wählerklientel zwecks Sicherung der Wiederwahl zu verteilen. Im Zuge dieser Kartellisierung bzw. Zentralisierung kann es zu einer Ausweitung der Staatstätigkeit und damit zu einer übermäßigen Besteuerung kommen. Aufgrund der Einheitlichkeit der Belastungen in allen Gebietskörperschaften besteht keine Notwendigkeit mehr für die Politik, das Ausmaß der Steuerbelastungen vor den Wählern zu begründen.

---

[149] Vgl.: Feld / Kirchgässner 1995: 562.

[150] Vgl.: Caesar 1996: 239.

[151] Vgl.: Blankart 1998: 6

Die Abwanderungsoption als Sanktionsmechanismus ist ausgeschaltet.[152]
In einem System konkurrierender Gebietskörperschaften kann die grenzüberschreitende Öffnung der Märkte für Güter und Produktionsfaktoren theoretisch also gravierende Auswirkungen auf die fiskalische Souveränität der Staaten haben. Bestehen für den Wettbewerb zwischen den Staaten keine wirksamen Begrenzungen nach unten, so kann er gleichsam zu einer *„Erosion der Besteuerungsmacht"* (Fuest 1996: 166) führen.

1.2. Das Modell des kooperativen Föderalismus

Die Erosions-These stellt den zentralen Ansatzpunkt für die Kritik am Wettbewerbs-Modell dar. Die prognostizierten positiven Auswirkungen des kompetitiven Föderalismus drehen sich aus der Perspektive der Kartell-Lösung in ihr Gegenteil.
Die zunehmende Mobilität der Produktionsfaktoren Arbeit und Kapital führt nach dieser Einschätzung - ebenso wie aus Sicht der Wettbewerbslösung - zunächst zu einer Verringerung der Besteuerung, dies allerdings mit erheblichen Folgen für die Versorgung mit öffentlichen Gütern und die Bereitstellung sozialer Sicherungssysteme.
Die Wirkungskette, die zu diesen negativen Folgen des Steuerwettbewerbs führen, stellt sich folgendermaßen dar:

- ❑ Steuern auf Kapital:
  - Bei einem unterschiedlichen Grad der Besteuerung auf Kapital kommt es zu Wanderungsbewegungen innerhalb des Integrationsraumes. Länder mit niedrigeren Steuern werden einen Kapital-Zustrom verzeichnen, der zu *„suboptimalen Kapitalsteuersätzen"* (Caesar 1996a: 11) führen kann. In der Sicht des Hochsteuer-Landes ist diese Kapitalflucht ein negativer externer Effekt seiner Fiskalpolitik.

[152] Vgl.: ebd.

- Steuern auf Arbeit:
  - In dem Bestreben des Hochsteuerlandes, die Steuereinnahmen trotz Erosion der Einnahmen aus der Kapitalbesteuerung möglichst konstant zu halten, ist anzunehmen, dass die Besteuerung des Produktionsfaktors Arbeit ansteigt. Somit kommt es zu einer Umverteilung, bei der *„die Anbieter immobiler Produktionsfaktoren reale Einkommensverluste"* (Sinn 1995: 246) erleiden.
- Steuern auf Waren:
  - Der Warenverkehr innerhalb des Binnenmarktes unterliegt gegenwärtig zwei unterschiedlichen Besteuerungsgrundsätzen: Warenimporte unterliegen den Besteuerungsregeln des Bestimmungslandes, während der private Konsum nach dem Ursprungslandprinzip besteuert wird. Dies könnte beispielsweise dazu führen, dass Produzenten in den Niedrigsteuerländern die Herstellung konsumtiver Güter zu Lasten der Investitionsgüter intensivieren. *„Die Bedingungen für eine effiziente internationale Arbeitsteilung werden verletzt"* (Sinn 1995: 242). Darüber hinaus ist auch hier, entweder wegen der Erosion der Einnahmen oder wegen der notwendig gewordenen Senkung der Steuersätze, eine Reduzierung des Steueraufkommens zu erwarten.

Sinn leitet aus diesen konstatierten Auswirkungen der Wettbewerbslösung zum Teil gravierende Folgen für die Systeme der sozialen Sicherung und die Bereitstellung öffentlicher Güter ab.[153] Er sieht den Sozialstaat als solchen aufgrund der drohenden Unterdeckung der Staatsausgaben gefährdet. Der drohende Fiskalwettbewerb lasse eine Erosion der Steuersätze erwarten.[154]
Aus der Perspektive einer »gerechten« Lastenverteilung bzw. Besteuerung befürchtet Sinn weitere negative Folgen einer Wettbewerbslösung: *„The loosers of tax competition will be those who cannot escape and those who benefit from a*

[153]Vgl.: Sinn 1990: 500f., 1994: 98f. und 1995: 243ff.

[154]Vgl.: Sinn 1995: 244.

large government sector. The first group includes immobile workers and landowners." (Sinn 1990: 501).
Die Einschränkung der Möglichkeiten staatlicher Umverteilungspolitik zwischen den verschiedenen Einkommenskategorien stellt für Sinn eine der größten Gefahren dar. *„In dem Maße wie die Umverteilung Reiche vertreibt und Arme anlockt, verteilt sich ihr egalisierender Effekt auf andere Länder. (...) und verbessert ohne weiteres Zutun den Zielerreichungsgrad der dortigen Sozialpolitik."* (Sinn 1995: 246).
Als Ergebnis dieser Analyse kommt Sinn zu einer differenzierten Beurteilung: Für den Bereich der Kapitalbesteuerung lehnt er aufgrund der Konkurrenzsituation Europas zu Asien und Amerika -*„Auch Europa ist nicht allein auf dieser Welt"* (Sinn 1995: 254) - eine Zentralisierung der Kapitalbesteuerung durch europäische Instanzen ab. Statt dessen schlägt Sinn die Einführung einer sogenannten Cash-flow-Steuer[155] vor, deren größter Vorteil es ist, die *„Steuern auf Kapital vor den Erosionskräften des Fiskalwettbewerbs zu schützen."* (Sinn 1995: 245).

Die Gefahr eines ruinösen Steuersenkungswettbewerbs im Bereich der Besteuerung von Waren und Dienstleistungen sieht Sinn wegen der erfolgten *„Festlegung einer Untergrenze, unter die der Wettbewerb die Sätze nicht drücken kann"*, als relativ gering an. Die angestrebte Harmonisierung der Mehrwertsteuer stellt laut Sinn nur eine second-best-Lösung dar. Er plädiert für die *„Einführung eines Vorumsatzabzugs für den grenzüberschreitenden Warenverkehr"* (Sinn 1995:243).[156]
Mit diesem Vorumsatzabzug könnten zwei wichtige Dinge erreicht werden: Zum einen könnte auf eine Harmonisierung der Mehrwertsteuersätze in Europa verzichtet werden und gleichzeitig verbliebe den Staaten immer noch ein erheblicher Gestaltungsspielraum bei den Regelungen für die nationalen Steuersysteme.

---

[155]Vgl.: Sinn 1995: 244f.

[156]Vgl. dort auch die Einzelheiten zum Verfahren.

Einer Verlagerung der staatlichen Umverteilungspolitik auf die europäische Ebene zwecks Internalisierung externer Effekte wird aufgrund des bei der Anwendung eines einheitlichen Umverteilungstarifs notwendigen immensen Transfervolumens abgelehnt. Sinn schlägt statt dessen eine Aufsplittung des Einkommens vor.[157] Ein Teil des Einkommens wird nach dem Wohnsitzprinzip besteuert und dient der Finanzierung öffentlicher Güter, während die andere Komponente des Einkommens mit *„redistributiven Steuern"* (Sinn 1995: 247) des Heimatlandes belegt wird, von wo der Steuerpflichtige ggf. auch die Sozialtransfers erhält. Sinn verweist auf entsprechende Verfahren in den USA.

Die Gefahr einer Unterdeckung der Staatsausgaben und die damit einhergehende Beeinträchtigung der Finanzierbarkeit eines öffentlichen Leistungsangebotes sieht Sinn gegenwärtig noch nicht als unmittelbare Bedrohung. Mobile Produktionsfaktoren werden das staatliche Leistungsangebot finanzieren, das am besten ihrer Präferenzstruktur entspricht. *„Indes ist die Gefahr der Unterdeckung der öffentlichen Güter im Steuerwettbewerb nicht von der Hand zu weisen."* (Sinn, 1995: 248)

2. Bewertung

Maximiert der eigennutzorientiert handelnde Politiker im „Leviathan Steuerstaat" die Besteuerung seiner Bürger oder schützt der Wettbewerb zwischen den Gebietskörperschaften die Steuerzahler vor einer übermäßigen Belastung und sorgt dabei für eine effiziente Allokation? Zwischen diesen beiden Extrempositionen argumentieren die Anhänger der traditionellen Theorie des Fiskalföderalismus und die durch Public-Choice-Einsichten[158] inspirierten Vertreter der Theorie des zwischenstaatlichen Wettbewerbs.

Die erwarteten Vor- und Nachteile beider Lösungen herausarbeitend, plädiert Sinn für eine „soziale Wettbewerbslösung", die, mit einem entsprechenden ordnungs-

[157] Vgl.: Sinn 1995: 247.

[158] Vgl.: Heinemann 1998: 29.

rechtlichen Rahmen versehen, eine Unterversorgung mit öffentlichen Gütern und den Zusammenbruch der sozialen Sicherungssysteme verhindern soll.[159]
Die Argumentation von Sinn wird wiederholt, meines Erachtens jedoch zu Unrecht, als Indiz für die Forderung der Etablierung einer zentralen Fiskalbefugnis auf europäischer Ebene gewertet.[160]
Ausgehend von der Tatsache, dass die Verwirklichung des einheitlichen Binnenmarktes einen großen Reformdruck auf die Steuersysteme der Mitgliedstaaten entfalten wird, der mit einer Abnahme der autonomen Einflussmöglichkeiten einhergeht, entwirft Sinn ein Modell, welches die Wettbewerbslösung funktionsfähig erhalten soll. Somit plädiert er im Endeffekt - ebenso wie die Vertreter des Standortwettbewerbs - für eine Lösung, bei der die Staaten der Europäischen Union ein übergeordnetes *„Regelwerk mit Verfassungsrang“* (Fuest, 1996: 167) implementieren, welches die Regeln für die Koordination der nationalen Fiskalpolitiken festlegt, ohne den Wettbewerb der Steuersysteme in einem Maße zu beeinträchtigen, der die Politik von der Verantwortung für die Gestaltung eines optimalen (äquivalenten) Steuersystems entbindet.

> *„Unter einem derartigen ordnungspolitischen Arrangement kann der Wettbewerb zwischen den Regierungen der beteiligten Länder seine disziplinierende, staatliche Souveränität begrenzende Wirkung im Interesse der Bürger entfalten.“* (Fuest, 1996: 167)

So erkennt auch Sinn an, dass für diese Anforderungen keine supranationale Fiskalkompetenz auf europäischer Ebene notwendig ist. Die angestrebte Harmonisierung könne vielmehr auch auf dem Wege des Wettbewerbs (im Rahmen des selbst gesteckten Ordnungsrahmens) erreicht werden.

> *„Tax harmonization does not necessarily require centrally coordinated actions by the European governments. The competition of tax*

[159]Vgl.: Sinn 1996: 94, ähnlich auch Fuest 1996: 186.

[160]Vgl.: Caesar 1996a: 10, Feld / Kirchgässner 1995: 562 oder Fuest 1996: 167.

> *systems might also, via a process of interactive adjustment, bring about the required harmonization."* (Sinn, 1990: 489)

Allerdings, und hier liegt wohl der Ursprung für die Forderung nach einem konstitutionellen Rahmen, merkt Sinn einschränkend an:

> *„Nichts berechtigt uns zu der Annahme, dass der Wettbewerbsprozess im richtigen Moment abstoppen wird, anstatt in der beschriebenen Weise zu entarten."* (Sinn, 1995: 249)[161]

3. Die ökonomische Theorie des Föderalismus als Bezugsrahmen einer europäischen Finanzverfassung

Während sich die auf den ersten Blick diametral gegenüber stehenden Modelle der Wettbewerbslösung und der Kartelllösung also gar nicht so weit auseinander befinden, setzt die Argumentation von Biehl an einem ganz anderen Punkt an. Ausgangspunkt ist hier nicht die Frage nach einer zentralen oder dezentralen Finanzierungskompetenz (obgleich das Ergebnis der Untersuchungen sich für eine Variante entscheidet), sondern die Frage nach der optimalen Strukturierung des Systems.

In einer Reihe von Aufsätzen entwickelt Biehl hierfür ein föderatives Referenzsystem, das ihm als Argumentationsrahmen für die Umstrukturierung der europäischen Finanzverfassung dient. Als Finanzwissenschaftler bleibt er dabei eng der

---

[161]Das die Argumentation von Sinn wiederholt falsch ausgelegt wird, belegt auch der Disput, der sich im Anschluss an die oben zitierte Veröffentlichung von Sinn zwischen Blankart und Sinn ergeben hat. Vgl.: Blankart (1996) als Bemerkung zu Sinn (1995) und dessen Erwiderung (Sinn 1996).
Im Grunde genommen befinden sich beide Autoren gar nicht so weit voneinander entfernt. Während Blankart öffentliche Gebietskörperschaften allerdings grundsätzlich privaten Unternehmen gleichsetzt, die in einem Wettbewerb miteinander stehen, lehnt Sinn diese Auffassung ab. Für ihn birgt die Gefahr einer Wiedereinführung des Marktes im Bereich der Besteuerung durch die Hintertür des Systemwettbewerbs die gleiche Gefahr des Marktversagens, die den Staat einst auf den Plan rief. Vgl.: Sinn 1996: 93.

traditionellen »Finanztheorie«[162] verbunden. Diese traditionelle Finanztheorie behandelt u. a. zwei elementare Fragestellungen:

- Welche Rechtfertigungen gibt es für die Existenz eines öffentlichen Sektors?
- Wie soll ein Gemeinwesen optimal strukturiert sein, um eine effiziente Bereitstellung öffentlicher Güter zu gewährleisten?

Zur Legitimation von Staatstätigkeit wird auf das duale System marktwirtschaftlich organisierter Volkswirtschaften verwiesen. Die Existenz des Staates und damit einer öffentlichen Finanzebene erklärt sich aus der Notwendigkeit eines gewissen Ordnungsrahmens, ohne den der private Sektor nicht oder nur unzureichend funktionieren würde. Dem Staat kommt somit eine Verfassungsfunktion zu, die das Funktionieren der Marktkräfte gewährleistet. Innerhalb dieser Verfassungsfunktion stellt der Staat darüber hinaus im Rahmen seiner Leistungsfunktion bestimmte öffentliche Güter bereit, die der private Sektor aufgrund seines besonderen Charakters nicht bereitstellen würde.[163]

Für die Bereitstellung dieser öffentlichen Güter im Rahmen ihrer Verfassungs- und Leistungsfunktion beansprucht eine Gebietskörperschaft (hier die Europäische Gemeinschaft) jedoch Ressourcen, die auf diese Weise der Möglichkeit einer Verwendung im privaten Sektor entzogen werden. Gemäß dem ökonomischen Prinzip soll mit den zur Verfügung stehenden (knappen) öffentlichen Mitteln eine optimale Aufgabenerfüllung gewährleistet oder ein gegebenes Maß an öffentlichen Aufgaben mit einem möglichst geringen Mitteleinsatz realisiert werden.

Der öffentliche Haushalt einer Gebietskörperschaft (hier der Gesamthaushalt der Europäischen Gemeinschaft) kann also für die Realisierung bestimmter finanz-

---

[162] So der deutsche Titel des Buches von Richard A. Musgrave: Finanztheorie, 2. Auflage, Tübingen 1969. Titel der Originalausgabe: The Theory of Public Finance, Ann Arbor 1959.

[163] Die Trennung in Verfassungs- und Bereitstellungsfunktion geht auf die Arbeit „The Calculs of Consent" von J. M. Buchanan und G. Tullock (1962) zurück. Die öffentliche Leistungsfunktion des Staates ist eng mit der Theorie des Marktversagens, d.h. der Unfähigkeit des Marktes, für eine optimale Koordination des Angebots und der Nachfrage zu sorgen, verbunden. Die besonderen Charakteristika öffentlicher Güter liegen in der Tatsache, dass bei ihnen weder das Ausschlussprinzip, noch das der Rivalität greift. Hierdurch *„können Situationen entstehen, bei denen der Markt keine optimalen Ergebnisse zu erzielen vermag."* (Musgrave 1969: 07).

wirtschaftlicher Ziele eingesetzt werden. Musgrave entwickelte in seiner Finanztheorie die wegweisenden drei Ziele einer öffentlichen Finanzwirtschaft, denen der Ressourceneinsatz folgen sollte:[164]

- Der Erkenntnis folgend, dass der Markt nicht für alle Güter eine optimale Allokation der Produktionsfaktoren sicherstellen kann, soll durch einen korrigierend eingreifenden öffentlichen Mitteleinsatz eine möglichst effiziente Nutzung aller Mittel und damit eine optimale Ressourcenallokation erreicht werden.
- Ein weiteres Prinzip, dem der öffentliche Mitteleinsatz folgen sollte entspringt wohlfahrtstheoretischen Überlegungen und widmet sich der Verteilung von Einkommen innerhalb des bestehenden Systems. Durch einen distributiven Einsatz des öffentlichen Budgets kann diese Verteilung im Sinne einer, als optimal angesehenen Einkommens- und Vermögensverteilung, korrigiert werden.
- Eine dritte Funktion des öffentlichen Budgets zielt auf eine Stabilisierung des Wirtschaftssystems im Zeitablauf und betrachtet die öffentlichen Haushalte als Hauptinstrument zur Erreichung dieses Ziels.

Die traditionelle Finanztheorie versuchte nun auf der Grundlage dieses Instrumentariums, Aussagen bezüglich der optimalen Aufgaben- und Ressourcenverteilung innerhalb föderaler Strukturen zu liefern. Dabei wurde, wie bereits erwähnt, unterstellt, dass die maßgeblichen wirtschaftspolitischen Akteure gemäß dem Auftrag ihrer Wähler gemeinwohlorientiert handeln und entscheiden werden. Aus diesem Grunde wurden die Wahl- und Entscheidungsmechanismen lange aus der Betrachtung ausgeklammert[165]. Selbst unter Beibehaltung dieser Annahme entstehen in einem gesellschaftlichen Entscheidungsprozess aber Kosten, die je nach Abstimmungsmodi variieren können. Bei der Einpersonenregel (Diktatur) entstehen externe Kosten durch die Willkür der Entscheidung. Bei der Einstimmigkeitsregel entstehen extrem hohe Verhandlungskosten durch den Zwang zum

[164]Vgl.: Musgrave 1969: 05ff.

[165]Vgl. zur Einbeziehung der Entscheidungsmechanismen: Brümmerhoff 1996: 101ff. sowie Blankart 1998: 543ff.

Konsens. Das Mischsystem aus beiden wiederum (Mehrheitswahl) verursacht Präferenz- oder Frustra-tionskosten bei den überstimmten Wählern.[166]

Das von Biehl entwickelte föderative Referenzsystem enthält also folgende Elemente:[167]

- Dem öffentlichen Sektor kommt eine Verfassungs- **und** eine Bereitstellungsfunktion zu.
- Der Kostenbegriff ist nicht nur auf den privaten Sektor anzuwenden. In Form von Frustrations- bzw. Präferenzkosten entstehen Kosten auch im öffentlichen Bereich.
- In diesem Sinne muß auch die klassische Begriffs-Triade von Musgrave erweitert werden. Die Allokationsfunktion bleibt nicht nur auf die Leistungsfunktion des Staates beschränkt, sondern bezieht sich auch auf die Verfassungsfunktion.[168] Ähnliches gilt für Distributions- und die Stabilisierungsfunktion.

Ausgestattet mit diesem theoretischen Rüstzeug kommt Biehl zu der Feststellung:

> *„Aus dieser Sicht erscheint die These plausibel, dass es so etwas wie einen "optimalen" Verfassungsrahmen gibt, der dafür sorgt, dass die Entscheidungen, auf deren Basis private Güter durch den "Markt " und öffentliche Güter durch den "Staat " bereitgestellt werden, grundsätzlich effizient und gerecht sind."* (Biehl, 1991: 362f.).

[166]Einen guten Überblick über diese Problematik, die auf Buchanan und Tullock (1962) zurückgeht, liefert Biehl 1991: 359f.

[167]Biehl zieht für seine Ausführungen zahlreiche ökonomische Ansätze heran (vgl.: Biehl 1990: 29). Hier wären zu nennen die ökonomische Theorie der Demokratie von Anthony Downs, Tübingen 1968 (Originaltitel: An Economic Theory of Democracy, New York 1957); Die ökonomische Theorie der Verfassung von James Buchanan und Gordon Tullock (Originaltitel: The Culculus of Consent, Ann Arbor 1962); Die ökonomische Theorie des (Fiskal)- Föderalismus von Richard A. Musgrave (Tübingen 1969) sowie Wallace E. Oates (Originaltitel: Fiscal Federalism, New York 1972); und die Arbeiten von Albert Breton: The Economic Theory of Representative Government, Toronto 1974 und schließlich Elemente aus der Theorie der Wahlhandlungen (public choice) von James Buchanan und Robert Tolison: Theory of Public Choice - Political Applications of Economics, Ann Arbor 1972.

[168]Vgl.: Biehl 1988: 67f. und ders. 1991: 362f.

Der Begriff der Kosten, aufgeteilt in Ressourcen- und Präferenzkosten, spielt bei den Überlegungen von Biehl die zentrale Rolle. Er instrumentalisiert diese Kostenarten, um eine Bewertung der EG-Finanzverfassung vorzunehmen und eine Reformkonzeption zu entwerfen. Zu diesem Zweck entwickelt er eine *„multidimensionale ökonomische Theorie des Föderalismus"* (Biehl, 1994: 100), die eine komplexe Wirklichkeit angemessen beschreiben kann und gleichzeitig einen Beitrag zur transparenteren Gestaltung der Realität liefern soll.[169]

In Anlehnung an die von Buchanan und Tullock vorgenommene Differenzierung des Kostenbegriffs wertet Biehl die Verfassungsfunktion auf europäischer Ebene als kostenintensiver als die nationalstaatliche Verfassungsfunktion. Für den Bereich der Ressourcenkosten ist diese Feststellung sicherlich zutreffend. Beispielsweise aufgrund der im Vergleich zum nationalen Kontext wesentlich höhere Kommunikationskosten verursachenden Sprachenvielfalt. Biehl argumentiert jedoch, auch die Präferenzkosten seien im europäischen Modell aufgrund der deutlich größeren Abweichungen in der Interessenstruktur der Mitgliedstaaten wesentlich höher anzusetzen. Dem muss jedoch widersprochen werden. Die (bei der Einordnung des Eigenmittelsystems in das Rechtssystem der Gemeinschaft diagnostizierte) Natur des Eigenmittelsystems als *„Verfahren der Vertragsänderung"* (Magiera 1994: Art. 201 EGV, S.04, Rn. 09) lässt die Präferenzkosten aufgrund des hohen Zustimmungserfordernisses auf europäischer Ebene (Einstimmigkeit im Ministerrat), und auf nationaler Ebene (i. d. R. Zwei-Drittel-Mehrheit) gegen null tendieren.

Das Argument an dieser Stelle soll lauten: Die Festlegung der Verfassungsfunktion (also auch der in ihr enthaltenen Frage der Finanzierung) auf die Einstimmig-

[169]Dieses Modell ist von Biehl mehrfach bearbeitet und erweitert worden. Im einzelnen handelt es sich um die Publikationen:

- Umrisse einer EG-Finanzverfassung aus föderalistischer Perspektive (Biehl 1987)
- Die Reform der EG-Finanzverfassung aus der Sicht einer ökonomischen Theorie des Föderalismus (Biehl 1988)
- Europa finanzieren - ein föderalistisches Modell (1990)
- Die EG-Finanzverfassung: Struktur, Mängel und Reformmöglichkeiten (Biehl 1991)
- Zur ökonomischen Theorie des Föderalismus: Grundelemente und ihre Anwendung auf die EU-Finanzunion (Biehl 1994)
- Zur Reform der EU-Finanzierung: Braucht die EU eine eigene Steuerhoheit? (Biehl 1996).

keitsregel verursacht verhältnismäßig hohe Ressourcenkosten, die im Extremfall zur Entscheidungsunfähigkeit führen kann.
Diese geringfügige Inkonsistenz bei der Betrachtung der Präferenzkosten schränken die von Biehl beabsichtigte Instrumentalisierung des Konsens-Kalküls zur Wahl eines geeigneten Repräsentativitätsgrades und einer geeigneten Mehrheitsentscheidungsregel aber nicht in einem Maße ein, das es unbrauchbar werden lässt. Im Gegenteil erweitert Biehl den Ansatz und fächert das Konsens-Kalkül in mittlerweile zwölf Teilprinzipien auf, die es ermöglichen sollen, für diverse Problemkategorien und die darin wiederum enthaltenen verschiedenen Dimensionen ein Beurteilungskriterium zu entwickeln. Diese, in Form von Teilprinzipien vorgenommene Mehrebenenbetrachtung des föderalen Referenzsystems, soll im Folgenden untersucht werden.

3.1. Das Kongruenzprinzip

Öffentliche Güter haben eine wesentliche Eigenschaft: Sie sind (bei güterspezifisch unterschiedlicher Reichweite) räumlich unteilbar. Das heißt, dass jedem öffentlichen Gut ein relativ exakt definierter Wirkungsbereich zugeordnet werden kann. Die dabei entstehenden Kosten reduzieren sich in dem Maße, wie bei der Bereitstellung des Gutes auf die Deckungsgleichheit *„zwischen Wirkungsbereich der öffentlichen Leistung und Zuständigkeitsbereich der bereitstellenden Körperschaft geachtet wird.“* (Biehl 1994: 104). Im Optimum ist davon auszugehen, dass ein öffentliches Gut bei *„Übereinstimmung von Hoheitsgebiet (Territorium) und Nutzenstreuungsbereich“* (ders. 1991: 366) *„ressourcenkostenminimal bereitgestellt werden kann.“* (ders. 1996: 36). Bei einer Verletzung des Kongruenzprinzips fallen die geographische Wirkung einer öffentlichen Leistung und die Größe der sie bereitstellenden politischen Instanz räumlich auseinander. Ist Letzteres kleiner, kommt es in der Folge zu einem nicht beabsichtigten, Ressourcenkosten verursachenden, Export öffentlicher Güter, den Biehl als „spillover“ bzw. „spillout" bezeichnet (Biehl 1991: 366). Aus Sicht der profitierenden Gebietskörperschaft ist in diesem Fall ein „spillin“ zu beobachten. Für die Europäische Union ist eine eklatante Verletzung des Kongruenzprinzips derzeit nicht feststellbar. Nimmt man die Leistungsfunktion der Europäischen Gemeinschaft und die damit verbundenen Aufgaben, den Binnenmarkt zu vollenden, die Währungsunion zu realisieren sowie beispielsweise eine Gemeinsame Agrarpolitik sowie eine Struktur- und Ver-kehrspolitik zu betreiben, so fallen Nutzerkreis und Bereitsteller der entsprechenden Leistungen nicht erheblich auseinander. Da absehbar ist, dass sich aufgrund der ökonomischen Leistungsfähigkeit der Anwärterstaaten bisherige Nutznießer der Gemeinschaftspolitiken zu Nettozahlern wandeln werden, wird die Tragfähigkeit dieses Prinzips mit der anstehenden Osterweiterung wahrscheinlich einer harten Belastungsprobe ausgesetzt. Dieser Konflikt deutete sich in der jetzigen Gemeinschaft von 15 Staaten bereits an, als im Vorfeld der Verabschiedung der *AGENDA 2000*[170] eine eventuelle Neuordnung der Finanzierung diskutiert wurde.

3.2. Das Clubprinzip und das monofunktionale Organisationsprinzip

Dieses Prinzip basiert auf dem Kongruenzprinzip und ist so zu interpretieren, dass dort, wo eine entsprechende Körperschaft für die Bereitstellung eines öffentlichen Gutes mit einer bestimmten Wirkungsreichweite nicht existiert, diese Organisation zu errichten ist. Als Beispiel könnte hier die Zuständigkeit der Europäischen Kommission für die Realisierung des Binnenmarktes angeführt werden. Monofunktional ist dieses Organisationsprinzip dann, wenn die Organisation ausschließlich für die Bereitstellung eines Gutes zuständig ist. Hier kann als Beispiel die Europäische Atomgemeinschaft genannt werden, deren Aufgaben sich ausschließlich auf die friedliche Nutzung der Kernenergie beschränken.
Mit zunehmendem Wirkungsbereich sowie größer werdendem Teilnehmerkreis und steigendem Öffentlichkeitscharakter der bereitgestellten Güter konstatiert Biehl eine Abnahme der Bereitschaft, die institutionellen (Ressourcen-)Kosten zu

[170] Vgl. Fußnote 47 dieser Arbeit.

übernehmen.[171] Dieses Phänomen wird gemeinhin als das „Trittbrettfahrer-Problem" bezeichnet.
Da die Schaffung der Europäischen Gemeinschaften stets mit einer konkreten Aufgabe verbunden war (Binnenmarkt, Währungsunion etc.) und die Gemeinschaft den erreichten „aquis comunautaire" immer zum Maßstab für die Beitrittsfähigkeit erhoben hat, ist dieses Problem nicht oder nur sehr begrenzt auf den europäischen Integrationsprozess übertragbar.

3.3. Das Prinzip der Gewaltenteilung:

Dieses Prinzip wird unterteilt in die horizontale Ebene der Gewaltenteilung nach Legislative, Exekutive und Judikative. Die vertikale Gewaltenteilung unterscheidet in einem föderativ organisierten Staat nach Zentralstaatsebene und Gliedstaatenebene. Unter dem Aspekt der Ressourcenkosten beurteilt, liefert ein mehrstufiger Staatsaufbau mit horizontaler Gewaltenteilung hinsichtlich der Bereitstellung öffentlicher Güter nur suboptimale Ergebnisse. Die Tatsache, dass diese „second-best-Lösung" akzeptiert wird, lässt auf *„eine prohibitiv hohe Gewichtung der aus einer Verletzung dieser Grundsätze resultierenden Präferenzkosten"* (Biehl 1994: 106) schließen.
Das Gewaltenteilungsprinzip ist auf europäischer Ebene, wenn nicht komplett verletzt, so doch auch nicht perfekt ausgestaltet. Das Europäische Parlament spielt nicht die legislative Rolle, die einer demokratisch gewählten Volksvertretung in den Mitgliedstaaten zukommt. Die Aufgabe der Rechtsetzung fällt im Kontext der Europäischen Gemeinschaft hauptsächlich dem Ministerrat zu. Ebensowenig ist die Europäische Kommission mit einer Regierung auf einzelstaatlicher Ebene zu vergleichen. Lediglich der Europäische Gerichtshof entspricht in der judikativen Dimension weitestgehend den Vorstellungen der Gewaltenteilung.[172]

[171]Vgl.: Biehl 1994: 105

[172]Vgl. auch: Streinz 1999: 59ff.

3.4. Das Korrespondenzprinzip

Dieses Prinzip zielt auf die Notwendigkeit der größtmöglichen Identität von Entscheidungs- und Kostenträgern sowie Nutznießern ab. *„Rationale Budgetentscheidungen"* (Biehl 1991: 366) kommen nur dann zustande, wenn die repräsentativ ausgewählten Entscheidungsträger ihre u.U. kostenwirksam werdenden Entscheidungen auch direkt gegenüber den Zahlern und den Nutznießern rechtfertigen müssen. Ein Überangebot an öffentlichen Leistungen kommt demnach dann zustande, wenn sich die Nutzer im Entscheidungsgremium in der Überzahl befinden. Ist das Gegenteil der Fall, werden die (Steuer-)Zahler und damit die Finanziers öffentlicher Leistungen auf ein möglichst geringes Angebot an öffentlichen Gütern hinwirken.

Modelltheoretisch argumentierend ordnet Biehl die Agrarlastigkeit des EU-Haushaltes und die daraus in der Vergangenheit resultierenden Haushaltskrisen der Verletzung des Korrespondenzprinzips zu. Die Agrarminister hätten in »ihrem« Ministerrat ohne eine angemessene Konfrontation mit dem Steuerzahler ausgabenintensive Politik betreiben können, die sie in die Lage versetzte, ihre Klientel von der europäischen Ebene aus großzügig zu protegieren. Es fehlt sowohl die Konkurrenzsituation zu anderen Ressort-Ministern, die um Finanzmittel für ihren Bereich kämpfen, als auch die (anfänglich vorhandene) Disziplinierung durch die Anwesenheit der Finanzminister als Repräsentanten der Steuerzahler[173]. Darüber hinaus führte die Klassifizierung der Agrarausgaben als »obligatorische Ausgaben« zu einer fehlenden Kontrolle durch das Europäische Parlament, da dem Rat bei dieser Ausgabenkategorie quasi das Letztentscheidungsrecht zufällt. In der fehlenden Steuerkompetenz schließlich sieht Biehl eine weitere schwerwiegende Verletzung des Korrespondenzprinzips. Auf europäischer Ebene beschlossene Maßnahmen werden nicht unmittelbar durch Steuern finanziert. Somit entfällt die Transparenz zwischen den beschlossenen Ausgaben und den entsprechen-

[173]Vgl.: Biehl 1988: 80.

den steuerlichen „Kosten".[174] Die unmittelbare Verantwortung einer politischen Entscheidungsinstanz für ausgabenwirksame Politik wird durch die Supranationalisierung der GAP bestenfalls zu einer mittelbaren.

3.5. Das Fusionsprinzip

Würden die bisher behandelten Prinzipien (Kongruenz- und Korrespondenzprinzip, monofunktionales Organisations- und Gewaltenteilungsprinzip) konsequente Anwendung finden, so würde sich eine große Anzahl von Bereitstellungsorganisationen ergeben, die jeweils nur für ein einziges öffentliches Gut oder ein Bündel ähnlicher Maßnahmen verantwortlich wären. Dies erscheint unter Berücksichtigung der daraus resultierenden Ressourcenkostenbeanspruchung nicht wünschenswert. Deshalb sollten unter nochmaliger Anwendung des Kongruenzprinzips die monofunktionalen Entscheidungsorganisationen, deren Wirkungs- und Zuständigkeitsbereiche weitgehend übereinstimmen, zu einer multifunktionalen Gebietskörperschaft fusionieren.[175]
Das die Entscheidung über eine Zusammenlegung stets auch immer unter dem Aspekt der Präferenzkosten getroffen werden muss, belegt das Beispiel einer mono-funktionalen Zentralbank. Obwohl ihr Wirkungsbereich sich mit dem Zuständigkeitsbereich der Bundesregierung deckt, wird auf eine Fusion verzichtet. Die mittel- bis langfristig entstehenden Präferenzkosten die entstehen könnten wenn die Notenbank dem meist kurzfristig orientierten Regierungshandeln ausgesetzt sein würde, werden offenbar höher eingestuft als die aus der Bereitstellung einer monofunktionalen Institution entstehenden Ressourcenkosten.
Die Tatsache, dass zunächst drei europäische Organisationen (EGKS / EWG / EAG) mit ihren jeweiligen Organen bestanden, widersprach dem Fusionsprinzip. Durch die Einsetzung eines Parlamentes und eines Gerichtshofes als gemeinsame Organe der drei Organisationen wurde dieser Umstand teilweise behoben. Durch

---

[174]Vgl.: Biehl 1994: 113f.

[175]Vgl.: Biehl 1994: 106.

die Schaffung eines Rates und einer Kommission durch den Fusionsvertrag von 1965 wurde dem Fusionsprinzip schließlich weiter entsprochen.[176]
Durch die Fusion der ehemals monofunktionalen Organisationen sollen somit die entstehenden Ressourcenkosten reduziert werden.

3.6. Das Prinzip der optimalen Kompetenzausstattung

Dieses Prinzip ist eng mit dem Fusionsprinzip verzahnt. Gegenüber dem Fusionsprinzip bezieht sich das Prinzip der optimalen Kompetenzausstattung auf eine bereits bestehende institutionelle Bereitstellungsorganisation. Sie verfügt über Entscheidungs- und Verwaltungskapazitäten, die unabhängig vom Grad ihrer Auslastung fixe Kosten verursachen. Unter Beachtung des Kongruenz-, des Korrespondenz- und des Fusionsprinzips sollten den bereits bestehenden Bereitstellungsorganisationen solange weitere Kompetenzen übertragen werden, bis die entstehenden Kosten *„je Kompetenz bis zum Erreichen der Kapazitätsgrenze sinken"* (Biehl 1991: 367).
Das unter Ressourcenkostenaspekten zu beurteilende Prinzip der optimalen Kompetenzausstattung scheint in der Gemeinschaft auf mehrfache Weise verletzt. Zunächst erscheint die Auslastung der Organe der Gemeinschaft unter Berücksichtigung der ihr zugeteilten Kompetenzen recht gering. Die wenigen, der Gemeinschaft übertragenen Vollkompetenzen, (Agrar- und Strukturpolitik / Wettbewerbs- und Binnenmarkpolitik) scheinen das bestehende Maß an institutionellen Ressourcen nicht zu rechtfertigen. Hier muss aber betont werden, dass die Union auch über diverse Teilkompetenzen verfügt, die mehr oder weniger mit der Erfüllung ihrer Kernkompetenzen zusammenhängen und durch unterschiedliche Nutzungsintensitäten gekennzeichnet sind.
Gegenüber der außerordentlich ausgabenintensiven Gemeinsamen Agrarpolitik spielt die Verkehrspolitik (der neben der GAP in den Römischen Verträgen ein eigenes Kapitel eingeräumt wurde) eine marginale Rolle.

[176] Vgl.: Biehl 1994: 112f. sowie Biehl 1991: 374f.

Diese Nicht-Nutzung einer vorhandenen Kompetenz kann ebenfalls als Verletzung des Prinzips der optimalen Kompetenzausstattung gedeutet werden.[177]

3.7. Das Subsidiaritätsprinzip

Dieses präferenzkostenorientierte Prinzip lässt sich unter personenbezogenen und gemeinschaftsbezogenen Gesichtspunkten untersuchen. Aus dem Blickwinkel der personenbezogenen Analyse soll durch das Subsidiaritätsprinzip sichergestellt sein, dass durch bürgernahe Entscheidungen die Frustrationskosten möglichst gering gehalten werden. Wesentlich bedeutsamer in diesem Rahmen ist jedoch die gemeinschaftsbezogene, dass heißt die auf die Frage der Kompetenzaufteilung unter den verschiedenen Ebenen des föderalen Systems bezogene Variante. Die bisher vorgestellten, primär ressourcenorientiert argumentierenden Prinzipien, tendieren zu einer Konzentration der Macht- und Entscheidungsmechanismen auf einige wenige Bereitstellungsorganisationen. Dies kann u.U. zu erhöhten Präferenzkosten führen und eine Rückverlagerung der Zuständigkeiten rechtfertigen. Dies erscheint aus Sicht der erweiterten ökonomischen Analyse auch dann angebracht, wenn durch die Rückverteilung die Ressourcenkosten in einem stärkeren Maße ansteigen, als die Präferenzkosten sinken.[178]

Die Instrumentalisierung des Subsidiaritätsprinzips zur Beurteilung der (Finanz-) Verfassung erscheint komplizierter als bei den bisher vorgestellten Prinzipien. Dies liegt zum einen an der unklaren Formulierung im Art. 3 B EUV. Dort heißt es:

> *„In Bereichen, die nicht in ihre ausschließliche Zuständigkeit fallen, wird die Gemeinschaft nach dem Subsidiaritätsprinzip nur tätig, sofern und soweit die Ziele der in Betracht gezogenen Maßnahmen auf Ebene der Mitgliedstaaten nicht ausreichend erreicht werden*

[177]Vgl.: Biehl 1994: 115 f. Dieses Prinzip konfligiert u. U. mit dem Prinzip der begrenzten Einzelermächtigung.

[178]Vgl.: Biehl 1991: 368

können und daher wegen ihres Umfangs oder ihrer Wirkungen besser auf Gemeinschaftsebene erreicht werden können."

Unter Effizienzgesichtspunkten besteht die Möglichkeit, die Formulierungen „nicht ausreichend" und „besser" ressourcenkostenorientiert auszulegen. Diese Sichtweise birgt dann aber auch eine Tendenz zur Zentralisierung von Aufgaben und Kompetenzen auf der jeweils höheren Ebene. Findet das Subsidiaritätsprinzip jedoch unter dem Aspekt der Präferenzkosten Anwendung auf die Aufgabenzuordnung, so kommt es wahrscheinlich zu anderen Verteilungsergebnissen, als dies unter Effizienzgesichtspunkten der Fall gewesen wäre.[179] Beim Subsidiaritätsprinzip spielt die Dimension der Betrachtung also eine außerordentlich wichtige Rolle. Biehl wertet das Subsidiaritätsprinzip bei einer durch die Präferenzkosten dominierenden Anwendung gar als *„Kompetenzeintritts- oder -verlagerungssperre"* (Biehl 1994: 118).

3.8. Das Prinzip der optimalen Kompetenzdifferenzierung

Das Prinzip der optimalen Kompetenzdifferenzierung muß in engem Zusammenhang mit den unterschiedlichen Ausprägungen des Föderalismus gesehen werden. Dies betrifft sowohl den kompetitiven, als auch den kooperativen Föderalismus. Zu verteilende Kompetenzen können entweder in ihrer Gesamtheit auf eine Gebietskörperschaft übertragen werden oder aber in Teilkompetenzen differenziert und an verschiedene Entscheidungsebenen des Systems delegiert werden. Verfügt eine Körperschaft über alle, zur Erfüllung bestimmter Aufgaben notwendigen, Teilkompetenzen, so verbleibt die Regelung entsprechender Bereiche innerhalb ihrer autonomen Entscheidungsbefugniss. Auf diese Art und Weise können in einem föderativen System für ein und denselben Problembereich unterschiedliche Lösungen zustande kommen. Diese Art der Kompetenzdifferenzierung führt in seiner Tendenz zu einem »Wettbewerbs-Föderalismus«, da die Gebietskörperschaften in einen Wettbewerb untereinander treten.

[179] Vgl.: Biehl 1994: 118.

Verfügt eine Gebietskörperschaft hingegen nur über eine Teilkompetenz, ist sie gezwungen, ihre Aufgaben in Zusammenarbeit mit den anderen föderativen Elementen des Systems zu bewältigen. Dies führt zu einem kooperativen Föderalismus, bei dem alle Subjekte in die Lösung der Aufgaben involviert sind.[180] Mit zunehmender Intensität der Kooperation besteht hier aber auch die Gefahr einer „Politikverflechtung".[181]

Die Beurteilung über den optimalen Grad der Kompetenzdifferenzierung kann wiederum aus ressourcen- und/oder präferenzkostenorientierter Sichtweise vorgenommen werden. Das Urteil unter dem Aspekt der Ressourcenkosten wird die Zuteilung von Vollkompetenzen für jede Gebietskörperschaft empfehlen. Dadurch werden die bei einer Zerlegung der Kompetenzen aus den Reibungsverlusten der Politikverflechtung entstehenden (Ressourcen)- Kosten vermieden. Darüber hinaus kann eine weitgehende Kompetenzdifferenzierung dem Korrespondenz- und dem Kongruenzprinzip entgegenstehen.

Die „Wahrung der Einheitlichkeit der Lebensverhältnisse" ist das am häufigsten angewendete Argument für einen kooperativen Föderalismus. Durch die Aufteilung der Macht- und Entscheidungsbefugnisse in horizontaler und / oder vertikaler Hinsicht, ergibt sich die zwingende Notwendigkeit einer Kooperation bei der Umsetzung bestimmter Politikinhalte, die in der Regel dann auch einheitliche Lösungen hervorbringt. Bei einem in horizontaler Hinsicht mehrgliedrigen System erscheint dies noch relativ problemlos. Befindet man sich hingegen in einem (auch in vertikaler Sicht) mehrdimensionalen System, so kann die auf der oberen Ebene getroffene Entscheidung durchaus Präferenzkosten bei den nachgelagerten Gebietskörperschaften verursachen. Die Etablierung von Mitwirkungsformen erscheint somit dringend geboten, was wiederum die Ressourcenkosten ansteigen lassen würde.

Das Prinzip der optimalen Kompetenzdifferenzierung hat neben dem Aspekt der

[180]Vgl.: Biehl 1994: 109.

[181]Der Begriff geht auf die Arbeit: Politikverflechtung: Theorie und Empirie des kooperativen Föderalismus in der Bundesrepublik, von Fritz Scharpf et. al. 1976 zurück.

Voll- und Teilkompetenzen allerdings noch eine weitere Dimension.[182] Gerade in einem mehrstufigen Aufbau erscheint es möglich, dass einige Kompetenzen konkurrierend vergeben werden. Diese Auffassung vermutet dann die Regelungszuständigkeit so lange bei der nachgeordneten Ebene, wie die Zentralebene nicht von ihrer Möglichkeit zur Gesetzgebung Gebrauch macht. Auch hier wird das Argument der Einheitlichkeit der Lebensverhältnisse in den Vordergrund der Argumentation gerückt. Bei einer zu sehr divergierenden Bandbreite von Lösungen für einen bestimmten Problembereich muss der Zentralstaat für eine konvergente und kohärente Lösung sorgen, um dem Postulat der Einheitlichkeit der Lebensverhältnisse zu entsprechen. Die konkurrierende Zuständigkeit erleichtert der Zentralebene aber auch den Zugriff auf diese Kompetenzen, was bei einer ausschließlichen Zuständigkeit nur über den Weg der Verfassungsänderung möglich wäre. Aus diesem Grund neigt das System der konkurrierenden Zuständigkeit immer in die zentralisierende Richtung.

3.9. Das Prinzip der gerechten Lastenverteilung

Die beiden Hauptkriterien zur Instrumentalisierung des Prinzips der gerechten Lastenverteilung sind das Äquivalenzprinzip und das Leistungsfähigkeitsprinzip. Nach dem Äquivalenzprinzip sollte die erbrachte (Steuer-) Leistung stets in unmittelbaren Zusammenhang mit der daraus resultierenden (öffentlichen) Gegenleistung stehen. Dies ist heute i.d.R. nur noch bei Beiträgen und Gebühren der Fall.[183] Auch per Definition sind Steuern nicht an entsprechende Gegenleistungen gebunden.[184] Die unmittelbare Verknüpfung von Leistung und Gegenleistung wird beim Leistungsfähigkeitsprinzip außer Acht gelassen. Der Indikator, in welchem

[182]Vgl. Biehl 1994: 109f.

[183]Vgl.: Biehl 1987: 59.

[184]Der Art. 3 Abs, 1 der Abgabenordnung legt als Legaldefinition für den Steuerbegriff fest, dass Steuern Geldleistungen sind, *„die nicht eine Gegenleistung für eine besondere Leistung darstellen....".*

Umfang der einzelne zur Finanzierung des öffentlichen Budgets herangezogen wird, ist hier die wirtschaftliche Leistungsfähigkeit.
Das Prinzip der gerechten Lastenverteilung scheint gegenwärtig unter folgendem Gesichtspunkt verletzt zu sein: Drei der vier Eigenmittelarten (Zölle, Agrarabschöpfungen und Mehrwertsteuer-Eigenmittel) haben einen tendenziell regressiven Charakter, da sie überwiegend den privaten Verbrauch belasten, für den bei niedrigeren Einkommen relativ mehr aufgewendet werden muss. Darüber hinaus sind Zölle und Agrarabschöpfungen zur Erzielung von Einnahmen nicht beliebig variierbar.

3.10. Das Finanzausgleichsprinzip

Wenn das Prinzip der gerechten Lastenverteilung auf Einzelpersonen oder homogene Gruppen angewendet wird, dann kann das Finanzausgleichsprinzip auf öffentliche Körperschaften Anwendung finden. Die Leistungsfähigkeit der einzelnen Gebietskörperschaften kann aufgrund der unterschiedlichen Steueraufkommen sehr stark variieren. Um dem Gebot der Einheitlichkeit der Lebensverhältnisse gerecht zu werden und dem Gerechtigkeitsziel zu entsprechen, müssen diese regionalen Unterschiede durch eine Umverteilung abgebaut werden. Ein ungebundener (expliziter) Finanzausgleich setzt ein hohes Maß an „*Bereitschaft zu interkollektiver Umverteilung*“ (Biehl 1994: 110) voraus. Darüber hinaus hängt die Intensität der Finanzausgleichskraft davon ab, wie stark „*die Präferenzen für eine einheitliche Versorgung mit öffentlichen Leistungen*“ (ders. 1994:110) ausgeprägt sind.
In der Gemeinschaft kann dieses hohe Maß an Solidarität und Homogenität z. Zt. nicht als gegeben angesehen werden. Aus diesem Grund kann man die Finanztransfers der EU gegenwärtig nur als impliziten (gebundenen) Finanzausgleich betrachten. Die regionale Umverteilung wird mit Hilfe fest definierter Politikbereiche (Struktur- und Agrarpolitik) durchgeführt.

4. Zusammenfassung

Die von Biehl vorgenommene Analyse der europäischen Finanzverfassung mittels der finanzföderalistischen Teilprinzipien wird von ihm stets instrumentalisiert, um eine eigene Besteuerungshoheit für die Gemeinschaft einzufordern. Begründet wird dies mit der eklatantesten Verletzung eines Teilprinzips, dem Korrespondenzprinzip. Die nicht vorhandene Identität von Entscheidern, Zahlern und Nutzern im Agrarministerrat sowie die Einstufung der Agrarausgaben als „obligatorisch“ seien die wesentlichen Gründe für die ausufernden Agrarausgaben und die daraus resultierenden Probleme. Die Tatsache, dass auf europäischer Ebene die Fachministerräte generell in eigener Sache ausgabenwirksame Entscheidungen treffen, sei aber ein grundlegender Konstruktionsfehler in der Finanzarchitektur der Europäischen Gemeinschaft.

Alle Versuche, dieses Defizit durch interinstitutionelle Vereinbarungen, Höchstsatzregelungen, Eigenmittelobergrenzen, Agrarleitlinien und Finanziellen Vorausschauen zu beheben, seien im Endeffekt nur unzureichende Substitute zur Erreichung einer Budgetdisziplin.[185]

Das Argument von Biehl lautet, eine Budgetdisziplin sei letztlich nur dann herstellbar, wenn das Ausgabenbewilligungsrecht der Europäischen Gemeinschaft unmittelbar mit dem Besteuerungsrecht gekoppelt würde.[186]

Das zweite elementare Argument für ein Besteuerungsrecht der Gemeinschaft leitet Biehl aus der Verletzung des Prinzips der gerechten Lastenverteilung ab. Das dominierende Leistungsfähigkeitsprinzip sei durch den (mit Ausnahme der BSP-Eigenmittel) tendenziell degressiven Charakter der Eigenmittelfinanzierung nur unzureichend realisiert worden. Eine gerechte Lastenverteilung sei über eine progressiv ausgestaltete Finanzierung mittels einer EU-eigenen Steuer wesentlich leichter zu erreichen.[187] Dass die Übertragung fiskalpolitischer Kompetenzen von

[185]Vgl.: Biehl 1988: 377 und Biehl 1994: 114.

[186]Vgl.: Biehl 1996: 46.

[187]Vgl.: Biehl 1994: 120 und Biehl 1996: 51.

den Nationalstaaten auf die Europäische Ebene zweifellos mit hohen Präferenzkosten verbunden ist und der frühzeitigen Supranationalisierung in diesem Bereich entgegengestanden hat, steht für Biehl außer Frage.[188] In Abwägung zu den aus dieser Perzeption entstandenen Ressourcenkosten merkt er aber auch an, dass die bei einer Übertragung steuerpolitischer Befugnisse antizipierten Präferenzkosten im Vergleich zu den aus den angeführten Konstruktionsmängeln resultierenden Ressourcenkosten als zu hoch veranschlagt worden seien. Auch dies sei letztendlich ein überzeugendes Argument für eine EU-Steuerhoheit. Ein tendenziell progressiv ausgestaltetes EU-Finanzierungssystem würde aufgrund der derzeit üblichen Praxis in den Mitgliedstaaten, ca. 50% des nationalen Steueraufkommens mittels progressiv gestalteter Einnahmen zu erzielen, die Präferenzkosten bei Zustimmung zu einer neuen Finanzarchitektur deutlich sinken lassen. Somit sind zusammenfassend zwei Kernaussagen der Argumentation Biehls festzuhalten:

- Die konstatierte, dauerhafte Verletzung mehrerer Prinzipien des föderativen Referenzsystems lässt sich am wirkungsvollsten durch die Etablierung einer Steuerhoheit für die Europäische Gemeinschaft beheben.
- Eine neue Einnahmequelle für die Gemeinschaft in Form einer Steuer muss in jedem Fall progressiv ausgestaltet sein, um dem Aspekt der Beitragsgerechtigkeit zu genügen und darüber hinaus die entstehenden Präferenzkosten zu minimieren.

Obwohl diese Schlussfolgerungen in der Tradition der klassischen (Finanz-) Föderalismustheorie beheimatet sind, argumentiert Biehl nicht primär mit der These, ein Steuerwettbewerb sei durchweg als negativ einzustufen. Sein Ziel ist vielmehr die Verwirklichung von Budgetdisziplin, Beitragsgerechtigkeit und Effizienzsteigerung.

---

[188] Vgl.: Biehl 1996: 50.

5. Exkurs: Eine Verschuldungskompetenz für die EU?

Zur Finanzierung des öffentlichen Leistungsangebotes stehen Gebietskörperschaften i. d. R. mehrere Einnahmequellen zur Verfügung. Zum einen handelt es sich um die Einnahmebeschaffung durch Steuern, Abgaben, Beiträge und Erwerbseinkünfte oder wie im Fall der Europäischen Gemeinschaften, durch Finanzzuweisungen der Mitgliedstaaten. Zum anderen besteht die Möglichkeit der Verschuldung, d. h. der Kreditaufnahme an den Kapitalmärkten. Für die Europäische Union ist eine Kreditaufnahme zur Finanzierung des Gemeinschaftshaushaltes ausgeschlossen[189]. Dieses Defizitverbot ist in direktem Zusammenhang mit der fehlenden Steuer-Souveränität der Finanzarchitektur der Römischen Verträge zu sehen. Eine wesentliche Voraussetzung für die Kreditwürdigkeit einer öffentlichen Gebietskörperschaft ist nämlich ihre Fähigkeit, bei Zahlungsproblemen ihre Einnahmen autonom, beispielsweise mittels höherer Steuererträge, variieren zu können.[190] Aufgrund der fehlenden Einnahme-Kompetenz steht der Europäischen Gemeinschaft im Gegensatz zur Europäischen Gemeinschaft für Kohle und Stahl (vgl. Abschnitt B, Punkt 2. dieser Arbeit) dementsprechend auch kein Verschuldungsrecht zu.

Das Fehlen dieser Verschuldungs-Autonomie wird in der wirtschaftswissenschaftlichen Diagnose überwiegend positiv beurteilt.[191] Auch eine Untersuchung dieser Frage unter Zuhilfenahme verschiedener Kriterien findet keine überzeugen-

[189]Vgl.: Caesar 1906a: 14, der von einem *„Defizitverbot"* spricht.

[190]Vgl.: Magiera 1994: Art.201 EGV, Rn.19. Demgegenüber behauptet Heinemann, die Zahlungsfähigkeit der EU sei höher einzuschätzen als die einiger Mitgliedstaaten. Aufgrund dieser Beurteilung stünde der EU auf den Kapitalmärkten ein beinahe unbegrenzter Finanzierungsspielraum zur Verfügung (Vgl.: Heinemann 1995: 152). Schon aufgrund der Tatsache, dass die Einnahmen und Ausgaben der Gemeinschaft im heutigen System durch die finanzielle Vorausschau zumindest für die Laufzeit der Eigenmittelbeschlüsse vorhersehbar sind, kann von einer unbegrenzten Bonität der EU nicht gesprochen werden. Die Genehmigung einer Verschuldungskompetenz müßte also mit einer Änderung der Einnahmestruktur einhergehen.

[191]Vgl. zusammenfassend: Heinemann 1998: 38f.

den Argumente für eine zentralisierte europäische Verschuldungskompetenz.[192] Ein Verschuldungsrecht für die Gemeinschaft würde auch nach Meinung des Sachverständigenrates ein nicht erwünschtes Wachstum der Ausgaben sowie einen Zentralisierungsschub in Richtung auf den Zentralhaushalt der Gemeinschaft nach sich ziehen.[193] Auch vor dem Hintergrund der Bemühungen der Mitgliedstaaten, ihre nationalen Budgetdefizite in den Griff zu bekommen, erscheint eine *„EU-Verschuldungskompetenz* (als) *ein großer Schritt in die falsche Richtung.“* (Heinemann 1998: 40).

6. Europäische Union und Grundgesetz - Konfliktpotentiale

Vorangehend sind drei unterschiedliche Modelle für die Ausgestaltung der öffentlichen Finanzen der Europäischen Union vorgestellt worden. Die Modelle des Wettbewerbsföderalismus und des kooperativen Föderalismus beschäftigen sich dabei hauptsächlich mit den Auswirkungen des einen oder des anderen Modells für die Funktionsfähigkeit des öffentlichen Budgets. Die Konzeption von Biehl setzt grundlegender und zugleich praxisorientierter an: Die Ableitung von Handlungsempfehlungen aus der ökonomischen Theorie des Föderalismus in Anwendung auf die Finanzierungsstruktur der Europäischen Gemeinschaften. Gleichwohl erscheint dieses Konzept mit seinen zehn ökonomischen Prinzipien etwas zu abstrakt, um es in Form einer Schablone unverändert auf die öffentlichen Finanzen der Europäischen Union anzuwenden.
Die von Biehl erhobene Forderung nach einer eigenen Steuerhoheit für die Europäische Union mag aus der Sicht der ökonomischen Theorie des Föderalismus durchaus einleuchten, ebenso die Ablehnung durch die Theorie des kompetitiven Föderalismus. Diese Frage berührt neben der ökonomischen Dimension jedoch

---

[192] Vgl.: Caesar 1996: 14f., der seiner Untersuchung folgende Kriterien zugrunde legt: die Äquivalenz von Kostenträgern und Nutzern, die instrumentale Rechtfertigung öffentlicher Verschuldung, externe Effekte öffentlicher Verschuldung, unterschiedliche regionale Voraussetzungen und politökonomische Überlegungen.

[193] Vgl.: Sachverständigenrat 1994: Ziffer 321.

weitere Felder, die nicht unerhebliche Konfliktpotentiale in sich bergen. In diesem Zusammenhang soll im Folgenden zunächst auf das Verhältnis zwischen der verfassungsrechtlichen Situation in der Bundesrepublik und den Bestrebungen, der Gemeinschaft eine (wenn auch begrenzte) Einnahmeautonomie zu verschaffen, eingegangen werden.

6.1. Normative Rahmenbedingungen

Grundlage für den Souveränitätstransfer von der bundesdeutschen auf die europäische Ebene bildete bis zur Ratifikation des Maastrichter Vertrages und der damit in unmittelbaren Zusammenhang stehenden Grundgesetz-Änderung der Art. 24 Abs. 1 GG (Übertragung von Hoheitsrechten, Anschluss an kollektives Sicherheitssystem). Er erlaubt dem Bund, Hoheitsrechte auf zwischenstaatliche Einrichtungen zu übertragen. Diese Übertragung konnte unter Umständen auch Hoheitsgewalten berühren, die bis dahin in den originären Zuständigkeitsbereich der Länder fielen.[194] Unter diesem Gesichtspunkt betrachtet war der Bund somit in Anlehnung an Art. 24 Abs. 1 GG alleiniger Träger der Integrationsgewalt.[195]
In der politischen Praxis der Bundesrepublik wurde jedoch die Übertragung von Hoheitsrechten auf die europäische Ebene seit den Römischen Verträgen stets mit Zustimmung des Bundesrates vorgenommen.[196]
Der Art. 24 GG als das *„entscheidende verfassungsrechtliche Instrument"* (Schmidt-Bleibtreu / Klein 1999: 606) dieser Hoheitsübertragungen sollte mit der Ratifikation des Vertrages von Maastricht dennoch eine Revision dahingehend erfahren, dass eben die *„Landesblindheit"* (Kremser / Leisner 1999: 151 zitiert nach Hans-Peter Ipsen in FS für Hallstein 1966: 248 [256]) des Europarechts nicht

[194]Bleckmann 1997: 436, Rn. 1238.

[195]Vgl. ausführlich zum Art. 24 GG Schmidt-Bleibtreu / Klein 1999: 603ff.

[196]Vgl.: Klatt 1998: 49f.

zu einer folgenschweren Konfrontation mit dem dt. Verfassungsrecht führt.[197] Unter dem Begriff der „Landesblindheit“ wird hier primär der Umstand subsumiert, dass die entscheidenden Bestimmungen des primären Vertragsrechts lediglich einen Dualismus von Nationalstaat und supranationaler europäischer Ebene berücksichtigen. Die weitere Untergliederung der Mitgliedstaaten blieb zunächst weitgehend unberücksichtigt. Der föderale Aufbau der Bundesrepublik mit der relativ starken Stellung der Länder, auch was die Hoheitsrechte und die Mitbestimmung bei der Gesetzgebung des Bundes betrafen, waren zunächst nicht problematisch.[198] Darüber hinaus hatte das Problem aber auch die bereits angesprochene, innerstaatlich-verfassungsrechtliche Dimension. Der quasi als „Alleinvertretungsanspruch“ zu wertende Inhalt des Art. 24 Abs. 1 GG führte mit voranschreitender Integration in Verbindung mit der „Landesblindheit“ des Europarechts zu einer als *„doppelte Politikverflechtung“* (Hrbek 1986: 17f.) charakterisierten Dilemmasituation, die spätestens mit der Weiterentwicklung der Europäischen Gemeinschaften zu einer Europäischen Union durch den Vertrag von Maastricht einer Lösung bedurfte. Die bewusst angelegte Europaoffenheit des Grundgesetzes in Gestalt der Präambel in Verbindung mit Art. 24, Abs. 1 GG stieß offenbar an ihre natürlichen Grenzen und drohte zu einer Sollbruchstelle der weiteren Integrationsbemühungen zu werden.

---

[197] Am 07.02.1992 verabschiedete der Deutsche Bundestag das Zustimmungsgesetz zum Vertrag von Maastricht (BGBl. II S. 1251). Das Grundgesetz wurde mit der Neufassung des Art. 23 GG am 21.12.1992 (BGBl. I S. 2086) geändert. Gegen beide Gesetze wurde Verfassungsbeschwerde vor dem BVerfG. eingelegt. Das Urteil des Zweiten Senats vom 12. Oktober 1993 erklärte beide Gesetze für verfassungskonform und wies die Beschwerden zurück. Einer der Beschwerdevertreter sah trotz dieser Niederlage *„das Verfassungsrecht der Europäischen Gemeinschaft paradigmatisch verändert"* (Schachtschneider 1994: 1). Oppermann / Classen beurteilen hingegen die Verfassungsbeschwerden als den Versuch, *„in Karlsruhe revidieren zu wollen, was in Bonn anerkannt wurde."* (Dies. 1993: 11, die nachfolgend in einer sehr klaren Argumentation die Grundgesetzkonformität des Unionsvertrages erläutern).

[198] Zum Zeitpunkt des Abschlusses der Römischen Verträge war die Bundesrepublik der einzige föderal gegliederte Mitgliedstaat. Belgien, als weiteres Gründungsmitglied der Europäischen Gemeinschaften, hat sich in mehreren Reformschritten mittlerweile ebenfalls in eine föderale Struktur gewandelt. Mit dem Beitritt Österreichs am 01. Januar 1995 kam ein weiterer föderal gegliederter Staat hinzu.

Ausschlaggebend für die Änderung des Grundgesetzes und die Neufassung des durch die Vereinigung Deutschlands „freigewordenen“ Art. 23 GG a. F. war somit die übereinstimmende Meinung sowohl in der wissenschaftlichen Diskussion als auch innerhalb der gemeinsamen Verfassungskommission von Bundestag und Bundesrat[199], dass Art. 24 GG den angestrebten Transfer weiterer Hoheitsrechte an die Europäische Gemeinschaft nicht mehr ausreichend legitimiert hätte.[200] Der qualitative Sprung, den die Gemeinschaft durch die Weiterentwicklung zur Europäischen Union vollzog, sollte verfassungsrechtlich durch den Art. 23 GG n .F. hinreichend abgesichert werden.

Mit der angestrebten Verfassungsänderung sollte auch eine Antwort auf die Frage gefunden werden, ob die Fortentwicklung der Europäischen Gemeinschaft zur Europäischen Union nach Maßgabe des Vertrages von Maastricht nicht in einem unzulässigen Konflikt zu den Vorgaben der Artikel 1 und 20 GG in Verbindung mit Art. 79 Abs. 3 GG stand[201].

Wie bereits dargestellt wurde, konnte der Bund nach Art. 24 GG ohne die Zustimmung der Länder Hoheitsrechte auf zwischenstaatliche Organisationen übertragen.[202] Die Länder setzten bereits im Zustimmungsgesetz zum EWG-Vertrag durch, dass der Bund den Bundesrat ggf. vor der Beschlussfassung im Ministerrat zu informieren hatte. Im entsprechenden Gesetz zur EEA wurde dieses Verfahren insoweit sogar noch verschärft, als dass die Bundesregierung vor der Abstimmung im Ministerrat eine Stellungnahme des Bundesrates einholen musste, die sie dann auch zu berücksichtigen hatte. Mit Hilfe dieses „Bundesratsverfahrens“ war bis

---

[199]Zur Rolle der GVK bei der Neuformulierung des Artikel 23 GG sowie den Verlauf der Verhandlungen vgl. Nitschke 1997: 57ff.

[200]Vgl.: Schmidt-Bleibtreu / Klein 1999: 585 sowie Oppermann / Classen 1993: 13f.

[201]Vgl. zum Art. 23 Abs.1 Satz 1 und 3 in Verbindung mit Art. 79 Abs 3 GG ausführlich die Darstellung bei Commichau 1998: 57ff.

[202]Die Übertragung dieser Hoheitsrechte lief im Prinzip zweistufig ab. Zunächst durch den Abschluss eines völkerrechtlichen Vertrages und anschließend durch ein Zustimmungsgesetz. Ob dieses zustimmungsbedürftig ist, richtet sich nach der Frage, ob ein gleichartiges innerstaatliches Gesetz der Zustimmung des Bundesrates bedürfe. Vgl.: Schmidt-Bleibtreu / Klein 1999: 610.

dahin ein Konflikt insbesondere mit Art. 79 Abs. 3 GG vermieden worden.[203] Das Bundesratsverfahren als *„Kompromisslinie im Bund-Länder-Verhältnis"* (Klatt 1998: 53) war jedoch nicht unumstritten. Kernpunkt der Kritik war die Argumentation, die im Zuge des Bundesratsverfahrens erfolgte Einrichtung einer EG-Kammer beim Bundesrat zur Wahrnehmung originärer Aufgaben des Bundesrates bedürfe einer verfassungsrechtlichen Absicherung.[204]
Durch die Aufnahme des bisherigen Verfahrens in den neuen Art. 23 GG und der damit erfolgten Aufwertung in den Rang einer Verfassungsbestimmung wurde diesen Bedenken schließlich entgegengewirkt. Darüber hinaus sollte die Neufassung von Art. 23 GG den Weg für die Ratifizierung des Unionsvertrages freimachen.[205]

6.2. Transfer steuerrechtlicher Kompetenzen auf die Gemeinschaft - Eine Betrachtung vor dem Hintergrund der geltenden Rechtsprechung

Welche Auswirkungen hätte ein weiterer Transfer nationalstaatlicher Souveränität in Form der Einräumung einer Steuerkompetenz für die Europäische Union vor dem Hintergrund der deutschen Verfassungssituation?

Prinzipiell betrachtet könnte Art. F Abs. 3 des Unionsvertrages i. d. F. vom 07. Februar 1992, in dem es heißt: *„Die Union stattet sich mit den Mitteln aus, die zum Erreichen ihrer Ziele und zur Durchführung ihrer Politiken erforderlich sind."* als eine Kompetenz-Kompetenz zur Einnahmeerzielung ausgelegt werden. Somit stünde er in einem unauflöslichen Widerspruch zum Prinzip der begrenzten Einzelermächtigung. Dieser Auffassung widersprach das BverfG in seinem Urteil

[203] Vgl.: Schmidt-Bleibtreu / Klein 1999: 586f.

[204] Vgl. hierzu: Klatt 1998: 52f.

[205] Vgl. ausführlich zur Entwicklung der bundesrepublikanischen Regelungen zur Beteiligung der Länder an der Entwicklung und der Rechtsetzung der Europäischen Gemeinschaften bzw. der Europäischen Union: Klatt 1998 45ff.

zum Vertrag von Maastricht.

Art. F Abs. 3 EUV stelle keine Kompetenz-Kompetenz dar und ermächtige die Union nicht, *„sich aus eigener Macht die Finanzmittel (...) zu verschaffen, die sie zur Erfüllung ihrer Zwecke für erforderlich erachtet."* Vielmehr sei Art. F Abs. 3 EUV eine *„politisch-programmatische Absicht"* der Mitgliedstaaten, die Union *„in den jeweils dazu erforderlichen Verfahren"* [206](BverfG 89: 155) mit hinreichenden Mitteln auszustatten.[207]

Eine Interpretation von Art. F Abs. 3 EUV in Richtung auf eine Einnahmekompetenz steht neben dem in Art. 269 EGV normierten hohen Zustimmungserfordernis bei Änderungen der Eigenmittelbeschlüsse im Gegensatz zum Prinzip der begrenzten Einzelermächtigung.

Die Finanzverfassung des Grundgesetzes für die Bundesrepublik Deutschland äußert sich generell nicht zu der Frage, was für Auswirkungen die Übertragung steuerrechtlicher Kompetenzen auf die Ebene der Europäischen Union nach sich ziehen würde. Diese Möglichkeit ist streng normativ argumentiert gar nicht vorhanden, da Art. 105 GG *„die **umfassende** Zuständigkeit des Bundes auf dem Gebiete des Steuerrechts niederlegt."* (Schmidt-Bleibtreu / Klein 1999: 1579, Hervorhebung im Original). Hat der Bund von dieser umfassenden Vollmacht Gebrauch gemacht, so ist damit gleichzeitig den Ländern die Möglichkeit verwehrt, eine gleichartige Steuer zu erheben.[208] Würde man nun speziell die letztgenannte Regelung statt nur auf die Länder auch auf die Europäische Union übertragen, so werden beide Überlegungen Hölscheidts zu den Möglichkeiten

[206]Mit dieser Formulierung ist das Verfahren nach Art. 269 Abs. 2 EGV gemeint, der die in Abschnitt B Punkt 4 dieser Arbeit genauer dargestellten hohen Ratifizierungsanforderungen an einen Eigenmittelbeschluss normiert.

[207]Vgl. hierzu auch: Hölscheidt 1997: 451f. sowie Oppermann / Classen 1993: 18.

[208]Vgl. Schmidt-Bleibtreu / Klein 1999: 1579f. mit dem einschränkenden Hinweis, dass dieses Verbot aus der Verfassung nicht abzuleiten sei.

einer EU-Steuer hinfällig.[209] Für ihn kommt entweder die Erfindung einer neuen Steuer im Wege der Rechtsetzung durch die Gemeinschaft in Betracht oder eine Art „Zuschlagssteuer“ auf eine bereits bestehende Steuer in den Mitgliedstaaten. Beide Möglichkeiten lehnt er - allerdings aus anderen Gründen als den hier genannten - ab.[210] Auch die Kommission prüft - trotz zufriedener Beurteilung des derzeitigen EU-Finanzierungssystems - in ihrem Bericht über das Funktionieren des Eigenmittelsystems verschiedene Steuerarten, die als neue Eigenmittelart der Gemeinschaft zur Verfügung gestellt werden könnte.[211]

Abgesehen von der Form und Gestaltung, in der eine eventuelle EU-Steuer realisiert werden könnte, müsste zunächst die Frage nach ihrer Verankerung im Rechtssystem der Europäischen Union diskutiert werden. Zwei Möglichkeiten bieten sich an:

- Die Verankerung der entsprechenden Bestimmungen im primären Rechtssystem
- oder eine Änderung des entsprechenden Eigenmittelbeschlusses.

Beide Verfahren entsprächen einer Vertragsänderung und sind somit dem höchsten Zustimmungserfordernis unterworfen. Hieraus ergibt sich für die Verfassung der Bundesrepublik Deutschland folgende Situation:

Erstens müssen bei derartigen Vertragsänderungen die Mitwirkungsrechte der Länder an der Gesetzgebung in der Form gewahrt werden, als dass es sich bei dem zur Vertragsänderung notwendigen Zustimmungsgesetz um ein zustimmungsbedürftiges Gesetz handelt, welches durch den Bundesrat mit verfassungsändern-

---

209 Vgl. zu den folgenden Ausführungen: Hölscheidt 1997: 453f.

210 Die Diskussion um eine finanzielle Autonomie der Gemeinschaft ist seit dem ersten Eigenmittelbeschluss aus dem Jahr 1970 nicht verstummt. In der Tat lässt auch die Formulierung des Art. 269 EGV: *„Der Haushalt wird unbeschadet der sonstigen Einnahmen vollständig aus Eigenmitteln finanziert"* oberflächlich betrachtet einen höheren Autonomie-Grad vermuten, als dies derzeit der Fall ist. Vgl. hierzu kritisch auch Abschnitt B, Punkte 4 und 5 dieser Arbeit.

211 Vgl.: Kommission der Europäischen Gemeinschaften: Die Finanzierung der Europäischen Union. Bericht der Kommission über das Funktionieren des Eigenmittelsystems, Anhang 2. Bei dieser Prüfung geht die Kommission offenbar nicht von einer umfassenden EU-Kompetenz zur Einnahmeerzielung im Sinne einer Steuerhoheit aus, wenngleich sie die Einführung einer neuen EM-Quelle als Steigerung der Finanzierungsautonomie deutet.

der, d.h. mit ⅔-Mehrheit gebilligt werden muss.
Bevor diese Zustimmung erfolgt, müssen die Folgen eines derartigen Souveränitätstransfers für die äußerst sensible Kompetenzverteilung des Grundgesetzes zwischen dem Bund und den Ländern einer genauen Prüfung unterzogen werden. Sollte nämlich durch die Übertragung *„die Substanz der föderativen Finanzverfassung der Länder schlechthin angetastet* (werden)" (Schmidt-Bleibtreu / Klein 1999: 1207), so hätte dies unmittelbare Auswirkungen insbesondere auf die in Art. 28 Abs. 2 GG garantierte finanzielle Eigenverantwortung der Gemeinden im Rahmen der kommunalen Selbstverwaltung. Darüber hinaus wäre die Staatsqualität der Länder als gefährdet anzusehen, wenn es über diesen Weg zu einer Aushöhlung der Zuständigkeiten über die Schranken des Art. 79 Abs. 3 GG hinaus kommen würde.
Die einst von Bodin getroffene Aussage, die Finanzen seien die Nerven des Staates (in diesem Falle des Gliedstaates), erlangt vor diesem Hintergrund eine qualitativ neue Dimension. Unter diesem Aspekt ist die Möglichkeit der Übertragung fiskalpolitischer Kompetenzen an die europäische Ebene eher skeptisch zu beurteilen. Abgesehen von der Tatsache, dass dieser Schritt zumindest verfassungsrechtliche Probleme in Deutschland aufwerfen würde, kann auch das institutionelle System der Gemeinschaft auf dem derzeitigen Integrationsstand unter demokratietheoretischen Gesichtspunkten die Anforderungen in Verbindung mit einer echten Gemeinschaftssteuer derzeit nicht erfüllen.[212]
Unabhängig von der Frage, wie eine Europa-Steuer auch immer ausgestaltet sein mag, ergibt sich darüber hinaus die Frage, ob die Zuweisung einer zentralen Einnahmehoheit an die Gemeinschaft unter politökonomischen Gesichtspunkten überhaupt wünschenswert erscheint. Hier stehen sich die eingangs dieses Kapitels vorgestellten Modelle des kooperativen und des kompetitiven Föderalismus gegenüber.[213]

---

[212]Erinnert sei in diesem Zusammenhang an die Unterteilung der Ausgaben in obligatorische und nicht obligatorische Ausgaben und die damit zusammenhängende Einschränkung der Entscheidungsbefugnisse des Europäischen Parlamentes. Vgl. Fußnote 135 dieser Arbeit.

[213]Vgl. hierzu auch: Caesar 1996: 256f.

Neben dieser formaljuristischen Dimension soll im folgenden Kapitel ein weiterer Aspekt untersucht werden, der sich mit den Funktionen eines öffentlichen Budgets im Sinne der traditionellen Finanzwissenschaft auseinandersetzt.

Abschnitt D: Finanzverfassung und Staatsaufgaben

1. Welche Funktionen für das Budget der Gemeinschaft?

Viele der Untersuchungen, die die öffentlichen Finanzen der Europäischen Union zum Gegenstand haben, behandeln vorwiegend zwei zentrale Problembereiche: Wie kann bei der zukünftigen Finanzierung ein möglichst hoher Grad an Beitragsgerechtigkeit verwirklicht werden und welches Finanzierungssystem braucht die Union, um den Anforderungen der Zukunft gerecht zu werden?[214] Letztere Frage diskutiert dabei auch das Problem eines Finanzausgleichmechanismus für die präföderalen Strukturen des europäischen Staatenverbunds.

Die Grundlagen für alle diese Diskussionen liegen dabei in den Funktionen, die die in der Tradition von Musgrave stehende Finanzwissenschaft dem öffentlichen Budget im engeren Sinne und der Finanzverfassung im weiteren Sinne zuordnet:[215]

- Im weiteren Sinne: Die Finanzverfassung als Teil der Staatsverfassung, die einen großen Teil des öffentlichen Systems strukturiert[216] (Verfassungsfunktion).
- Im engeren Sinne: Die von der Finanztheorie an die (Finanz-)Verfassung zugewiesenen Ziele der Distribution, der Allokation und der Stabilisierung (Leistungsfunktion).

---

[214] Exemplarisch seien hier genannt: Kraff 1997; Wissenschaftlicher Beirat beim Bundesministerium für Wirtschaft und Technologie 1998 (zitiert als Beirat 1998) sowie Kommission der Europäischen Gemeinschaften: Die Finanzierung der Europäischen Union. Bericht der Kommission über das Funktionieren des Eigenmittelsystems

[215] Diese Funktionszuweisung an das öffentliche Budget geht auf die Arbeiten von Richard A. Musgrave zurück, der der öffentlichen Finanzwirtschaft eine allokative, eine distributive und eine stabilisierende Funktion zuordnete. Vgl.: Musgrave / Musgrave / Kullmer 1994: 01 ff. sowie zur Geschichte der Finanzwissenschaft: Blankart 1998: 19 - 36.

[216] Hat sich die Staatsverfassung für eine föderative Ordnung entschieden, dann kommt der Finanzverfassung entscheidende Bedeutung für die Strukturierung des Systems zu. Die Verteilung der Aufgaben, der Ausgaben und der Einnahmen (Finanzausgleich im weiteren Sinne) determiniert tiefgreifend die Handlungsfähigkeit der politischen Einheiten.

Zu untersuchen wäre in diesem Fall, ob dieses Verständnis von (Finanz-) Verfassungsaufgaben und somit von Staatsaufgaben noch dem gegenwärtigen Stand der Entwicklung entspricht oder ob die Realität diese Aufgabenzuweisung mittlerweile hat obsolet werden lassen.

Diese Untersuchungen sollen, aufbauend auf den im vorherigen Kapitel gemachten Aussagen zu den limitierenden deutschen Verfassungs- bzw. Grundgesetz-Faktoren, belegen, dass die Ausweitung fiskalpolitischer Kompetenzen nicht nur an die Grenzen verfassungsrechtlicher Möglichkeiten stößt, sondern auch unter den Prämissen der traditionellen Finanzwissenschaft (was die Funktionen eines öffentlichen Budgets betrifft) kritisch zu beurteilen ist.
Somit wird sich der abschließende Teil der Untersuchung in folgendem Schema bewegen:

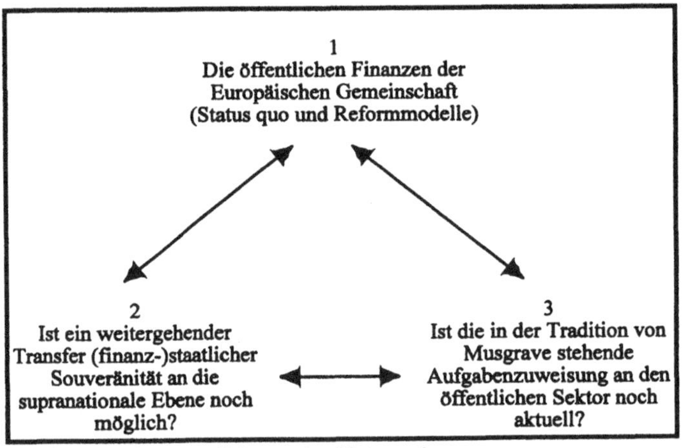

Abbildung 13: Schema der Untersuchung
Quelle: Eigene Darstellung

2. Nachtwächter- oder Interventionsstaat?

„*Steuerungsverzicht* (und) *Steuerungsfähigkeit des Staates*" (Hesse 1990: 18); in diesem Spannungsfeld bewegt sich die Kontroverse um die zukünftige Rolle des Staates und der Verfassung. Beide Begriffe stehen in einem sehr engen Zusammenhang mit den Begriffen des »Marktversagens« und des »Staatsversagens«[217]. Ein diagnostiziertes Versagen des Marktes ist dabei stets mit der Erwartung an staatliches Handeln verknüpft. Da wo der Markt nicht in der Lage ist, optimale Ergebnisse zu erzielen, soll der Staat Verantwortung übernehmen und für die gewünschten Resultate sorgen. Das beste Beispiel für diese Aufgabenzuordnung an eine staatliche Finanzpolitik ist die redistributive Wirkung des öffentlichen Budgets, also die gesellschaftlich gewünschte Umverteilung von Einkommen. Darüber hinaus wird dem Staat die Verantwortung für eine optimale Verteilung der Produktionsfaktoren und für ökonomisches Wachstum oder zumindest für die Stabilisierung der Wirtschaft im Zeitablauf zugewiesen.
Eine ähnliche Aufgabenzuweisung für die öffentlichen Finanzen ist auch auf der Ebene der Europäischen Gemeinschaft festzustellen. Obwohl die Gemeinschaft nach dem hier vorliegenden Befund keine Staatsqualität besitzt, ist in ihrer primärrechtlichen „Verfassung" ein Aufgabenkatalog verankert, der die Verwendungsmöglichkeiten des Budgets vorgibt.[218]
Dieser Ziel- und Regelungskatalog bildet die Grundlage für die finanzielle Umverteilung, wie sie heute durch das öffentliche Budget der Union vorgenommen wird.

---

[217]Vgl.: Bull 1990: 31

[218]Neben den im folgenden Abschnitt genannten Aufgabenbereichen des Art. 3 EGV beinhaltet auch der Art. 2 EGV alle drei Funktionszuweisungen der traditionellen Finanzwirtschaft an ein öffentliches Budget. Allokationstechnisch beinhaltet das Ziel der Schaffung eines Gemeinsamen Marktes die Aufgabe für die Gemeinschaft, die Rahmenbedingungen für einen freien Binnenmarkt ohne wettbewerbsverzerrende Anreize und somit für eine optimale Faktorallokation zu schaffen. Das stabilisierende Element hat durch die Aufgabe, für ein hohes Beschäftigungsniveau und beständiges, nicht-inflationäres Wachstum zu sorgen, Eingang in den Vertrag gefunden. Unter distributionspolitischen Gesichtspunkten schließlich ist das Ziel des wirtschaftlichen und sozialen Zusammenhalts und der Solidarität zwischen den Mitgliedern zu interpretieren.

3. Grundlagen finanzieller Umverteilung in der Europäischen Gemeinschaft

Obwohl der europäische Einigungsprozess (einem funktionellen Integrationsmodell folgend) zunächst auf einige wenige ökonomische Teilbereiche ausgerichtet wurde, bekannten sich die Signatarstaaten der Römischen Verträge doch zu einem gemeinsamen, der ökonomischen Dimension übergeordneten, Zielkatalog. So heißt es denn auch in der letzten Begründungserwägung der Präambel des EGV, dass die Unterzeichnerstaaten entschlossen sind *„durch diesen Zusammenschluss ihrer Wirtschaftskräfte Frieden und Freiheit zu wahren und zu festigen, (...)"*.

Das ebenfalls in der Präambel verankerte Ziel, die *„Volkswirtschaften zu einigen und deren harmonische Entwicklung zu fördern, indem sie den Abstand zwischen einzelnen Gebieten und den Rückstand weniger begünstigter Gebiete verringern"*, soll hier als Sekundärziel zur Erreichung von Frieden und Freiheit interpretiert und als Ausgangspunkt der heute praktizierten Struktur- und Regionalpolitik gesehen werden. Das Gebot der Solidarität findet im ersten Teil des EGV (Grundsätze) im Art. 2 (Aufgabe der Gemeinschaft) noch einmal eine ausdrückliche Erwähnung, in dem es zur Aufgabe der Gemeinschaft erklärt wird, *„den wirtschaftlichen und sozialen Zusammenhalt und die Solidarität zwischen den Mitgliedstaaten zu fördern."*

Handelte es sich bei den sechs Gründungsmitgliedern der EWG von 1957 (Deutschland, Frankreich, Belgien, Luxemburg, Italien und die Niederlande) noch um eine in ökonomischer Hinsicht relativ homogene Staatengemeinschaft, so wurden durch die verschiedenen Erweiterungen auf zunächst neun, (Dänemark, Großbritannien, Irland -1973), später zehn (Griechenland - 1981), dann zwölf (Spanien und Portugal - 1986) auf schließlich fünfzehn Mitgliedstaaten (Finnland, Österreich und Schweden 1995), die regionalen Entwicklungsunterschiede innerhalb der Europäischen Gemeinschaft immer deutlicher.[219]

[219] 1996 lag das Bruttoinlandsprodukt (BIP) pro Kopf in fast jeder vierten Region der Gemeinschaft unter 75% des EU-Durchschnitts. Vgl.: EUROSTAT (Hrsg.): Statistik kurzgefasst / Regionen, Nr. 01/1999.

Hinzu kam durch die Revisionen der Gründungsverträge die Ausweitung der Aufgaben, die in den originären Zuständigkeitsbereich der Gemeinschaft fielen. Exemplarisch soll hier der durch die Einheitliche Europäische Akte von 1986 in die Verträge eingefügte Art. 158 (Art. 130a EGV a.F.) Erwähnung finden, der es der Gemeinschaft zur Aufgabe macht *„(...) die Unterschiede im Entwicklungsstand der verschiedenen Regionen und den Rückstand der am stärksten benachteiligten Gebiete oder Inseln, einschließlich der ländlichen Gebiete, zu verringern."*[220]

Mit dem Vertrag über die Europäische Union sollten zu diesem Zweck nach Art. 161 EGV (Art. 130d EGV a.F.) die Strukturfonds neu geordnet werden und ein Kohäsionsfonds zur Finanzierung der Bereiche Umwelt und Verkehrsinfrastruktur (Transeuropäische Netze - TEN) geschaffen werden.[221]

Damit fand eine Entwicklung ihren vorläufigen Abschluss, während der sich die Gemeinschaft ein Fondssystem zugelegt hat, welches bei Einbeziehung der Gemeinsamen Agrarpolitik ungefähr 80% des Gemeinschaftshaushalts beansprucht.[222] Selbst wenn man den EAGFL aus der Betrachtung herausnehmen würde, umfassen die strukturpolitischen Maßnahmen immer noch ca. 40% der zur Verfügung stehenden Mittel des Gesamthaushalts. Diese Tatsache wird von Erlei nicht zu Unrecht als impliziter europäischer Finanzausgleich bezeichnet.[223]

Neben den seit jeher im europäischen Einigungsprozeß angelegten Solidaritätsgedanken tritt zur Legitimation finanzausgleichspolitischer Tätigkeiten der in Art. 3 EGV umrissene, und in den Art. 23 -181 EGV präzisierte, primärrechtlich verankerte Katalog von Aufgaben, die mittlerweile in den Zuständigkeitsbereich der Gemeinschaft fallen und somit originäre Ausgaben nach sich ziehen

[220]Der Zusatz *„oder Inseln"* ist durch den Vertrag von Amsterdam in den ursprünglichen Art. 130a EGV eingefügt worden.

[221]Vgl.: Konegen, Norbert: The Regional and Structural Policy of the European Union

[222]Im Haushaltsplan 1999 beanspruchte der Teileinzelplan Bl (EAGFL-Garantie) 42,2% der Mittel für Verpflichtungen und der Teileinzelplan B2 (Strukturmaßnahmen) 40,5% der Mittel für Verpflichtungen. Vgl.: Kommission Haushaltsvademekum Ausgabe 1999, S.80.

[223] Vgl.: Erlei 1997: S. 02

können.[224] Hier wären zu nennen:[225]

- Der Binnenmarkt und alle damit zusammenhängenden Komponenten wie freier Warenverkehr, Zollunion etc. (Art. 23 - 31 EGV).
- Die Gemeinsame Agrarpolitik (Art. 32 - 38 EGV)
- Die Freizügigkeit von Personen sowie freier Dienstleistungs- und Kapitalverkehr (Art. 39 - 60 EGV)
- Freier Personenverkehr (Art. 61 - 69 EGV)
- Die Gemeinsame Verkehrspolitik (Art. 70 - 80 EGV)
- Wettbewerbs- und Steuerpolitik, Angleichung der Rechtsvorschriften (Art. 81 - 97 EGV)
- Wirtschafts- und Währungspolitik (Art. 98 - 124 EGV)
- Beschäftigung (Art. 125 - 130 EGV)
- Die Gemeinsame Handelspolitik (Art. 131 - 134 EGV)
- Zusammenarbeit im Zollwesen (Art. 135)
- Sozialpolitik, allgemeine und berufliche Bildung und Jugend (Art. 136 - 150 EGV).
- Kulturpolitik (Art. 151 EGV)
- Gesundheitswesen (Art. 152 EGV)
- Verbraucherschutz (Art. 153 EGV)
- Transeuropäische Netze (Art. 154 - 156 EGV)
- Industriepolitik (Art. 157 EGV)
- Wirtschaftlicher und sozialer Zusammenhalt (Art. 158 - 162 EGV)
- Forschung und technologische Entwicklung (Art. 163 - 173 EGV)
- Umweltpolitik (Art. 174 - 176 EGV)
- Entwicklungszusammenarbeit (Art. 177 - 188 EGV)

[224]Walthes argumentiert, dass dieses, praktisch keinen Lebens- und Wirtschaftsbereich auslassende "Sammelsurium" des Art.3 EGV, zu einer »Allzuständigkeit« der europäische Ebene führt (Vgl.: Walthes 1995: 63). Dem steht jedoch das als *"Kompetenzschranke"* (Bleckmann 1997: 150) wirkende Prinzip der begrenzten Einzelermächtigung sowie das (allerdings noch auszugestaltende) Gebot der Subsidiarität nach Art. 3b EGV gegenüber.

[225] Angemerkt werden muss an dieser Stelle, dass nur wenige der auf den ersten Blick relativ breit angelegten Zuständigkeitsbereiche der Gemeinschaft auch tatsächlich ausgabenintensiv wirksam werden. Ein Blick auf die Ausgabenstruktur des Gemeinschaftshaushaltes genügt, um hier die bereits genannten Politikbereiche Gemeinsame Agrarpolitik und Strukturpolitik als kostenwirksamste Politikbereiche zu identifizieren. Vgl.: Abb. 16.

Zusammenfassend lässt sich also festhalten, dass neben der kohäsionspolitischen Zielsetzung und dem Gebot der Solidarität unter den Mitgliedstaaten die bereits vorgenommene Aufgabenzuweisung durch das Primärrecht dem öffentlichen Sektor der Europäischen Gemeinschaft sowohl ein distributives (z. B. Agrar-, Struktur- und Kohäsionspolitik), als auch ein allokatives Element (z. B. Wettbewerbs- und Industriepolitik) im Sinne von Musgrave zugeordnet werden kann.[226]

Abweichend von den drei klassischen Budgetfunktionen nach Musgrave ordnen einige Autoren dem Finanzsystem der EU aber noch eine weitere Funktion zu. Zur Erklärung der Entstehung des struktur- und regionalpolitischen Instrumentariums der Gemeinschaft wird die Kompensationsfunktion des EU-Budgets angeführt. Es wird argumentiert, die Zustimmung aller Staaten zu bestimmten integrationspolitischen Maßnahmen sei nur durch die Bereitstellung von Ausgleichszahlungen zu erreichen gewesen. Die Befürchtung, bei fortschreitender Integration zu den ökonomischen Verlierern zu gehören, kann die Mitgliedstaaten dazu verleiten, bei Entscheidungen mit Einstimmigkeitserfordernis unter Androhung eines Vetos Kompensationsmaßnahmen zu verlangen.[227] Nach Heinemann wird die Kompensationsforderung unter einem *„allokativen Deckmantel"* (Heinemann 1999: 294) versteckt, um den (falschen) Annahmen der traditionellen finanzwissenschaftlichen Literatur zu entsprechen.[228] Durch diese Pareto-Strategie der europäischen Integration soll ein Fortgang eben dieser überhaupt erst ermöglicht werden, ohne dass ein Staat nach erfolgter Vertiefung schlechter gestellt ist als vorher. Trotz der

---

[226]Vgl.: Folkers 1995: 90 f. sowie Erlei 1997: 05f. mit weiteren Nachweisen.

[227]Vgl.: Folkers 1995: 99ff., ähnlich: Caesar 1996: 258.

[228]Der auf Grundlage des Art. 161 EGV im Zuge der Entwicklung der Gemeinschaft zu einer Wirtschafts- und Währungsunion errichtete Kohäsionsfonds (Abl. L 130/1 vom 25.05.1994) kann als praktisches Beispiel für diese Art des „package deal" herangezogen werden. Die ohnehin wirtschaftlich schwächeren „Peripherie-Staaten" befürchteten, bei normaler wirtschaftlicher Entwicklung die Konvergenzkriterien zum Eintritt in die Währungsunion zu verfehlen. Unter dem „Deckmantel", Infrastrukturmaßnahmen (TEN) sowie Maßnahmen im Bereich des Umweltschutzes zu unterstützen, sollten diese Staaten Mittel aus dem Kohäsionsfonds erhalten. Als Kriterium für die Empfängerstaaten galt ein pro-Kopf-BSP, dass unterhalb von 90% des Gemeinschaftsdurchschnitts lag. Somit ergab sich ein Kreis aus Empfängermitgliedstaaten, der sich aus Griechenland, Spanien, Portugal und Irland zusammensetzte.

Kritik sieht Heinemann die Kompensationsfunktion des EU-Haushaltes sogar als durchaus notwendig und legitim an. Sie ermögliche erst eine ökonomische und politische Integration zum allseitigen Vorteil. Dass die Verlierer der ökonomischen Integration in diesem Prozess von den Gewinnern entschädigt werden, stellt für ihn gar nicht mal das entscheidende Problem dar. Vielmehr solle sich die Europapolitik endlich der Dominanz der Kompensationsfunktion des Gemeinschaftsbudgets stellen, um unnötige Ineffizienzen zu vermeiden.[229]

Die Richtigkeit der These von der kompensatorischen Aufgabe des Gesamthaushaltes, aus der Folkers im übrigen seine Ablehnung einer EU-Steuer ableitet, steht hier nicht zur Diskussion. Sollte es sich jedoch so verhalten, so kann dies eben gerade als Grund für einen geregelten Finanzausgleichsmechanismus interpretiert werden. Durch eine primärrechtliche Fixierung könnten die erwarteten Effizienz- bzw. Tauschgewinne bei Abschluss von Verträgen von vornherein minimiert werden.
Der Befund wirft aber grundsätzlich die Frage auf, ob die Diskussionen um eine Reform der öffentlichen Finanzen, die sich vorwiegend um die Frage der Beitragsgerechtigkeit und der Leistungsfähigkeit des Eigenmittelsystems dreht, nicht zu kurz greifen. Wäre es statt dessen nicht vielmehr angezeigt, die Funktionen der öffentlichen Finanzwirtschaft der Gemeinschaft zu überprüfen und ggf. neu zu definieren? Wenn eine neue „Finanzverfassung" den Einstieg in eine Gesamtverfassung bildet, sollen dieser Finanzverfassung dann auch die Aufgaben zugeordnet werden, die ein öffentliches Budget in einem der klassischen Nationalstaaten erfüllt?

Die Diskussion um Staatsaufgaben und Staatszielbestimmungen in Bezug auf die Verfassung im allgemeinen ist dabei durchaus nicht neu. Bereits vor mehr als einhundert Jahren hat der Berliner Staatswissenschaftler ADOLPH WAGNER sein »Gesetz der zunehmende Staatstätigkeit« formuliert. Er schrieb, *„(...) das bei fortschreitenden Culturvölkern (...) regelmäßig eine Ausdehnung der Staats-*

[229]Vgl.: Heinemann 1999: 294.

thätigkeit und der gesamten öffentlichen (...) Täthigkeiten erfolgt. "[230]
Die heute dominierenden Gründe für die Ausweitung der Staatstätigkeit sind im wesentlichen auf die umfassenden Regelungsbereiche zurückzuführen, die moderne Verfassungen dem öffentlichen Sektor zuweisen. Da unter Ausweitung in diesem Sinne eine Vergrößerung des öffentlichen Budgets zu verstehen ist, kommt an dieser Stelle die Finanzverfassung mit ihren verschiedenen Funktionen nach Musgrave ins Spiel.[231]
Dieses Staats- und (Finanz-)Verfassungsverständnis soll in folgender Abbildung skizziert werden:

[230]Grundlegung der politischen Oekonomie, 2 Bände 1876; 3. Auflage 1892 - 1894, 1. Theil, 1. Halbbd., S. 393. Zitiert nach Stern 1994a: 05.

[231]Das Phänomen der wachsenden öffentlichen Etats ist nicht nur von Wagner untersucht worden. Teilweise andere Erklärungsansätze bieten: A. Brecht (1932):Internationaler Vergleich der öffentlichen Ausgaben, Grundfragen der internationalen Politik, H. 2, Leipzig, der einen Zusammenhang zwischen Bevölkerungswachstum und Ausgabenentwicklung herstellt, sowie J. Popitz (1927): Der Finanzausgleich, HdF, Bd. 2, Tübingen, S. 338 - 375, der die Anziehungskraft des größten Etats als Grund für steigende Staatsausgaben identifiziert. Daneben gibt es noch die Ansätze von A. Peacock und T. Wiseman (1979): Approaches to the Analysis of Government Expenditure Growth, Public Finance Quarterly 7, S 3ff.. und H. Timm (1961): Das Gesetz der wachsenden Staatsausgaben, Finanzarchiv 21, S.236ff. Vgl. zu allen Ansätzen die zusammenfassende Darstellung bei Littmann (1977).

Der Staat (die Europäische Union)	
Aufgaben und Funktionen der Verfassung (des Primärrechts):	
Verfassungsfunktion	**Leistungsfunktion**
„Kern- oder Grund- oder Primäraufgaben“ (Stern 1984a: 16) • Recht und Ordnung • innere und äußere Sicherheit • Währungssystem • öffentlicher Dienst • demokratische Willensbildung • Schutz der Verfassung • Außenpolitik	• Sozialstaatsprinzip • Rechtstaatsprinzip • föderales Prinzip **Resultat:** Der *„regelungsintensive Industriestaat“* (Stern 1984a: 17) **Im Rahmen der Wirtschafts- und Finanzverfassung (Musgrave 1994: 06ff.):** • Allokation • Distribution • Stabilisierung

Tabelle 3: Schematische Darstellung zu den Aufgaben und Funktionen einer Verfassung:
Quelle: Eigener Entwurf

Dieses Staats- und Verfassungsverständnis veranschaulicht Stern sehr deutlich, wenn er schreibt:

> *„Die Verfassungsidee des sozialen Rechtsstaats freiheitlicher Demokratie dürfte heute zum Grundmuster der westlichen Demokratien überhaupt geworden sein. Die Existenz dieses Staatstypus ist in der westlichen Welt* (und damit auch in der Europäischen Union, Anm. d. Verf.) *im Prinzip unkorrigierbar.“* (Stern 1984a: 17).

Wenn aber ein solches Verfassungsverständnis zu eben jenem „regelungsintensiven Industriestaat“ geführt hat und selbige Entwicklung auch für die Zukunft der Europäischen Union mit allen finanzpolitischen Konsequenzen zu erwarten ist, dann muss dieses Verfassungsverständnis, zumindest für den Bereich, den der Gesetzgeber mit „Leben“ erfüllt und der i. d. R. ausgabenwirksam wird, neu

überdacht werden.[232]
Dies gilt auch oder insbesondere für den Bereich der öffentlichen Finanzen einer weiter zusammenwachsenden Europäischen Union. Die Kombination der beiden Elemente Verfassung bzw. Primärrecht und öffentliche Finanzen mit den entsprechenden Aufgabenzuweisungen muss von den herkömmlichen Modellen abgelöst werden, um eine Staatsquotenentwicklung wie in den Mitgliedstaaten zu vermeiden.

4. Der regelungsintensive Steuerstaat oder: Sind die Funktionen des öffentlichen Sektors nach Musgrave noch aktuell?

Wie bereits mehrfach erwähnt, ordnet Musgrave die öffentlichen Einnahmen und Ausgaben als Instrument des Staates zur Erreichung von drei bestimmten Zielen ein:[233]

- Die als *Allokationsfunktion* bezeichnete Bereitstellung eines öffentlichen Güterangebotes und damit die Einflussnahme auf die Verteilung der vorhandenen Ressourcen zwischen dem öffentlichen und dem privaten Sektor.
- Die als *Distributionsfunktion* bezeichneten Eingriffe des Staates mittels des öffentlichen Budgets zwecks *„Korrektur der Verteilung von Einkommen und Vermögen in Übereinstimmung mit dem, was die Gesellschaft als 'fairen' oder 'gerechten' Verteilungsstand ansieht;(...)"*. (Musgrave et. al. 1994: 5f.)
- Und schließlich den, als *Stabilisierungsfunktion* bezeichneten, Einsatz des

[232]Stern argumentiert in diesem Zusammenhang - ohne es ausdrücklich zu erwähnen - mit den Kernaussagen der Neuen Politischen Ökonomie, wenn er feststellt: *„Dem Sozialstaatsprinzip wohnt zwar - begrenzte - Verpflichtungskraft für alle drei Gewalten inne, aber konkrete Ansprüche ohne gesetzgeberische Konkretisierung werden aus ihm nicht abgeleitet. Es bleibt also primär dem Gesetzgeber überlassen, die vielfältigen Inhalte des Prinzips zu verwirklichen - und er hat es reichlich getan."* (Stern 1984a: 17) Auch die Gründe für diese Entwicklung werden angesprochen: *„Da aber der über eine in den Finanzverfassungsnormen kaum eingegrenzte Finanzgewalt verfügende Steuerstaat (...) dazu neigt, Wohltaten zu verteilen, ohne dass die Frage der Finanzierung im Lichte des Kosten-Nutzen-Prinzips geprüft wird, ist nach den Vorkehrungen der Verfassung für* ***normative*** *Schranken zu fragen."* (Ebd.: 20)

[233]Vgl.: Musgrave et. al. 1994: 05f.

Budgets zur Aufrechterhaltung bzw. zur Erreichung gesamtwirtschaftlicher Ziele wie Vollbeschäftigung, Preisniveaustabilität etc.

Diese traditionelle finanzwissenschaftliche Funktionszuweisung ist auf den Nationalstaat klassischer Prägung gemünzt. Ihr liegt ein Verständnis vom „*Nationalstaat als dominant handelnde Institution in nationalen und internationalen Wirtschaftsbeziehungen*" (Weckwerth 1998: 01) zugrunde.[234]

Bezüglich der Handlungsfähigkeit von Staaten auf der einen Seite, und den am Wirtschaftsprozess teilnehmenden Akteuren privater Natur auf der anderen Seite, läßt sich jedoch heute eine zunehmend ambivalente Entwicklung feststellen. Während sich die Reichweite staatlicher Wirtschaftspolitik i. d. R. mit der Ausdehnung des eigenen Territoriums deckt, können Unternehmen in einer zunehmend liberalisierten Weltwirtschaft ihre Entscheidungen wesentlich freier von Restriktionen staatlicher Natur treffen. „*Das Verhältnis zwischen Staat und Unternehmen erfährt dadurch eine wesentliche Änderung.*" (Ebd.: 01). Und weiter: „*Die Möglichkeiten für den Staat, auf das Wirtschaftsgeschehen Einfluß zu nehmen, werden dadurch erheblich geschwächt.*" (Ebd.: 02).

Im Folgenden soll nun untersucht werden, welchen Stellenwert die drei traditionellen Funktionen einer öffentlichen Finanzwirtschaft im nationalen und supranationalen Kontext vor dem Hintergrund einer zunehmenden Verflechtung der Märkte für Waren, Personen, Dienstleistungen und Kapital zukünftig noch haben werden.

---

[234]Darüber hinaus liegen dieser Interpretation der Finanzverfassung bestimmte Annahmen über Verhaltensweisen politischer Entscheidungsträger zugrunde. Durch den effizienten Einsatz des Budgets werden die Ziele der Allokation, der Distribution und der Stabilisierung wohlfahrtsmaximierend erreicht. Die Gegenposition dieser wohlfahrtstheoretischen Sichtweise bildet die „Public Choice-Theorie", die behauptet, nur durch konstitutionelle Effizienz könne der Bürger vor einer Ausbeutung durch den Staat geschützt werden. Vgl.: Caesar 1996: 250ff.

4.1. Allokation im nationalen und im europäischen Kontext

Die Theorie der öffentlichen Güter bildet im wesentlichen die Grundlagen für die allokativen Eingriffe des Staates in den Wirtschaftsablauf[235]. Um Marktversagen auszugleichen und ein bestimmtes Maß an Bereitstellung öffentlicher Güter zu gewährleisten, übernimmt der Staat Aufgaben, die dann zwangsläufig auch Ausgaben nach sich ziehen. Zur Finanzierung dieser Ausgaben entzieht der Staat dem privaten Sektor Ressourcen (Steuern), die dementsprechend nicht mehr zur privaten Verwendung zur Verfügung stehen. Als allgemeines Instrument öffentlicher Allokation gilt das Budget im eigentlichen Sinn. Seine Größe ist u. a. abhängig von der Höhe der Besteuerung. Dieses Budget kann allokationstechnisch aber durchaus unterschiedlich eingesetzt werden. Folgende Faktoren spielen dabei eine Rolle:

- Fiskalpolitik im weiteren Sinn (die Gestaltung der Einnahmen und der Ausgaben)
- Fiskalpolitik im allokativen (engeren) Sinn
    - Investitionsförderung
    - Beihilfen / Subventionen
    - Steuerpolitik
    - Infrastrukturmaßnahmen
    - Bildung etc.

Unter Allokation soll hier nicht **nur** die Aufteilung der Produktionsfaktoren zwischen dem privaten und dem öffentlichen Bereich verstanden werden. Vielmehr fällt unter Allokation im hiesigen Zusammenhang auch die geographische Allokation der privaten Produktionsfaktoren im Wirtschaftsgebiet durch öffentliche Maßnahmen. Diese, vorwiegend durch die Instrumente der Fiskalpolitik im engeren Sinne versuchte, Beeinflussung privater Unternehmensentscheidungen wirken sich natürlich auch auf die Verteilung von Einkommen im Wirtschaftsraum aus. Somit ist eine klare Trennung dieser Art von Allokation von der Distribution nicht immer möglich.

---

[235]Vgl.: Musgrave et. al. 1994: 67f.

Zunächst zur Allokation der volkswirtschaftlichen Ressourcen zwischen dem privaten und dem öffentlichen Sektor auf nationaler Ebene:
Die Staatsquote[236], also das „*Verhältnis von Staatsausgaben zum BIP* (wird) *als Indikator der gesamtwirtschaftlichen Aktivität des Staates angesehen*" (Konegen 1996: 151). Ihre Höhe lässt Rückschlüsse darüber zu, wie die Verteilung der Produktionsfaktoren zwischen dem privaten und dem öffentlichen Bereich ausgestaltet ist. Wenn die allgemeine Staatsquote beispielsweise 50% des BIP beträgt, so bedeutet dies zwar nicht, dass der Staat die Mittel in dieser Höhe auch für seine Zwecke beansprucht, „*... er kontrolliert jedoch die mit ihnen verbundenen Finanzströme.*" (Ebd.: 152).

Für die Allokationsfunktion des öffentlichen Budgets wird deutlich, dass öffentliche Gebietskörperschaften sich entweder untereinander in einen Wettbewerb um die günstigsten Standort- und Investitionsbedingungen begeben können (Konkurrenzmodell) oder aber ihre wirtschafts- bzw. fiskalpolitischen Maßnahmen soweit miteinander koordinieren und/oder harmonisieren oder gar supranationalisieren können (Konsensmodell), dass Unternehmen die Abwanderungsoption als nicht mehr lohnend betrachten. Eine Standortverlagerung außerhalb des Integrationsraumes könnte das Unternehmen u. U. Maßnahmen aussetzen, die der integrierte Raum gegenüber Drittstaaten ergreift[237]. Aus diesem Grund können sie sich veranlasst sehen, ihre Standortentscheidung zugunsten dieses wirtschaftspolitisch integrierten Raumes zu treffen. Durch diese Strategie steigt die Verhandlungsmacht der integrationsbereiten Staaten gegenüber den international agierenden Unternehmen[238], wodurch der Verlust staatlicher Steuerungsfähigkeit teilweise kompensiert werden kann.

Diese Vermutung besitzt für die Europäische Union m. E. allerdings nur eine

---

[236]Vgl. zur Diskussion um die Aussagefähigkeit und die unterschiedlichen Staatsquoten: Brümmerhoff 1996: 179ff.

[237]Vgl. auch: Scharpf 1998: 124.

[238]Vgl.: Weckwerth 1998: 151f.

eingeschränkte Gültigkeit. Eine intensive nationale Allokationspolitik durch die Vergabe von Beihilfen und Subventionen ist im Gemeinschaftsraum nur noch stark eingeschränkt möglich, da innerhalb der Europäischen Wirtschaftsgemeinschaft über Beihilfen und Subventionen nicht mehr autonom entschieden werden kann.[239]

Dem Nationalstaat bleiben als „Verfügungsmasse“ für eine budgetäre Allokationspolitik in eingeschränktem Maße die Investitionsförderung, Infrastrukturmaßnahmen und die qualitative Verbesserung des Humankapitals. Diese „wettbewerbsneutrale“ Wirtschaftspolitik widerspricht nicht den Regelungen und Zielsetzungen des gemeinsamen Binnenmarktes und stellt somit einen in der Autonomie der Mitgliedstaaten verbleibenden Standortfaktor dar.[240]

Demgegenüber gewinnt die aktive europäische Industriepolitik[241] zumindest vorübergehend an Bedeutung. Durch die Supranationalisierung der Beihilfe- und Subventionsvergabe ist der Verhandlungspartner von internationalen Unternehmen nicht mehr der Nationalstaat, sondern die Europäische Kommission in Brüssel. Dies soll m.E. jedoch nicht der von Weckwerth vertretenen Schlussfolgerung entsprechen, durch diese Entwicklung sei die Verhandlungsmacht von Staaten gegenüber Unternehmen gestiegen. Zunächst ist festzuhalten, dass sich lediglich die Verhandlungsposition der Europäischen Kommission verändert (verbessert) hat.

Dies scheint mir allerdings auch nur eine vorübergehende Entwicklung zu sein. Genauso, wie Unternehmen aufgrund einer industriepolitischen Maßnahme ihre Standortwahl zugunsten der Europäischen Gemeinschaft treffen, können sie sich gravierenden Standortnachteilen durch die supranationalisierte Wirtschaftspolitik im Integrationsraum auch durch Abwanderung in ein Drittland entziehen. In Folge

---

[239]Dies bestimmt der Art. 87 (92 a.F.) EGV. Vgl. näher hierzu: Bleckmann 1997: 743ff.

[240]Caesar unterscheidet in diesem Zusammenhang zwischen negativen und positiven Faktoren, die durch staatliche Politik beeinflusst werden können. Zu den negativen zählt er Löhne und Lohnnebenkosten, Kapitalkosten, Regulierungskosten und Steuern. Als positiv klassifiziert er den Grad der Arbeitsteilung, die Qualifikation der Arbeitskräfte, Innovationsfähigkeit und Infrastruktur. Er unterstellt, abweichend zu den hier getroffenen Aussagen, die Fähigkeit des Staates, auf die meisten dieser Faktoren aktiv einwirken zu können. Vgl. Caesar 1996a: 51.

[241]Vgl. zur Entwicklung einer europäischen Industriepolitik Punkt 7.2 dieses Abschnitts.

der Liberalisierungsprozesse im Rahmen der WTO werden Benachteiligungen einzelner Wirtschaftsstandorte durch protektionistische Integrationsräume in der Zukunft wohl eher die Ausnahme darstellen. Somit ist auch die Wirksamkeit des EU-Haushaltes bezüglich einer allokationspolitischen Funktionsfähigkeit mittelfristig eher skeptisch zu beurteilen.

4.2. Distribution im nationalen und im europäischen Kontext

Die Korrektur der sich aus dem Marktprozess heraus ergebenden Einkommensverhältnisse ist untrennbar mit dem als „sozial" apostrophierten Wirtschaftssystem verbunden.

Der Staat verfügt mittels des Steuersystems über eine Vielzahl von Möglichkeiten, in die bestehende Einkommensverteilung einzugreifen. So sollen beispielsweise Bezieher niedriger Einkommen mit Transferzahlungen in Form von Wohngeld und Zahlungen in Form von Ausbildungsbeihilfen (in Deutschland beispielsweise durch das BAFöG) in die Lage versetzt werden, neben einer angemessenen Wohnung auch den gewünschten Bildungsgrad zu erwerben. Um so zu einer »fairen« oder »gerechten« Verteilung des erwirtschafteten Volkseinkommen zu gelangen, kann der Staat Einkommen mittels seiner Budgetpolitik umverteilen. Durch diese Transfer- und Subventionszahlungen soll die sich aus dem Marktprozess heraus ergebende Einkommensverteilung im gesellschaftlich gewünschten Sinn korrigiert werden.[242]

Aber auch auf der europäischen Ebene wird versucht, durch eine Umverteilung über den EU-Haushalt beispielsweise die Einkommen der in der Landwirtschaft Beschäftigten zu sichern. An diesem Beispiel wird deutlich, dass sowohl auf nationaler wie auch auf europäischer Ebene das distributive Element nach wie vor

[242]Eine befriedigende Antwort auf die Frage, was eine „gerechte" oder „faire" Einkommensverteilung ist, konnte bisher noch nicht gegeben werden, was diesen Bereich zum Gegenstand politischer Gestaltungspräferenzen werden lässt. Die Ökonomie vertritt teilweise auch den Standpunkt, die Frage der Gerechtigkeit sei von *„Philosophen, Dichtern und Politikern"* (Musgrave et. al. 1994: 110) zu beantworten. Ähnlich auch Blankart 1998: 82.

eine bedeutende Funktion des öffentlichen Budgets ist.
Wie sich das distributive Element auf die Handlungsfähigkeit des Staates in einem liberalisierten Binnenmarkt auswirken kann wird im Folgenden kurz skizziert[243]: Ein besonders gut ausgebautes nationales Umverteilungssystem wird, ausreichende Mobilität vorausgesetzt, eine anziehende Wirkung auf die sich frei im Binnenmarkt bewegenden Personen und Unternehmen ausüben. Diese Tatsache ist mit nicht unerheblichen Gefahren für die Systeme der sozialen Sicherung verbunden. Die Handlungsalternativen lauten ebenso wie in Verbindung mit der Allokation Konkurrenz- oder Konsens-Modell. Also entweder Angleichung der Standards zur Vermeidung sozial induzierter Wanderungsbewegungen oder Wettbewerb der Systeme. In letzterem Fall werden die Individuen (bei angenommener räumliche Mobilität) gemäß ihrer Präferenzstruktur ihre persönliche „Standortentscheidung" zugunsten des Systems treffen, das die gewünschten Leistungen (Sozialsystem) zu einem adäquaten Preis (Steuerbelastung) zur Verfügung stellen kann (Äquivalenzprinzip). Gemäß der äußerst heterogenen Präferenzstruktur der Wirtschaftssubjekte kann es hier zu vielfältigen Abstufungen kommen.
Blankart macht die substantielle Herausforderung für die Distributionsfunktion öffentlicher Haushalte im nationalen Kontext deutlich, indem er schreibt:

> *„Es ist wichtig, daß auf der Verfassungsebene näher definiert wird, worin die Umverteilung bestehen soll. Ist dies nicht der Fall, so kann der parlamentarische Gesetzgeber die Konkretisierung auch nicht leisten. (...) Dieses Dilemma offenbart sich insbesondere, wenn die Verfassung umverteilungspolitische Generalklauseln enthält."* (Blankart 1998: 92)

Diese Aussage dürfte auch für die Distributionsfunktion des europäischen Budgets Gültigkeit besitzen.
Die Distributionswirkungen des europäischen Budgets sind gegenwärtig haupt-

[243] In diesem Zusammenhang wird hier allerdings nur die interpersonelle Verteilung angesprochen. Darüber hinaus existiert aber auch noch die Verteilung (von Belastungen) zwischen den Generationen, d.h. eine intergenerative Lastenverteilung. Die Annahme, dass der Staat als wohlfahrtsmaximierender, unparteiischer Übervater hier eine neutrale Rolle spielen kann, steht aber, wie nicht nur Tietmeyer anmerkt, in scharfen Kontrast zu Motivations- und Anreizstrukturen auf den politischen Märkten. Vgl. m. w. N.: Tietmeyer 1994: 02f.

sächlich auf drei elementare Politikbereiche der Union konzentriert: Die gemeinsame Agrarpolitik, die Sozial- und die Strukturpolitik.

- Art. 32 bis 38 EGV normiert die Landwirtschaftspolitik der Gemeinschaft. Die in Art. 33 EGV festgelegten Ziele der gemeinsamen Agrarpolitik (Steigerung der landwirtschaftlichen Produktivität, Gewährleistung einer angemessenen Lebenshaltung der in der Landwirtschaft beschäftigten Personen, Stabilisierung der Märkte, Sicherstellung der Versorgung und angemessene Verbraucherpreise) bilden die Grundlage für die ausgesprochen distributionswirksame Tätigkeit der Gemeinschaft in der Agrarpolitik. Finanziert durch den Europäischen Ausgleichs- und Garantiefonds für die Landwirtschaft (EAGFL) soll bis zum Ende der derzeitig gültigen finanziellen Vorausschau (2006) jährlich ein Volumen von 40.920 Mio. Euro (2000) bis 41.660 Mio. Euro (2006) umverteilt werden.[244]
- Die in Art. 136 bis 150 EGV geregelte Sozialpolitik, allgemeine und berufliche Bildung und Jugend wird aus dem Europäischen Sozialfonds (ESF) finanziert. Art. 146 EGV bestimmt die Einrichtung eines Europäischen Sozialfonds, aus dem die Maßnahmen im Bereich der Sozialpolitik finanziert werden.
- Die Strukturpolitik der Gemeinschaft wird im EGV unter dem Titel „Wirtschaftlicher und sozialer Zusammenhalt" in den Art. 158 bis 162 EGV festgelegt. Ausgabenwirksam wird dieser Politikbereich über die verschiedene Strukturfonds (Europäischer Fonds für die regionale Entwicklung EFRE; Kohäsionsfonds; EAGFL - Abteilung Ausrichtung; sowie teilweise auch durch den ESF).

Die unter dem Begriff Strukturpolitische Maßnahmen zusammengefassten Fonds haben lt. finanzieller Vorausschau ein Volumen von 32.045 Mio. Euro für das Jahr 2000. Laut finanzieller Vorausschau sollen die Ausgaben für die Finanzie-

[244] Vgl.: Finanzielle Vorausschau, Anhang A.

rung der Strukturfonds bis zum Jahr 2006 auf 29.170 Mio. Euro zurückgefahren werden (jeweils Mittel für Verpflichtungen).[245] Der Anteil des ESF an den Strukturfonds liegt laut Haushaltsvorentwurf für das Jahr 2000 bei fast genau 25% (Mittel für Zahlungen). Dies entspricht 8044,1 Mio. Euro.[246]

4.3. Stabilisierung im europäischen Kontext

Der sich selbst überlassene Wirtschaftsablauf unterliegt gewissen Schwankungen, die das Ergebnis des unterschiedlichen Auslastungsgrades des Produktionspotentials sind. Dieser, auch Konjunkturzyklus genannte Prozess, kann sich negativ auf die Situation beispielsweise der Beschäftigung und der Inflationsrate auswirken. Um diese unerwünschten Effekte zu vermeiden, soll der Staat, vereinfacht gesagt, in einer z. B. durch konjunkturelle Arbeitslosigkeit gekennzeichneten Abschwungphase seine Ausgaben erhöhen und somit zu einer Ausweitung der gesamtwirtschaftlichen Nachfrage beitragen. Durch Variation von Art und Höhe der Staatsausgaben kann so Einfluss auf die volkswirtschaftliche Gesamtnachfrage genommen werden.[247]
Auch diese idealtypische Vorstellung von der Rolle des Staates im Wirtschaftsablauf ist in seinen Grundzügen auf eine weitgehend autonom handelnde, nationale Wirtschaftspolitik ausgerichtet. Wie schon bei der Allokation festgestellt, treffen diese Bedingungen auf die heute hochgradig miteinander verflochtenen Volkswirtschaften der Europäischen Union nicht mehr zu. Darüber hinaus unterstellt die Wissenschaft den Politikern in diesem Modell ein Handeln, das von ökonomischer Rationalität geleitet ist. Dass dies so ist, wird insbesondere von den Vertretern der »Neuen Politischen Ökonomie« und der »Ökonomischen Theorie

[245] Vgl.: ebd.

[246] Vgl.: Europäische Kommission: Haushaltsvademekum Ausgabe 1999, S. 31

[247] Vgl. z. B.: Peffekoven 1996: 40, Musgrave et. al. 1994: 13 ff. sowie Blankart 1998: 121f.

der Demokratie« teilweise sehr überzeugend bezweifelt.[248]
Für den europäischen Kontext bleibt festzuhalten, dass das EU-Budget schon aus quantitativen Gründen keine entscheidende Rolle bei der makroökonomischen Steuerung der Konjunktur übernehmen kann (vgl. Abb. 4).[249]

5. Zusammenfassung

Die vorstehenden Ausführungen verdeutlichen, dass die Internationalisierung des Wirtschaftsgeschehens unterschiedliche Auswirkungen auf die traditionellen Funktionen des öffentlichen Budgets haben. Zusammenfassend sollen die Funktionen und Bedeutungen der öffentlichen Haushalte auf nationaler und auf europäischer Ebene noch einmal in nachstehender Tabelle dargestellt werden. Die Darstellung soll verdeutlichen, dass sich unter dem Einfluß zunehmender Handlungsrestriktionen bei den Akteuren öffentlicher Wirtschaftspolitik (aufgrund räumlich begrenzter Wirksamkeit von Politik) die Bedeutung der Distributionsfunktion des öffentlichen Haushalts erhöht hat. Im Zusammenhang mit dieser Arbeit wird diese Verschiebung als Folge der Globalisierung mit durchgehend ambivalenten Folgen für die Staaten (und die Europäische Union) betrachtet. Auf der einen Seite erhöhen sich die strategischen Handlungsmöglichkeiten privat agierender Wirtschaftssubjekte, auf der anderen Seite verstärkt sich der Zwang zu strukturellen Reformen althergebrachter Politikmuster (bei gleichzeitiger Verminderung der autonomen Einflussmöglichkeiten).

[248]Vgl. insbesondere zu den Funktionen des Budgets und kritischen Anmerkungen dazu: Blankart 1998: 116ff. m. w. N.

[249]Die Unfähigkeit selbst supranationaler Wirtschaftspolitik, auf Krisenerscheinungen im Wirtschaftssystem angemessen zu reagieren, offenbarte sich besonders deutlich während der Krisen im Europäischen Währungssystem der Jahre 1992/93. Selbst gemeinsame Interventionen aller beteiligten Zentralbanken auf den Devisenmärkten konnten die spekulativen Attacken auf verschiedene Währungen nicht abwehren. Einige Währungen mussten abgewertet werden, die Bandbreiten der Wechselkurse wurden ausgeweitet, um den spekulativen Druck vom System zu nehmen. Die kurzfristige Mobilität des internationalen Kapitals überstieg die Interventions-Kapazität der EWS-Zentralbanken.

Das öffentliche Budget Funktion und Bedeutung auf nationaler und europäischer Ebene				
Bereich	Allokation		Distribution	Stabilisierung
Dimension	**private vs. öffentliche Allokation der Produktionsfaktoren**	**geographische Allokation der Produktionsfaktoren**	**räumliche und/oder personelle Umverteilung des Volkseinkommens (BIP)**	**Einflußnahme auf die Entwicklung der Volkswirtschaft im Konjunkturablauf**
Instrumente	▸ öffentliche Wahrnehmung bestimmter Aufgaben ▸ Verstaatlichung privater Unternehmen ▸ Privatisierung staatlicher Unternehmen	▸ Beihilfen / Subventionen ▸ Infrastrukturmaßnahmen ▸ Bildung ▸ Investitionsförderung	national: ▸ fiskalpolitische Maßnahmen ▸ Steuern / Transferzahlungen ▸ Finanzausgleich europäisch: ▸ Transfers aus dem Fondssystem	▸ Gestaltung der öffentlichen Einnahmen und Ausgaben
Indikatoren	Staatsquote(n) / Transfervolumen			
Probleme	▸ Finanzierung ▸ Verdrängung privatwirtschaftlicher Initiative ▸ Effizienzfrage	▸ Wettbewerbsverzerrung ▸ abnehmende Handlungsfähigkeit durch Globalisierung	▸ wer entscheidet? ▸ was ist „gerecht"	▸ Wirksamkeit konjunkturpolitischer Eingriffe in den Ablauf der Wirtschaft
Bedeutung national / europäisch	national: ▸ abnehmend europäisch: ▸ wesentlich geringer als auf nationaler Ebene	national: ▸ für Beihilfen / Subventionen stark rückläufig ▸ für Bildung / Infrastruktur zunehmend europäisch: ▸ vorübergehend zunehmend	▸ im nationalen wie im europäischen Kontext zunehmend	national: ▸ wegen der Umstrittenheit auf nationaler Ebene rückläufig europäisch: ▸ schon aus quantitativen Gründen auf europäischer Ebene marginal

Tabelle 4: Funktionen und Bedeutung des öffentlichen Budgets

Quelle: Eigene Darstellung

Unter den gegebenen Umständen erscheint es also gerechtfertigt, davon zu sprechen, dass bei herkömmlicher Instrumentalisierung der öffentlichen Haushalte weder die öffentlichen Budgets der Mitgliedstaaten noch das der Gemeinschaft zukünftig einen effektiven finanzpolitischen Beitrag im Sinne von Musgrave leisten können. Für den Gesamthaushalt der Gemeinschaft lässt sich zwar eine vorübergehende Zunahme der Bedeutung der Distributionsfunktion beobachten, die Allo-kations- und die Stabilisierungsfunktion erfahren durch die Globalisierungstendenzen aber eine Einschränkung ihrer Wirksamkeit und damit auch ihre Bedeutung.
Welche Auswirkungen diese Erkenntnisse auf die Gestaltung und insbesondere auf die Funktionen des öffentlichen Budgets der Europäischen Union haben, soll im nachfolgenden Teil der Untersuchung näher dargestellt werden.

6. Funktionen der öffentlichen Finanzen und Globalisierung

Eine Neuorientierung der Funktionen des Gesamthaushaltes der Europäischen Gemeinschaft sollte sich eng an einem vorher festzulegenden ordnungspolitischen Leitbild orientieren.
Das Spannungsfeld, innerhalb dessen sich die Ausgestaltung dieses ordnungspolitischen Rahmens abspielen wird, besteht aus den beiden Extrempolen Systemwettbewerb und Harmonisierung bzw. Supranationalisierung. Diese Wahlmöglichkeit der rahmensetzenden Politik bezieht sich grundsätzlich auf die Gestaltung des Integrationsprozesses. Zur Veranschaulichung nachfolgende Abbildung:

Abbildung 14: Integrationsmethoden
Quelle: Eigene Darstellung in Anlehnung an Schmidt 1998: 66.

Der ökonomische Wettbewerb hat sich durch den Abbau der Handelshemmnisse und die Fortschritte im Bereich der Kommunikations- und Informationstechnologie in den zurückliegenden Jahren extrem verschärft. Die grenzüberschreitenden ökonomischen Austauschbeziehungen und die gestiegene Mobilität der Produktionsfaktoren haben in der Folge aber auch die Anbieter institutioneller Infrastruktur zueinander in Konkurrenzbeziehung treten lassen.[250] Durch die Wahlmöglichkeiten der mobilen Produktionsfaktoren verstärkt sich der Druck auf die politischen Systeme, die institutionellen Arrangements ihrer Standorte so auszugestalten, dass es zu einer Akkumulation der Produktionsfaktoren in ihrem Bereich kommt.

Durch die starke Betonung des Binnenmarkt-Projektes war die ordnungspolitische Grundausrichtung des EGV zunächst vom Prinzip der wettbewerblichen (ökonomischen) Integration gekennzeichnet. Diese Strategie kann auch als eine dezentral gesteuerte Integration charakterisiert werden, bei der der Wettbewerb als Entdeckungsverfahren eine Steuerungsfunktion übernimmt. Wird der Verlust autonomer Handlungsmöglichkeiten durch die Integration als zu hoch eingeschätzt, dann stehen prinzipiell zwei Handlungsalternativen zur Verfügung. Der oder die Staa-

[250]Vgl.: Streit / Wohlgemut 1999: 07.

ten können sich durch Abschottung dem Druck des Systemwettbewerbs entziehen oder aber sie versuchen, durch die Bildung von Kartellen innerhalb der Integration den Wettbewerb der Rechtssysteme zu beschränken.

Die Veränderung der ordnungspolitischen Grundausrichtung des europäischen Primärrechts wird weiter unten im Punkt sieben dieses Abschnitts noch etwas eingehender dargestellt. Im Vorgriff hierzu, auch um die Strategie der Kartellisierung an einem Beispiel zu verdeutlichen, folgende Erläuterungen zur europäischen Industriepolitik[251]:

Wenn die europäische Industriepolitik bei zukünftigen Vertragsrevisionen eine Vertiefung dahingehend erfahren sollte, dass der Kommission und dem Ministerrat weitergehende Kompetenzen und Eingriffsrechte zur Gestaltung der europäischen Industriepolitik gewährt würden (Supranationalisierung), dann würde dies zu einer Zentralisierung auf der europäischen Ebene führen und die unterschiedlichen Vorstellungen der Mitgliedstaaten hinsichtlich einer effizienten industriepolitischen Allokation und Distribution nivellieren.[252] Das Entdeckungsverfahren des Wettbewerbs würde dadurch ausgeschaltet.

Nach allen bisher gemachten Erfahrungen würde dies zu einer Ausweitung der für Industriepolitik zuständigen Haushaltslinien führen. Wird das Hauptaugenmerk dabei wie bisher auf die Erhaltung nicht wettbewerbsfähiger Sektoren gelegt, ergibt sich eine volkswirtschaftliche Fehlallokation von Ressourcen, die unter Wettbewerbsbedingungen nicht zustande kommen würde. Die grundlegenden Unterschiede in den ordnungspolitischen Vorstellungen insbesondere zwischen Frankreich und Deutschland treten bei der Beurteilung und der sich daraus erg-

---

[251]Der Gegenstandsbereich „Europäische Industriepolitik" ist im Punkt 7.2. dieses Abschnitts eingehender dargestellt.

[252]An dieser Stelle wäre allerdings anzumerken, dass die Forderung des wissenschaftlichen Beirats beim Bundeswirtschaftsministerium nach einer Streichung des Art. 157 EGV aufgrund der französischen Position nicht umsetzbar erscheint. Auf der anderen Seite stehen die ordnungspolitischen Vorstellungen der Bundesrepublik gegen eine weitere Vertiefung in diesem Bereich, so dass man von einer austarierten Machtbalance sprechen kann. Vgl. auch: Fußnote Nr. 270.

ebenen Forderungen massiv zu Tage.[253]
Der mit der Einheitlichen Europäischen Akte eingeläutete Paradigmenwechsel in der Ordnungspolitik ist durch die beiden folgenden Verträge von Maastricht und Amsterdam weiter geführt worden. Damit verfolgt die Europäische Union zwei unterschiedliche Strategien: Bei der Realisierung des Binnenmarktes standen die Schaffung und die Sicherung des Wettbewerbs durch Deregulierung[254] ganz oben auf der Prioritätenliste. Auf der anderen Seite sind durch die EEA (Forschung & Technologie), den Vertrag von Maastricht (Industriepolitik) und den Vertrag von Amsterdam (Beschäftigung) drei dirigistisch geprägte Politikbereiche in das Primärrecht aufgenommen worden. Das Fehlen eines konsistenten ordnungspolitischen Konzeptes wird an dieser ambivalenten Entwicklung nur zu deutlich. Diese, im ordnungspolitischen Sinne als außerordentlich bedenklich einzustufende „Zweigleisigkeit", ergibt sich im wesentlichen aus dem unüberbrückbaren Gegensatz zwischen Wettbewerbs- und Industriepolitik.[255] In der nachfolgenden Abbildung soll die „Menükarte" der Rahmensetzenden ordnungspolitischen Wahlmöglichkeiten unter dem Aspekt der Sicherung der Wettbewerbsfähigkeit noch einmal verdeutlicht werden.

[253]Erneut deutlich wurde dies an der Forderung Frankreichs nach der Aufnahme eines beschäftigungspolitischen Kapitels in den Vertrag von Amsterdam. Frankreich verknüpfte diese Forderung mit seiner Zustimmung zum wiederum von der Bundesrepublik massiv geforderten Stabilitätspakt als Ergänzung zu den Bestimmungen über die Wirtschafts- und Währungsunion.

[254]Als Paradebeispiele für Deregulierung und den Abbau marktbeherrschender Stellungen lassen sich an dieser Stelle die Bereiche Telekommunikation und Energie anführen.

[255]Vgl. Wartenberg 1994: 66f.

Abbildung 15: Ordnungspolitische Konzepte zur Sicherung der Wettbewerbsfähigkeit

Quelle: Eigene Darstellung

Wenn sich nun ein ordnungspolitischer Rahmen für ein Maximum an wettbewerblichen Elementen entscheidet und somit weitestgehend auf dirigistische Eingriffe von Seiten der Gemeinschaft verzichtet, dann muss dies Auswirkungen auf die Größe des Gesamthaushaltes insgesamt aber auch auf die Verteilung der Mittel zwischen den Teileinzelplänen haben. Hieraus wiederum ergibt sich eine Änderung der Funktionen des öffentlichen Budgets. Die Notwendigkeit einer Funktionsänderung ergibt sich aber nicht nur aus internen Erfordernissen, sondern ist durchaus auch durch externe Aspekte determiniert.

Auf die Europäische Gemeinschaft und ihre Haushaltspolitik wirken gegenwärtig verschiedene Prozesse ein. Die Internationalisierung der Weltwirtschaft ist dabei eng verbunden mit der bevorstehenden Erweiterung der Gemeinschaft durch die Staaten Mittelosteuropas. Beide Entwicklungen üben einen enormen Druck auf die Strukturen der westeuropäischen Volkswirtschaften aus. Anders ausgedrückt: Die Notwendigkeit einer Strukturanpassung insbesondere in den Bereichen Kohle, Stahl, Schiffbau, Textil und Landwirtschaft wird durch die Folgen der Globalisierung nicht nur deutlich, sondern sogar noch verschärft. Alle Versuche, diesem Anpassungsdruck durch den Einsatz des öffentlichen Budgets mittels Protektion und Subvention zu entkommen, müssen mittelfristig unter dem Gesichtspunkt einer effizienten Ressourcenallokation fehlschlagen.

Vorangehend ist festgestellt worden, dass die Distributionsfunktion sich aufgrund der abnehmenden Bedeutung der Allokations- bzw. der Stabilisierungsfunktion zum bestimmenden Element öffentlicher Finanzwirtschaft entwickelt hat. Wenn diese Tatsache akzeptiert wird und aufgrund der Handlungsrestriktionen, denen politische Entscheidungsträger unterliegen, davon auszugehen ist, dass dieser Sachverhalt kurzfristig auch nicht zu ändern ist, bleibt als Ausweg nur die Anpassung der Distributionsfunktion des öffentlichen Budgets an die geänderten Rahmenbedingungen. In diesem Sinne sollten die notwendigen Strukturveränderungen in den nicht mehr wettbewerbsfähigen Industriezweigen und die damit verbundenen Auswirkungen auf die Beschäftigungssituation durch distributive Maßnahmen des öffentlichen Haushalts sozialverträglich flankiert werden.

Anstatt die betroffenen Industriezweige künstlich am Leben zu erhalten und damit neben den Beschäftigten u. U. auch noch die Produktion dieser Unternehmen zu subventionieren, sollte das distributive Element des Haushalts dazu genutzt werden, eine Pufferfunktion für die Abfederung der sozialen Folgen des Strukturwandels zu übernehmen.[256] Aufgabe der Europäischen Union sollte es dann sein eine rahmensetzende, nicht im Widerspruch zur Wettbewerbspolitik stehende, europäische Industriepolitik zu betreiben. Im Grunde genommen sollte die Gemeinschaft sich darauf beschränken, eine Wettbewerbsordnung für einen funktionierenden Systemwettbewerb zu etablieren.

[256]Hier ließe sich eine Parallele ziehen zu den Reformen auf dem Agrar-Sektor. Anstatt die Landwirte durch Preis- und Abnahme-Garantien zu immer weiterer Produktion landwirtschaftlicher Güter zu animieren, sollten durch Zahlung direkter Einkommensbeihilfen die Mengeneffekte der Subventionen eingedämmt werden.

Die Auswirkungen der Globalisierung haben also auch Konsequenzen für die Funktionszuweisung an den Gesamthaushalt der Europäischen Gemeinschaft. Das die tradierten Spielregeln und Konzepte öffentlicher Finanzwirtschaft nicht mehr die ihnen zugeschriebenen Aufgaben erfüllen können, wird durch den Prozess der Globalisierung offenbar. Abzusehen war diese Tatsache aber schon mit der, der Globalisierung vorangehenden, Internationalisierung der Weltwirtschaft. Was heute als Globalisierung bezeichnet wird, ist eine Fortsetzung der Internationalisierung mit erheblich höherer Geschwindigkeit und Reichweite. Dieser Strukturwandel deckt eine oftmals unzureichende Anpassungsflexibilität bei den Akteuren auf, die sich innerhalb des sich wandelnden Systems bewegen und darin handeln. Eine Bewältigung der neuen Herausforderungen mit dem althergebrachten Instrumentenkasten staatlicher und supranationaler Wirtschaftspolitik ist zum Scheitern verurteilt. Wenn in einem globalisierten Weltwirtschaftssystem die ordnungspolitische Grundsatzentscheidung zugunsten von Freihandel und Wettbewerb gefallen ist, dann kann die Funktions-Triade öffentlicher Finanzwirtschaft nach Musgrave aus Allokation, Distribution und Stabilisierung nicht mehr wie bisher bestimmender Funktionsparameter sein. Die abnehmende Reichweite und Wirksamkeit staatlicher Wirtschaftspolitik mittels des öffentlichen Budgets zwingt zu einer Umorientierung.

Für den Bereich der Industriepolitik hat die Gemeinschaft die Leitlinien einer solchen wettbewerbsneutralen Industriepolitik durch den Art. 157 Abs. 1 EGV bereits heute in der Hand. Dem Kernproblem vieler europäischer Volkswirtschaften, der sich durch die Globalisierung beschleunigende und verschärfende Strukturwandel in den bereits genannten Bereichen Landwirtschaft, Kohle und Stahl etc., soll nach dem Text des Vertrages durch eine *„Erleichterung der Anpassung der Industrie an die strukturellen Veränderungen"* begegnet werden. Diese Politik soll gemäß der Vorgabe des industriepolitischen Artikels (offene und wettbewerbsorientierte Märkte zu schaffen) seitens der Gemeinschaft nicht zu Wettbewerbsverzerrungen führen. Nach Maßgabe dieser Formulierungen steht also eine europäische Industriepolitik auch nicht im Widerspruch zu den Zielen der Wettbewerbspolitik. Der Streit darüber, ob die ordnungspolitische Grundausrichtung des europäischen Primär- und Sekundärrechts eher eine dirigistische oder eine marktliberale Tendenz aufweist, ist denn auch wohl eher akademischer Natur. Entscheidend ist letztendlich immer die Anwendung und Auslegung des Gemeinschaftsrechts durch die Kommission und die Mitgliedstaaten.[257]

7. Konsequenzen für die Gestaltung der öffentlichen Finanzen der Europäischen Union

Wie wirken sich nun der Prozeß der Globalisierung[258] und die Integration ehemals staatlicher Politikfelder in supranationale Organisationen auf die Zukunft des öffentlichen Budgets aus? Allgemein wird vermutet, dass nicht erst durch die Globalisierung, sondern schon durch die Vollendung des Binnenmarktes in der Europäischen Union mit den damit verbundenen Konsequenzen die Problemlösungskapazität nationaler Politik herabgesetzt worden ist.[259] Da die Lösung von Problemen (ein vermeintliches oder tatsächliches Marktversagen) i. d. R. ausgabenwirksam, d. h. über die Gestaltung der öffentlichen Einnahmen und Ausgaben geschieht, kann diese Entwicklung nicht ohne Folgen für die Aufgabenzuweisung an die Finanzverfassung bzw. die öffentlichen Finanzen bleiben. Denn: *„Der Machtverlust des Staates durch die zunehmende Internationalisierung von Unternehmen kann nicht sinnvoll durch eine Umkehrung oder Eindämmung des Internationalisierungsprozesses aufgehalten werden"* (Weckwerth 1998: 102).

Vorangehend ist festgestellt worden, dass die Fähigkeit mittels des öffentlichen Budgets wirksam allokativ bzw. stabilisierend in den Ablauf der Wirtschaft

[257]Vgl.: Mussler 1999: 89 der in diesem Zusammenhang von *„konstitutionellen Akteuren"* spricht (ebd.).

[258]Aufgrund der Tatsache, dass der Begriff der Globalisierung in der öffentlichen Debatte zunehmend polemisch genutzt und für die jeweiligen politischen Zwecke eingesetzt wird, verwendet Schirm den Begriff »globale Märkte«. Er versteht diesen Begriff als *„unbelastet und in der Sache präziser"* (Schirm 1999: 481).

[259]Vgl. Scharpf 1998:121f.

einzugreifen, vor dem Hintergrund der Entwicklungen im internationalen Wirtschaftssystem tendenziell rückläufig ist.

Im Zuge dieser Entwicklung hat sich das distributive Element zu einem bestimmenden Funktionsparameter öffentlicher Budgetpolitik entwickelt.[260] Dies gilt auch für den öffentlichen Haushalt der Europäischen Gemeinschaft. Dabei beschränken sich die distributiven Maßnahmen überwiegend auf die sozial indizierten Wohlfahrtsziele wie die Sicherung der Einkommen der in der Landwirtschaft Beschäftigten und die Verringerung der Unterschiede im Entwicklungsstand der verschiedenen Regionen. Dieses System, nicht zu Unrecht als impliziter Finanzausgleich bezeichnet und oftmals in kompensationstechnischer Hinsicht Resultat des Einstimmigkeitserfordernisses, übersieht jedoch die abnehmende Fähigkeit öffentlicher Haushalte, in den drei Funktionen nach Musgrave steuernd in die Marktprozesse einzugreifen.

Welche Funktionen sollen einer »europäischen Finanzverfassung« zugewiesen werden, wenn Allokation (aufgrund liberalisierter Märkte) und Stabilisierung (wegen der hochgradigen Interdependenz zwischen den Volkswirtschaften) von einer öffentlichen Finanzwirtschaft nicht mehr zu bewerkstelligen sind, und parallel dazu die distributiven Elemente strukturerhaltend auf teilweise nicht wettbewerbsfähige Wirtschaftszweige wirken, womit sie der EU im internationalen Vergleich den Vorwurf der Protektion einbringen?

Die Antwort auf diese Frage liegt in der Verschiebung der Bedeutung der Ressourcen, die einem Staat oder der Europäischen Union in Form von Standortfaktoren zu Verfügung stehen. Sowohl im intranationalen Vergleich zwischen den Mitgliedstaaten der Union als auch zwischen der Union und den beiden anderen dominierenden Wirtschaftsregionen dieser Welt, werden Faktoren wie Humankapital, Infrastruktur, politische Stabilität, die Größe des Marktes und die Verfügbarkeit natürlicher Ressourcen zukünftig eine entscheidende Rolle

[260]Dies gilt, wenn man der Fondswirtschaft des europäischen Budgets überwiegend distributive Wirkungen zurechnet, auf nationaler wie auf europäischer Ebene insbesondere in quantitativer Hinsicht.

spielen[261].
Die Konkurrenz politischer Systeme wie der Europäischen Gemeinschaft als supranationaler Organisation oder der Nationalstaaten untereinander um international mobile Nachfrage und hochflexibles Kapital zwingt die Handlungsakteure öffentlicher Wirtschaftspolitik, aufgrund der begrenzten Reichweite ihrer klassischen Instrumente, zu einer Neuorientierung ihrer Strategie.[262]

7.1. Umverteilung innerhalb der öffentlichen Finanzen

Unabhängig von der Frage, ob eine Angleichung der Steuersysteme in Europa über den Wettbewerb zwischen den Staaten geschieht, oder ob es zu einer Harmonisierung der Steuersysteme durch die Mitgliedstaaten der Europäischen Union kommt, wird diese Entwicklung Auswirkungen auf die Verwendung des Budgets der Gemeinschaft haben müssen. Die antizipierte Abnahme der Fähigkeit öffentlicher Haushalte, im herkömmlichen Sinne korrigierend in die Prozesse der Wirtschaft einzugreifen, erfordert die Entwicklung alternativer Handlungsstrategien. Diese Strategien müssen im Einklang stehen mit den Prinzipien des einheitlichen Binnenmarktes und einer Weltwirtschaftsordnung, in der mittelfristig zumindest in Bezug auf die Allokation von Waren, Dienstleistungen und Kapital für alle die gleichen Spielregeln gelten, wie innerhalb der Europäischen Gemeinschaft. Sie müssen also wettbewerbsneutral und zukunftsorientiert sein.
Das gegenwärtige System mit seinen distributiv ausgerichteten Elementen der Struktur-, Agrar- und Industriepolitik genügt diesen Ansprüchen derzeit nicht. Insbesondere die gemeinsame Agrar- und Strukturpolitik der Europäischen Gemeinschaft, die einen marktwirtschaftlich orientierten Anpassungsprozess der nicht wettbewerbsfähigen Bereiche durch Erhaltungssubventionen verhindert und somit die Spielregeln des Marktes außer Kraft setzt, steht ordnungspolitisch einer durch freien Wettbewerb geprägten Europäischen Wirtschaftsgemeinschaft diame-

[261] Vgl.: Weckwerth 1998: 164.

[262] Vgl. u.a.: Scharpf 1998a: 41ff.

tral entgegen.[263]
Die Landwirtschaft als ältester supranationaler Politikgegenstand wird sich mit ihrem Problempotential auch zukünftig insbesondere vor dem Hintergrund der anstehenden Erweiterung der Europäischen Union um die Staaten Mittelosteuropas als belastender Faktor bei einer Neuorientierung der Funktionen des öffentlichen Budgets herauskristallisieren.
Eine ähnliche Entwicklung könnte für einen im Vergleich zur Agrarpolitik eher neuen Politikbereich, der Europäischen Industriepolitik, prognostiziert werden. Im Folgenden sollen die Verläufe, die zur heutigen Erscheinungsform der Europäischen Industriepolitik geführt haben, eingehender dargestellt und untersucht werden.

7.2. Die Europäischen Industriepolitik

Eine europäische Industriepolitik war in den Verträgen zur Europäischen Wirtschaftsgemeinschaft explizit nicht vorgesehen[264]. Gleichwohl gab es mit der Europäischen Atomgemeinschaft und der Europäischen Gemeinschaft für Kohle und Stahl zwei bzw. drei Industrie-Bereiche, in denen die Gemeinschaft umfassend tätig sein konnte. Diese beiden *„Sektorverträge"* (Ehlermann 1994: 108) verpflichteten die Gemeinschaft sogar ausdrücklich zu einer aktiven Industriepolitik in den Bereichen Kohle, Stahl und Kernenergie. Diese Sektoren waren Hauptgegenstand der Verträge und besaßen eine relativ hohe Regelungsdichte. Demgegenüber erklärten die Römischen Verträge die Industriepolitik nicht zum Gegenstandsbereich einer gemeinsamen Politik der Europäischen Wirtschafts-

[263] An dieser Tatsache ändern auch die Reformbestrebungen innerhalb der Gemeinsamen Agrarpolitik grundsätzlich nichts. Durch Flächenstilllegungs-Programme, Milchquoten-Regelungen, Vorruhestandsmodelle und der Zahlung von direkten Einkommensbeihilfen statt Abnahmegarantien sollten die aus der Überschussproduktion resultierenden finanziellen Belastungen für das Budget reduziert werden. Diese Maßnahmen hatten bisher allerdings nur mäßigen Erfolg.

[264] Vgl. zur Entwicklung und Problematik einer europäischen Industriepolitik exemplarisch: Hellmann 1994; Holzem 1995; Schmidt 1998 sowie Reul 1998.

gemeinschaft. Bis zur ersten Revision des Gründungsvertrages konnte die EG in industriepolitischen Belangen nur und in sehr eingeschränktem Maße unter Rückgriff auf den Art. 308 EGV (Art. 235 EGV a. F.) tätig werden. Erst mit der Einheitlichen Europäischen Akte wurden die Kompetenzen der Gemeinschaft geringfügig erweitert, indem ihr die Zuständigkeit für Forschung- und Technologie sowie Umweltschutz zugestanden wurde. Mit dem Vertrag von Maastricht wurde dann durch den neuen Art. 157 EGV (Art. 130 EGV a. F.) die Industriepolitik zum Gegenstandsbereich europäischer Politik erklärt.

Die Aufnahme der Industriepolitik in den Aufgabenkatalog der Europäischen Gemeinschaft war im Verhandlungsprozeß zum Vertrag von Maastricht sehr umstritten[265]. Hintergrund sind die unterschiedlichen ordnungspolitischen Vorstellungen, die hinter einer aktiven Industriepolitik stehen.[266] Die beiden Extrempole können folgendermaßen charakterisiert werden: Die Verfechter von Freihandel und Wettbewerb als Ordnungsprinzipien der Wirtschaft sehen in einer aktiven europäischen Industriepolitik die Gefahr dirigistischer Eingriffe. Eine intensive Ausgestaltung verhindere durch Protektion und Subvention eventuell notwendige Anpassungsprozesse in den verschiedenen Industriesektoren.
Die Gegenposition sieht in einer aktiven europäischen Industriepolitik die Möglichkeit, die Rahmenbedingungen für europäische Unternehmen insbesondere im Bereich der Hochtechnologie durch eine offensiv marktwirtschaftliche Anwendung der Bestimmungen zu optimieren. Beide Positionen stimmen in ihrer Grundintention überein, die Wettbewerbsfähigkeit der Gemeinschaft und ihrer Industriebereiche zu sichern bzw. zu verbessern.[267] Wie Erberich allerdings anmerkt, ist der

[265]Vgl. zur Genesis des industriepolitischen Artikels 157 EGV (130 EGV a. F.): Hellmann 1994: 14ff.

[266]Unter Rückgriff auf den in dieser Arbeit zu behandelnden Gegenstandsbereich der öffentlichen Finanzen sei an dieser Stelle auf die Konsequenzen einer kostenintensiven Ausgestaltung einer aktiven europäischen Industriepolitik für die Funktion und die Größe des Gemeinschaftsbudgets erinnert.

[267]Vgl.: Hellmann 1994: 33f.

Begriff »Industriepolitik« weder in den Wirtschafts- oder Rechtswissenschaften eindeutig definiert, noch gib es eine allgemeine Definition.[268] So könne man unter dem Titel Industriepolitik einen Querschnitt durch die Teilelemente der Wirtschaftspolitik allgemein subsumieren. Hierzu gehören neben den klassischen Bereichen der Technologie-, Struktur- und Subventionspolitik auch die Bereiche Finanz-, Wettbewerbs- und Arbeitsmarktpolitik.[269] Ein Umstand, der einer exakten Festlegung der ordnungspolitischen Rahmenbedingungen einer europäischen Industriepolitik wohl eher entgegensteht.

Die Befürchtung, die Aufnahme des industriepolitischen Titels in das Primärrecht könne als Einfallstor für Interventionismus und Dirigismus dienen, hat den Wissenschaftlichen Beirat beim Bundesministerium für Wirtschaft dazu verleitet, der Bundesregierung zu empfehlen, bei der Maastricht Folge-Konferenz auf eine Streichung des Art. 130 EGV a. F. hinzuwirken.[270] Die Unterschiede in den ordnungspolitischen Vorstellungen zwischen einer ordoliberal orientierten Wirtschaftspolitik und einer Politik, die einen großen öffentlichen Sektor präferiert, ist wahrscheinlich auch der Grund für die sehr zögerlichen Formulierungen des Art. 157 EGV.[271] Der scheinbar unüberwindbare Gegensatz zwischen den Staaten, die sich eine grundsätzliche Möglichkeit dirigistischer Eingriffe der Gemeinschaft

[268]Vgl.: Erberich 1997: 996f.

[269]Vgl.: ebd.

[270]Vgl.: Beirat 1994: 39. Der alte Art. 130 EGV ist dann allerdings in der Maastricht-Folge-Konferenz in seinem Wortlaut nicht geändert worden. Bereits während der Verhandlungen zum Maastrichter Vertrag (ca. zwei Wochen vor dessen Unterzeichnung) hat der Wissenschaftliche Beirat beim Bundesministerium für Wirtschaft ein Schreiben verfasst, in dem er vor einem Abrücken von den marktwirtschaftlichen Grundsätzen der Römischen Verträge durch die Aufnahme des industriepolitischen Titels in das Primärrecht warnt. Der Beirat befürchtet *„selektiven Interventionismus"* und sieht die Gefahr, dass *„die verfassungsrechtliche Grundlage einer marktwirtschaftlichen Ordnung"* ausgehöhlt werden könne. Zusammenfassend endet der Bericht mit der Feststellung: *„Eine europäische Industriepolitik wird so wenig eine Erfolgsgeschichte werden, wie die europäische Agrarpolitik eine Erfolgsgeschichte geworden ist."* (Beirat 1992: 191f.)

[271]Vgl. auch: Holzem 1995: 158f.

und der Mitgliedstaaten im Industriesektor vorbehalten wollten und den liberal und am Freihandel orientierten Ländern, wurde durch das in Art. 157 Abs. 3 EGV normierte Einstimmigkeitserfordernis sowie das Verbot von Wettbewerbsverzerrungen, die aus der Anwendung von Maßnahmen nach Art. 157 EGV resultieren, entschärft.[272]

Trotz des Bekenntnisses von Art. 157 EGV zu einem System offener und wettbewerbsorientierter Märkte beizutragen, standen die Maßnahmen der Gemeinschaft lange im Zeichen der *„sektorspezifischen Krisenbewältigung."* (Franzmeyer 1995: 239). Die dirigistischen Eingriffe in die bedrohten Wirtschaftszweige standen dabei im Gegensatz zu dem Ziel, Wettbewerbsverzerrungen zu vermeiden bzw. abzubauen.

Aus dieser Perspektive lässt sich die europäische Industriepolitik als »ergebnisorientiert« charakterisieren. Unter Ausschöpfung der Möglichkeiten des Art. 157 EGV verfolgte die Kommission eine industriepolitische Globalkonzeption, die dem Gemeinschafsinteresse dienen sollte.[273]

Die Kommission hat es jedoch bis heute nicht vermocht, ein überzeugendes und in sich stimmiges Konzept für eine europäische Industriepolitik vorzulegen.[274] So qualifiziert auch Krüger die Industriepolitik der Europäischen Union als diskretionär und im Widerspruch zu ordnungspolitischen Grundsätzen stehend.[275]

Im Folgenden soll der Begriff einer europäischen Industriepolitik in dem hier verfolgten Zusammenhang - also bezogen auf die Funktionen des öffentlichen Budgets - eine abweichende Verwendung erfahren. Die ursprünglichen Ansätze

---

[272]Einen guten Überblick in Form eines Kommentars bietet Hellmann 1994: 15f.

[273]Vgl.: Reul 1998: 222 sowie Kommission der Europäischen Gemeinschaften: Industriepolitik in einem offenen und wettbewerbsorientierten Umfeld: Ansätze für ein Gemeinschaftskonzept, Mitteilung der Kommission an den Rat und an das Europäische Parlament. In: Bulletin der Europäischen Gemeinschaften, Beilage 3/91, Luxembourg.

[274]Vgl.: Franzmeyer 1995: 242.

[275]Vgl.: Krüger 1998: 231f.

einer europäischen Forschungs- und Technologiepolitik resultierten aus der in der europäischen Öffentlichkeit teilweise panisch übertriebenen Angst vor einer totalen Rückständigkeit in Hochtechnologie-Bereichen gegenüber Japan und den USA. Institutionell wurde dies auf die Industriepolitik durch das japanische Handels- und Industrieministerium MITI (Ministry of International Trade and Industry) und die massive Unterstützung der Hochtechnologie-Forschung in den USA durch das amerikanische Verteidigungsministerium (Pentagon) zurückgeführt[276]. Das Argument lautete, Europa müsse eine ähnliche institutionelle Organisation (die Kommission) etablieren, um den Anschluss nicht vollkommen zu verpassen. Insofern verstand man unter Industriepolitik die gezielte Förderung einiger spezieller Hochtechnologie-Bereiche durch den Einsatz des öffentlichen Budgets.[277]

Für die hier verfolgten Zwecke soll unter Industriepolitik im weiteren Sinne eine Kombination verschiedener Politikbereiche verstanden werden. Zu dieser querschnittsorientierten Industriepolitik gehören neben der Forschungs- und Technologiepolitik auch die allgemeine und berufliche Bildung, Infrastrukturmaßnahmen sowie u. U. auch die Umwelt- und Strukturpolitik. Alle genannten Bereiche werden aus verschiedenen Fonds gespeist und haben teilweise völlig unterschiedliche Zielsetzungen. Angestrebt werden sollte hingegen ein kohärenter und sich ergänzender Einsatz der Mittel unter Beachtung eines ordnungspolitischen Rahmens, der mit den Spielregeln des freien Wettbewerbs kompatibel ist.

In der Realität hingegen hat sich unter dem Deckmantel der Konkurrenzsituation Europas zu den USA und Japan seit Inkrafttreten der Einheitlichen Europäischen Akte ein Paradigmenwechsel vollzogen. Die ursprüngliche Aufgabe der Sicherung eines freien Wettbewerbs zwischen den Staaten mit durchaus unterschiedlichen Systemen (z. B. das System der Planification in Frankreich und der soziale Marktwirtschaft in Deutschland) wich mehr und mehr einer Vergemeinschaftung unterschiedlichster Politikbereiche (vgl. die Aufstellung unter Punkt 3 dieses

[276]Vgl.: Reul 1998: 58f und 137f.

[277]Vgl.: Starbatty / Vetterlein 1992 mit kritischen Anmerkungen.

Kapitels).[278] Neben dem antizipierten Rückstand im Hochtechnologiebereich spielte die Entwicklung bzw. die Vollendung des Binnenmarktes eine entscheidende Rolle bei der zunehmenden Aufgabenwahrnehmung durch die europäische Ebene. Die Möglichkeit von Mehrheitsentscheidungen im Rat durch den Art. 100a EGV (a. F.) in Bereichen, die für die Realisierung des Binnenmarktes relevant sind, erleichterte es der Kommission, prägend in die Wirtschaftsordnungen der Mitgliedstaaten einzugreifen.

Mit der Aufnahme der Industriepolitik in den Aufgabenkatalog der Gemeinschaft hat diese Entwicklung ihren vorläufigen Abschluss gefunden. Als Paradigmenwechsel wird dieser Prozess insofern verstanden, als dass eine (wenn auch nur teilweise sektorspezifische) Industriepolitik unter ordnungspolitischen Gesichtspunkten im krassen Gegensatz zu einer strikt auf die Sicherung des freien Wettbewerbs stehenden Wirtschaftspolitik steht. Die in Art. 3 EGV gleichberechtigt genannten Tätigkeiten der Gemeinschaft (Art. 3g: Schutz des Wettbewerbs im Binnenmarkt vor Verfälschungen und Art. 3m: Stärkung der Wettbewerbsfähigkeit der Industrie) stehen aus ordnungspolitischer Perspektive in einem diametralen Verhältnis zueinander. Diese *„marktwirtschaftliche*(n) *Systemsteuerung"* (Schmidt 1998: 34) kann der Gemeinschaft durchaus als Einfallstor für eine interventionistische Industriepolitik dienen, wenngleich sie selber eine sektorspezifische Industriepolitik grundsätzlich für problematisch hält.[279]

Die Möglichkeiten, eine wettbewerbsneutrale Industriepolitik zu betreiben, stehen der Europäischen Union dabei durchaus bereits zur Verfügung. Die o.g Querschnittsorientierung der Industriepolitik erlaubt es, durch den Einsatz sog. „weicher" (wettbewerbsneutraler) Instrumente eine Industriepolitik zu implementieren,

[278]Die ordnungspolitische Ausrichtung des primären Vertragswerkes ist denn auch durchaus umstritten. Die Beurteilungen reichen von einer interventionistischen Wirtschaftsverfassung über eine neutrale bis hin zu einer liberalen, die marktwirtschaftlichen Elemente stärkenden wirtschaftspolitischen Basis. Vgl. Schmidt 1998: 32ff. sowie Holzem 1995: 164.

[279]Vgl.:Kommission der Europäischen Gemeinschaften: Industriepolitik in einem offenen und wettbewerbsorientierten Umfeld: Ansätze für ein Gemeinschaftskonzept, Mitteilung der Kommission an den Rat und an das Europäische Parlament. In: Bulletin der Europäischen Gemeinschaften, Beilage 3/91, Luxembourg sowie Holzem 1995: 163.

die unter subsidiären Gesichtspunkten der Gemeinschaft und den Mitgliedstaaten ein wirkungsvolles Instrumentarium zur Sicherung und Verbesserung der Standortqualität zur Verfügung stellen könnte. Gegenwärtig ist eine Gewichtung zugunsten einer solchen Politik in der Haushaltssystematik des Gesamthaushaltes allerdings nicht feststellbar, was im Nachfolgenden näher dargestellt werden soll.

7.3. Zur Bedeutung der „weichen" Allokationsfaktoren in der Haushaltssystematik der Gemeinschaft

Den von Weckwerth identifizierten Standortfaktoren wird in Zukunft eine gestiegene Bedeutung im Bezug auf die geographische Allokation von Produktionsfaktoren in einem Wirtschaftsraum zukommen. Neben dem in diesem Bereich schon traditionellen Aspekt der Infrastruktur treten mit steigender Relevanz Faktoren hinzu, die sich an der Ausstattung der Wirtschaftsregionen mit Humankapital, Technologie- und Informationspotential orientieren.[280]

Eine Umgestaltung der Ausgabenstruktur des Haushaltes der Europäischen Gemeinschaft sollte aus diesem Grunde den oben genannten Erwägungen folgen. Konkret würde dies eine Verlagerung der Ausgabenprioritäten weg von den strukturerhaltenden, überwiegend distributiv orientierten Ausgaben für die Gemeinsame Agrarpolitik, die Strukturpolitik und einer sektorspezifischen Industriepolitik in die Bereiche »Allgemeine und berufliche Bildung«, Infrastruktur bzw. »Transeuropäische Netze« sowie »Forschung und technologische Entwicklung« bedeuten. Die Grundlagen für o.g. Politiken sind allgemein in Art. 2 EGV, sowie in Einzelaufzählung in Art. 3n, 3o und 3q EGV zu finden. Eine Präzisierung erfahren diese Tätigkeiten der Gemeinschaft dann in den Artikeln 149 - 150

[280]Weckwerth führt (allerdings in einem anderen Zusammenhang) weitere Ressourcen des Staates auf. Da durch den Einsatz des öffentlichen Budgets nicht unmittelbar Einfluss genommen werden kann auf die politische Stabilität, die Verfügbarkeit natürlicher Ressourcen und die Größe des Marktes, sollen diese Faktoren hier als Standortfaktoren im weiteren Sinne betrachtet werden, die jedoch für den weiteren Verlauf der Untersuchung von sekundärer Bedeutung sind. Vgl.: Weckwerth 1998: 109ff.

EGV (Allgemeine und berufliche Bildung und Jugend), Art. 154 - 156 EGV (Transeuropäische Netze) sowie den Artikeln 163 - 173 EGV (Forschung und technologische Entwicklung). Um einen Überblick über den gegenwärtigen Stellenwert dieser Politikbereiche im Koordinatensystem des Gesamthaushaltes zu erhalten, sollen in der folgenden Abbildung die finanzielle Ausstattung der Bereiche dargestellt werden.

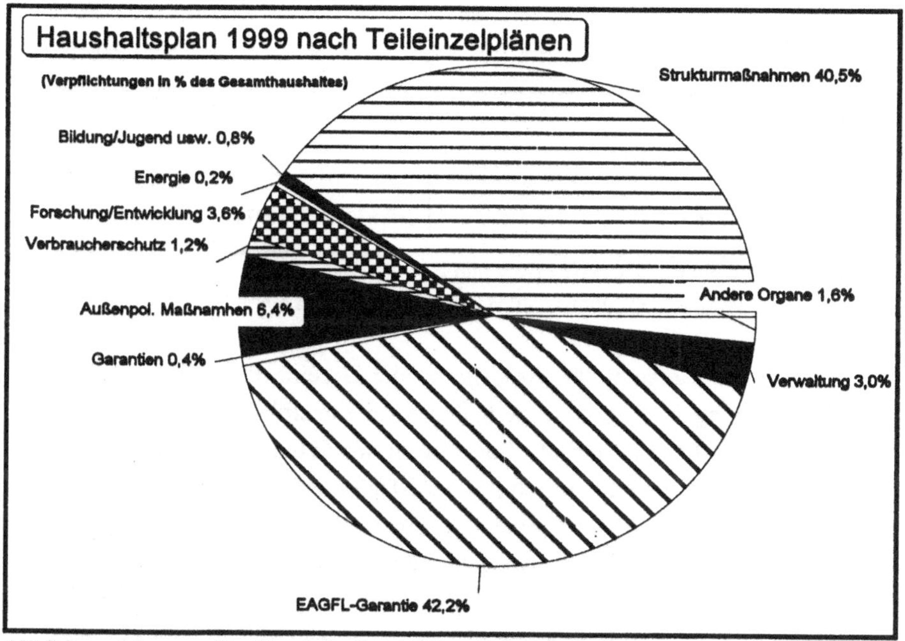

Abbildung 16: Der Haushaltsplan 1999 nach Teileinzelplänen
Daten: Europäische Kommission: Haushaltsvademekum 1999: 80

Von Relevanz sind hier also die Teileinzelpläne **B3** (Allgemeine und berufliche Bildung, Jugend, Kultur, audiovisueller Bereich, Information und sonstige Sozialmaßnahmen) mit 0,8% Anteil am Kommissionshaushalt, **B5** (Verbraucherschutz, Binnenmarkt, Industrie und transeuropäische Netze) mit 1,2% Anteil, und **B6** (Forschung und technologische Entwicklung) mit einem Anteil von 3,6% am Einzelplan III der Kommission.

Da sich die Teileinzelpläne weiter aufteilen, gibt nachstehende Tabelle einen Überblick über die Entwicklung sowie über die absoluten und relativen Werte.

1999	Teileinzelplan B3-1: Allgemeine und berufliche Bildung und Jugend	Teileinzelplan B5-7: Transeuropäische Netze	Teileinzelplan B6: Forschung und technologische Entwicklung
Höhe (in % vom jeweiligen Teileinzelplan)	54,4	51,84	100
absolut in Mio. ECU (Verpflichtungen)	411,7	585,2	3450
Änderung zu 1998 in %	+7,6	+4,5 (20,3 zu 1997)	+1,2

Tabelle 5: Teileinzelpläne B3-1 / B5-7 und B6
Daten: Europäische Kommission: Haushaltsvademekum 1999: 88f.

Wie aus Tabelle 5 ersichtlich wird, nimmt der Bereich B3-1 (Allgemeine und berufliche Bildung und Jugend) innerhalb des Teileinzelplans B3 mit 54,4% etwas mehr als die Hälfte in Anspruch. Das sind in absoluten Zahlen für 1999 411,7 Mio. ECU. Ähnlich verhält es sich mit dem Teileinzelplan B5-7 (Transeuropäische Netze), dem mit 51,84% ebenfalls die Hälfte der Mittel zur Verfügung stehen, was 585,2 Mio. ECU entspricht. Eine Ausnahme bildet in diesem Zusammenhang der Teileinzelplan B6, dessen Mittel komplett der Forschung und technologischen Entwicklung zugute kommen sollen. Hier beträgt die absolute Höhe 1999 3450 Mio. ECU, was einer Steigerung von 1,2% im Vergleich zu 1998 entspricht. Im Bereich der Transeuropäischen Netze war ein Zuwachs von 4,5% zu beobachten.[281] Der Bereich „Allgemeine und berufliche Bildung und Jugend" verzeichnete eine Zunahme der Mittel um 7,6%.

[281]Im vorangehenden Jahr hatte der Zuwachs in diesem Bereich noch bei 20,3% gelegen. Als Erklärungsmuster für diese ungewöhnlich hohe Schwankung könnte das zunächst vorgesehene Auslaufen des Kohäsionsfonds für 1999 herangezogen werden. Vielleicht wollten die Nutznießer dieses Fonds vor dessen Schließung besonders viele Mittel abrufen.

Wie erklärt sich nun aber die äußerst untergeordnete Rolle der genannten Politikbereiche, wenn man mit den Worten des Art. 5 EGV vermutet, dass die Gemeinschaft *„innerhalb der Grenzen der ihr in diesem Vertrag zugewiesenen Befugnisse und gesetzten Ziele"* tätig werden kann?
Zunächst darf die Gemeinschaft gemäß dem Prinzip der begrenzten Einzelermächtigung nur in den Bereichen tätig werden, die durch eine konkrete vertragliche Grundlage dem Kompetenzbereich von Kommission, Rat und Parlament zufallen.[282] Diese Voraussetzungen sind durch die Nennung der Materien im EGV erfüllt, was die Gemeinschaft aber nicht berechtigt, in ihrem eigenen Ermessen innerhalb der Regelungsmaterien tätig zu werden. Dies ergibt sich aus dem ebenfalls in Art. 5 EGV verankerten Subsidiaritätsprinzip, in dessen letzten Absatz es heißt: *„Die Maßnahmen der Gemeinschaft gehen nicht über das für die Erreichung der Ziele dieses Vertrags erforderliche Maß hinaus."* Aus diesem Zusammenhang ergibt sich, dass die „Regelungsfähigkeit", d.h. die Intensität, mit der die Gemeinschaft in bestimmte Politikbereiche eingreifen kann, von den konkreten Vertragsbestimmungen zu eben diesen Materien abhängig ist. Bezüglich der hier relevanten Gemeinschaftspolitiken heißt es im Art. 149 des Vertrages von Amsterdam (Allgemeine und berufliche Bildung und Jugend):

> *„Die Gemeinschaft **trägt** zur Entwicklung einer qualitativ hochstehenden Bildung dadurch **bei**, dass sie die Zusammenarbeit zwischen den Mitgliedstaaten **fördert** und die Tätigkeit der Mitgliedstaaten (...) erforderlichenfalls **unterstützt** und **ergänzt**."* (Hervorhebungen vom Autor eingefügt).

Zu diesem Zweck kann der Rat nach dem Verfahren des Art. 251 EGV (Mitentscheidung) *„unter Ausschluß jeglicher Harmonisierung der Rechts- und Verwaltungsvorschriften der Mitgliedstaaten"* mit qualifizierter Mehrheit Empfehlungen oder Maßnahmen erlassen.[283]

---

[282]Vgl. zum Prinzip der begrenzten Einzelermächtigung ausführlich Bleckmann 1997: 149ff.

[283]Der als niedrig einzuschätzende Verbindlichkeitscharakter dieser Vertragsbestimmungen wird deutlich, wenn man sich vor Augen führt, dass die Empfehlungen des Rates für den oder die

(Fortsetzung...)

Für die Transeuropäischen Netze (Art. 154 - 156 EGV) beschränken sich die Maßnahmen der Gemeinschaft auf die Erstellung von Leitlinien, die Durchführung von Aktionen und die Unterstützung in Form von Durchführbarkeitsstudien, Anleihebürgschaften und Zinszuschüssen, für die auch der Kohäsionsfonds in Anspruch genommen werden kann. Nach Art. 251 EGV getroffene Leitlinien bedürfen stets der Billigung des territorial betroffenen Mitgliedstaats.
Auch für den Bereich Forschung und technologische Entwicklung (Art. 163 - 173 EGV) beschränken sich die Möglichkeiten auf den Beschluss und die Durchführung von Maßnahmen, welche in einem mehrjährigen Rahmenprogramm zusammengefasst werden, das der Rat nach Art. 251 EGV aufstellt.
Aus diesen Ausführungen wird deutlich, dass die sehr bescheidene Ausstattung der Teileinzelpläne B 3-1, B 5-7 und B 6 durchaus dem Stellenwert entspricht, den der Vertrag diesen Politikbereichen zuweist. Die äußerst zurückhaltend formulierten Passagen der Verträge mit Formulierungen wie „trägt zur Entwicklung bei", „fördert die Zusammenarbeit" und „unterstützt und ergänzt erforderlichenfalls" deuten darauf hin, dass die Bedeutung der entsprechenden Politikbereiche entweder nicht erkannt worden ist oder der mit einer weitergehenden Kompetenzzuweisung verbundene Souveränitätsverzicht einigen der Mitgliedstaaten zu weit gegangen wäre. Diese Vermutung wird insbesondere durch den Wortlaut des Art. 149, Abs. 4 gestützt, in dem eine Harmonisierung der Rechts- und Verwaltungsvorschriften für den Bereich der allgemeinen und beruflichen Bildung und Jugend ausgeschlossen wird.

[283](...Fortsetzung)
betreffenden Mitgliedstaaten unverbindlich sind. Ein tiefergehender Eingriff in nationales Recht durch die Verabschiedung einer Verordnung oder einer Richtlinie ist der Gemeinschaft nicht möglich.

7.4. Reformmöglichkeiten

Die vorstehenden Ausführungen zu den primärrechtlichen Bestimmungen haben hinsichtlich der Allokationsfähigkeit des öffentlichen Budgets der Gemeinschaft verdeutlicht, unter welchen hohen Vorbehalten der Mitgliedstaaten ein weitergehender Kompetenztransfer auf dem Gebiet der wettbewerbsneutralen allokativen Maßnahmen steht. Unter diesem Aspekt sind die Vertragsbestimmungen ein Spiegel dieser Vorbehalte und finden Ausdruck in der Verteilung des Budgets auf die Teileinzelpläne (vgl. Abb. 16).
Die teilweise einer interventionistischen Industriepolitik zuzuordnenden Strukturmaßnahmen haben in finanzieller Hinsicht eine weitaus größere Bedeutung als die der Verbesserung der weichen Standortfaktoren dienenden Politikbereiche.
Wenn nun aufgrund des restriktiven Primärrechts eine Stärkung der entsprechenden Politikbereiche nicht realisierbar erscheint, dann muss nach anderen Möglichkeiten gesucht werden, wie die Europäische Union gemeinsam mit den Mitgliedstaaten und ihren regionalen Gebietskörperschaften auf die Herausforderungen im Zuge der Globalisierungsprozesse reagieren kann. Dabei sollte sich die Gemeinschaft auf eine moderierende und unterstützende Rolle beschränken. Im Grunde genommen sollte sie einen leistungsfähigen Ordnungsrahmen zur Verfügung stellen, der den Mitgliedstaaten und ihren Regionen genügend Raum zur Entfaltung ihres spezifischen Entwicklungspotentials läßt. Dieses Verständnis von Staatsaufgaben kann nicht ohne Auswirkungen auf die Aufgaben und Funktionen der öffentlichen Finanzen bleiben.

Die Devise, nach der eine grundlegende Umstrukturierung des regionalpolitischen Konzeptes der Union vorgenommen werden sollte, lautet *Dezentralisierung*. Wenn eine Verbesserung der Förderung der „weichen“, wettbewerbsneutralen Standortfaktoren durch die derzeit praktizierte Regionalpolitik nicht möglich erscheint, dann ist ein Rückverlagerung der Kompetenzen auf die regionale Ebene erforderlich. Das meint konkret die Unterstützung der Regionen bei der Optimie-

rung ihrer Standortpolitik.[284]
Die Möglichkeiten, die sich mit einem fundierten ordnungspolitischen Konzept für eine europäische »Standortpolitik« im Rahmen der primärrechtlichen Möglichkeiten bieten, sind durchaus geeignet, die Mitgliedstaaten erfolgversprechend bei der Verbesserung der Standortattraktivität zu unterstützen.[285] Um den sich aus dem Prozeß der Globalisierung ergebenen Verlust von Steuerungsfähigkeit zu kompensieren, müssen die sich bietenden Chancen erkannt und richtig genutzt werden. Unter allokationstechnischen Gesichtspunkten heißt das konkret:

- Die *„räumliche Entgrenzung von Standortfaktoren"* (Lehner 1998: 314) macht Regionen als Standorte für multinational operierende Konzerne austauschbar. Hieraus ergibt sich, dass traditionelle Standortfaktoren wie Infrastruktur, Qualifikation des Arbeitskräftepotentials und Besteuerung in ihrer Bedeutung für industriepolitische Allokation rückläufig sind.
- Als logische Konsequenz aus dieser Feststellung scheint es angebracht, dass Regionen in einem langfristig orientierten Konzept die *„Entwicklung eines leistungsfähigen regionalen Innovationssystems"* (Lehner 1998: 326) vorantreiben sollten, welches nicht beliebig reproduzierbar ist und somit auf längere Sicht einen Wettbewerbsvorteil sichert.

Wie Lehner feststellt und in überzeugender Art auch untermauert, ist die These vom Verlust öffentlicher Steuerungsfähigkeit generell nicht zutreffend.[286] Ähnlich argumentiert Körner, der zwei gegensätzliche Wirkungen der Globalisierungsprozesse auf die Träger staatlicher Wirtschaftspolitik identifiziert. Das Resultat dieser Entwicklung ist eine sich verschärfende *„globalisierungsbedingte Budgetrestriktion des Staates"* (Körner 1999: 600). Dieser Prozess wird durch zwei gegenläufige Entwicklungen im Zuge der Globalisierung hervorgerufen. Auf der

[284]Havighorst vertritt diesen Ansatz, bezogen auf die Regionalpolitik in der Bundesrepublik Deutschland unter dem Schlagwort *„Regionalisierung der Regionalpolitik"*. So auch der gleichlautende Titel seiner Dissertation. Vgl.: Havighorst 1998.

[285]Vgl.: Krüger 1998: 233.

[286]Vgl.: Lehner 1998: 311ff.

einen Seite zwingt die Konkurrenz der Standorte um mobile Produktionsfaktoren die wirtschaftspolitischen Akteure zu einer effizienteren Ausgestaltung des öffentlichen Leistungsangebotes. Da das Hauptaugenmerk dieser Umgestaltung jedoch auf die aktiv am Wirtschafsgeschehen teilnehmenden Unternehmen liegt, besteht die Gefahr einer rückläufigen Entwicklung des öffentlichen Leistungsangebotes für die Mitglieder des Non Business Sektors. Im Gegenzug dazu steigt auf der anderen Seite aber auch die Nachfrage nach kompensierenden Einkommenstransfers für die mit zunehmender Marktintegration benachteiligten Gruppen.[287]

Zwar hat sich durch die Austauschbarkeit der Standorte durch ein immer engeres Zusammenrücken der Wirtschaftsregionen mittels Kommunikation und Logistik bzw. Infrastruktur der Druck auf die handelnden Akteure sehr verschärft; eine Kanalisierung dieser Herausforderung mit der Entwicklung der entsprechenden Handlungsalternativen hat - zumindest in der Struktur- und Industriepolitik der Europäischen Union - bisher aber nicht stattgefunden. Bezogen auf die Industriepolitik der Europäischen Union ergibt sich aus dieser Sicht eine einschneidende Änderung der bisher angewandten Verfahren. Das oftmals interventionistisch angewandte „Gießkannenprinzip“ der Wirtschaftsförderung muss durch eine dezentral ausgestaltete und ordnungspolitisch fundierte Politik der Unterstützung und Förderung spezifischer regionaler Innovationspotentiale ersetzt werden. Die derzeit angewandte Praxis, spezielle Sektoren oder gar Unternehmen der Wirtschaft mit Subventionen wettbewerbsfähig zu halten, sollte behutsam in eine langfristig ausgerichtete Strategie der Stärkung regionalspezifischer Netzwerksysteme überführt werden. Dies sollte selbstverständlich unter Berücksichtigung der sozialverträglichen Abfederung des Strukturwandels in den nicht mehr wettbewerbsfähigen Sektoren der europäischen Volkswirtschaften geschehen.

Eine Neuordnung der Maßnahmen muß sich aufgrund der relativ stringenten Vorschriften insbesondere von Art. 147 und 163 - 173 EGV auf eine „Moderation“ der durchzuführenden Programme beschränken. Um die Verantwortlichkeit der Mitgliedstaaten und hier insbesondere der lokalen und regionalen Gebiets-

[287]Vgl.: Körner 1999: 600ff.

körperschaften zu stärken, sollte eine Co-Finanzierung durch die nationalen Haushalte erfolgen. Durch eine Beteiligung der nationalen Haushalte an den Kosten der durchzuführenden Programme und Maßnahmen könnten die Budgets der entsprechenden Fonds herabgesetzt werden. Dies würde mittelfristig den Finanzbedarf der EU senken, wodurch im Gegenzug den Nationalstaaten wieder mehr Mittel zur Co-Finanzierung zur Verfügung stünden. Neben der Tatsache, dass eine subsidiär ausgestaltete Finanzierung einer Zentralisierungstendenz entgegenwirkt, stärkt dieses Verfahren die Verantwortlichkeit der Gebietskörperschaften und minimiert somit auch das rent-seeking-Problem. Dieses Verfahren soll nicht zu einer desintegrativen Renationalisierung europäische Politik führen, sondern das Verantwortungsbewußtsein aller beteiligten Akteure für eine wettbewerbsfähige europäische Wirtschaft stärken.

Für die Struktur des Gesamthaushaltes der Europäischen Union ergeben sich aus diesen Vorschlägen diverse Änderungen: Der Europäische Sozialfonds sollte auf Kosten des Europäischen Ausgleichs- und Garantiefonds für die Landwirtschaft eine Aufstockung erfahren, um flankierend die Umstrukturierungsprozesse in der europäischen Landwirtschaft zu begleiten. Gleiches gilt für die Rückführung der Subventionen im Kohle- und Stahlsektor.[288] Der Europäische Regionalfonds sollte in die Lage versetzt werden, die Entwicklung regionaler Innovationssysteme und Netzwerke zu fördern und zu moderieren. Da es aber letztendlich gleichgültig ist, aus welchen Fonds welche Maßnahmen finanziert werden, könnte auch an eine Zusammenlegung aller Fonds gedacht werden, um zu mehr Transparenz zu gelangen.[289]

Unter Beachtung des Subsidiaritätsprinzips sollten die Gebietskörperschaften der

[288]Diese Option erlangt vor dem Hintergrund der anstehenden Osterweiterung eine noch größere Bedeutung, da die mittelosteuropäischen Staaten aufgrund der Unterschiede in der Kosten- und Lohnstruktur genau in den Bereichen Wettbewerbsvorteile gegenüber der Gemeinschaft besitzen, in denen in Westeuropa schon seit geraumer Zeit große Probleme bestehen.

[289]Heinemann plädiert in diesem Zusammenhang für eine Zusammenlegung aller Fonds zu einem sog. „Kompensationsfonds". Dies würde die Umverteilung erheblich transparenter gestalten. Vgl.: Heinemann 1999: 297f.

Mitgliedstaaten Programme ausarbeiten, die von der EU unterstützt und gefördert werden. Schon allein aufgrund der Kenntnis spezifischer Gegebenheiten sollte die Ausgestaltung der Maßnahmen und deren Durchführung überwiegend in der Kompetenz der jeweiligen Region liegen.

Dabei ist zu berücksichtigen, dass es in den Mitgliedstaaten der Europäischen Union große Unterschiede in der politischen Strukturierung gibt. Keinesfalls darf davon ausgegangen werden, dass überall handlungsfähige regionale Netzwerke bestehen, die ohne weiteres in der Lage wären diesen Umstrukturierungsprozess zu initialisieren.[290]

Um die Rolle der Regionen adäquat zu betonen, sollte die Stellung des Ausschuss der Regionen als Repräsentationsorgan der regionalen und lokalen Gebietskörperschaften für diese Aufgabe gestärkt werden. Vorstellbar wäre es, dem AdR dabei die Rolle eines „Koordinierungs-Organs" zukommen zu lassen.

Um eine stärkere Betonung der „weichen", wettbewerbsneutralen Standortfaktoren zu erreichen, sollten die Maßnahmen im Rahmen des Art. 157 EGV eng mit den Möglichkeiten der Art. 149 - 150 EGV verzahnt werden. Eine Vielzahl von nicht mehr zu überschauenden Maßnahmen, die noch dazu aus unterschiedlichen Fonds finanziert werden, führt zu großen Ineffizienzen und Reibungsverlusten. Der Europäische Rechnungshof hat dies wiederholt in seinen Berichten bemängelt.[291] Bei allen angestrebten Maßnahmen sollte daher auf größtmögliche Komplementarität geachtet werden.

Nach einem so vollzogenen „Kurswechsel" könnte die EU gemeinsam mit ihren Mitgliedstaaten in die Lage versetzt werden, eine zukunftsorientierte und den Grundsätzen der Wettbewerbsneutralität verpflichtete Industriepolitik im weitesten Sinne zu verfolgen. Diese sollte lokale und regionale Verwaltungseinheiten bestmöglich einbinden und auf diese Weise Informationsvorsprünge auf regionaler Ebene für sich nutzbar machen.

Zusammenfassend lässt sich somit sagen, dass die Wirkungen der Globalisierung

[290] Vgl.: Rehfeld 1997: 39ff.

[291] Vgl. zu den spezifischen Problemen der EU-Industriepolitik: Krüger 1998: 225ff.

durchaus mit einem Verlust öffentlicher Steuerungsfähigkeit einhergeht. Dies trifft jedoch nur in soweit zu, als man den Folgen der Globalisierung mit althergebrachten Instrumenten zu begegnen versucht. Eine flexible Reaktion auf die geänderten Herausforderungen bietet durchaus Möglichkeiten, mit dem Einsatz öffentlicher Mittel wirkungsvoll auf die neue Situation zu reagieren.

Die vorstehend gemachten Anregungen können nur ein unvollständiges Bild von den Möglichkeiten der Umstrukturierung der Haushaltssystematik der Europäischen Union geben. Für den eigentlichen Gegenstand der Untersuchung - die öffentlichen Finanzen der Europäischen Union - ist die letztendliche Ausgestaltung einer eventuellen Umstrukturierung auch nur von zweitrangiger Bedeutung. Aufgezeigt werden sollten in diesem Zusammenhang lediglich die geänderten Funktionen, die dem öffentlichen Haushalt vor dem Hintergrund der weltwirtschaftlichen Entwicklungen zuzuweisen sind.
Allokation, Distribution und Stabilisierung sind in herkömmlicher Anwendung durch die zunehmende Verflechtung der Volkswirtschaften stumpfe Waffen der Wirtschaftspolitik geworden. Eine Verwendung der öffentlichen Budgets zur Stärkung der wirtschaftlichen Wachstums- und Innovationspotentiale unter Beachtung eines liberalen Welthandelssystems führt zu mehr Beschäftigung und somit steigendem Wohlstand und reduziert die Notwendigkeit, unter sozialpolitischen Aspekten wie bisher distributiv in die Verteilung des Volkseinkommens einzugreifen.
Die Gegenwart sieht derzeit noch so aus, dass die Industriepolitik sowohl im nationalen, wie im europäischen Rahmen einen ungleich größeren Rahmen für sich in Anspruch nimmt als die vorstehend skizzierte „Standortpolitik". Die überwiegend strukturerhaltend orientierten Maßnahmen, insbesondere in den Sektoren Kohle, Stahl, Schiffbau und Landwirtschaft sind jedoch für einen erfolgreichen Anpassungsprozeß eher hinderlich.[292] Trotz dieser Einsicht ist eine Verschiebung staatlicher oder europäischen Industriepolitik in Richtung auf einer

[292]Vgl. Molitor 1981: 17.

stärkere Unterstützung der „weichen“ Standortfaktoren derzeit nicht feststellbar.[293]

Der Europäische Rat von Turin hat bereits 1996 die aus der Veränderung der internationalen Lage und der Globalisierung der Weltwirtschaft erwachsenen Probleme als eine der größten Herausforderungen für die Europäische Union bezeichnet.[294] Insbesondere betonte der Rat die Auswirkungen dieser Entwicklungen auf die Beschäftigungssituation, die Wettbewerbsfähigkeit und die Schaffung von Arbeitsplätzen in der Union. Unter diesen Gesichtspunkten sei eine Verbesserung der Handlungsfähigkeit der Union eine Grundvoraussetzung zur Bewältigung dieser Herausforderung. Eine Reform der Institutionen sowie der Verfahren sieht der Rat als Schlüssel zur Gewährleistung der Handlungsfähigkeit der Europäischen Union auch im Hinblick auf die Osterweiterung an.

Für die Europäische Kommission hat die Globalisierung der Wirtschaft drei, sich gegenseitig verstärkende, Hauptursachen:

- die Liberalisierung des Welthandels und des Kapitalverkehrs
- der technologische Fortschritt zur Informationsgesellschaft
- die Deregulierung (Privatisierung ehemals öffentlicher Wirtschaftsbereiche)[295]

Die Kommission erwähnt die grundsätzlich vorhandene Möglichkeit zur Umgehung bestimmter einzelstaatlicher oder gemeinschaftsrechtlicher Maßnahmen durch Einzelpersonen oder Unternehmen durch die Internationalisierung.[296]

---

[293]Vgl.: Krüger 1998, die sich neben der Darstellung einer den Strukturwandel bremsenden Industriepolitik auf nationaler Ebene auch mit den Problemen einer europäischen Industriepolitik beschäftigt.

[294]Vgl.: Schlussfolgerungen des Vorsitzes Europäischer Rat Turin, 29. März 1996. In Turin wurde auch die Regierungskonferenz zur Überprüfung des Maastricht-Vertrages offiziell eröffnet.

[295]Vgl.: Europäische Kommission, Generaldirektion Bildung und Kultur: Glossar. Institutionen, Politiken und Erweiterung der Europäischen Union, Luxemburg 2000, S. 35.

[296]Ebd.

Somit sind die beiden kennzeichnenden Elemente, die als externe Faktoren auf die politischen Systeme der Gegenwart einwirken, umschrieben: Die zunehmende Internationalisierung und die damit verbundene abnehmende Reichweite und Wirksamkeit traditioneller nationaler oder auch supranationaler Politikmuster. Diese gegenläufige Entwicklung wird zu einem der bestimmenden Strukturmerkmale des internationalen Systems. In der Europäischen Union sind gegenwärtig Bestrebungen erkennbar, die abnehmenden nationalstaatlichen Souveränitäten hinsichtlich der wirtschaftspolitischen Gestaltungsmacht durch Zentralisierung auf europäischer Ebene zumindest teilweise zu kompensieren.[297] Dies ist als der naheliegende Versuch politischer Akteure zu werten unter Hinweis auf den Verlust ihrer Handlungsfähigkeit, durch eine Beschränkung des Systemwettbewerbs wieder eine gestaltende Funktion zu übernehmen. Unter dem Druck von strukturellen Problemen auf dem Arbeitsmarkt und in bestimmten Industriebereichen versuchen die politischen Akteure, unter Instrumentalisierung der Europäischen Union und ihres Budgets eine Verlagerung der Problemlösung von der nationalstaatlichen auf die europäische Ebene zu erreichen. Diese Zentralisierungsinteressen der Mitgliedstaaten haben in Verbindung mit den intransparenten Entscheidungsverfahren der Gemeinschaft dazu geführt, dass unpopuläre nationale Maßnahmen vor den heimischen Wählerinnen und Wählern als „europäische Notwendigkeit" legitimiert werden konnten.[298]
Solange die politischen Entscheidungsträger auf europäischer Ebene (die jeweiligen Fachminister in „ihrem" Ministerrat) die u. U. budgetwirksam werdenden Beschlüsse nicht unmittelbar verantworten müssen, besteht beispielsweise über die Struktur- oder die Industriepolitik der Anreiz, nationale Ausgaben durch den europäischen Haushalt zu substituieren.
Unter diesem Aspekt erscheint eine Dezentralisierung als durchaus empfehlenswert zur Vermeidung derartiger Mitnahme-Effekte.

---

[297] Vgl.: Mussler 1999: 89ff.

[298] Beispiele hierfür sind die europäische Agrarpolitik und die Begründung der Mehrwertsteuererhöhung in Deutschland mit Steuerharmonisierungserfordernissen im europäischen Rahmen. Vgl.: Ebd.: 95.

ABSCHNITT E: ZUSAMMENFASSUNG DER UNTERSUCHUNG

Die öffentlichen Finanzen der Gemeinschaft sind Gegenstand harter Auseinandersetzung zwischen den Mitgliedstaaten. Dies gilt sowohl bei den Diskussionen um die Höhe der einzelstaatlichen „Beiträge“ als auch bei der Summe der Mittel, die aus dem europäischen Haushalt wieder an die Mitgliedstaaten zurückfließen. Diese Auseinandersetzungen werden sich verschärfen, wenn unter Beibehaltung der bestehenden (distributiven) Funktionen des Budgets neue Staaten der Gemeinschaft beitreten werden. Eine uneingeschränkte Partizipation aller neuen und alten Mitgliedstaaten am Brüsseler „Kompensationshaushalt“ kann es nicht geben. So ist es selbstverständlich ein offenes Geheimnis, dass die Spielregeln der Gemeinsamen Agrarpolitik und der Strukturpolitik tiefgreifenden Änderungen unterzogen werden müssen, um auch die Gemeinschaft auf den Beitritt neuer Mitglieder vorzubereiten[299]. Gleiches gilt für die Entscheidungsmechanismen im Ministerrat, für die Zusammensetzung der Kommission und für die Größe und die Rolle des Europäischen Parlamentes. Kurz gesagt muss das gesamte Institutionen- und Entscheidungsgefüge der Europäischen Union grundlegend umgestaltet werden, soll sie nicht an der Erweiterung scheitern und zu einer besseren Freihandelszone degenerieren. Diese außerordentlich wichtigen wie vielschichtigen Themenkomplexe der europäischen Agenda waren aber nicht Hauptgegenstand der vorliegenden Arbeit.

Die heutige Gestalt der öffentlichen Finanzen der Gemeinschaft, in Abschnitt B eingehend dargestellt[300], ist das Resultat einer über vierzigjährigen Entwicklungsgeschichte, bei der die Reformen stets den Anforderungen hinterherliefen. Das seit 1970 etablierte Eigenmittelsystem wurde zwar stetig weiter ausgebaut und

---

[299]Eine andere, unter politökonomischen Aspekten wahrscheinlichere, Option ist die Anwendung langjähriger Übergangsfristen im Agrar- und Strukturbereich. Auf diese Weise müssen die jetzigen Empfängerländer nicht sofort auf Zahlungen aus dem Brüsseler Haushalt verzichten, und gleichzeitig wird die Übertragung produktionssteigernder Anreizmechanismen im Agrarbereich auf die Beitrittsstaaten vermieden.

[300]Vgl. auch die zusammenfassende Darstellung in der Tabelle im Anhang B.

verschiedenen Änderungen unterzogen, ist in seiner heutigen Erscheinungsform jedoch auch stets unter dem Aspekt des Einstimmigkeitserfordernisses bei Änderungen der Finanzierungsregelungen zu beurteilen.

Die ursprünglich angestrebte Unabhängigkeit der Gemeinschaft von den Beitragszahlungen der Mitgliedstaaten - durch die Bezeichnung „System der eigenen Mittel" gekennzeichnet - ist durch das rückläufige Aufkommen der einzigen „echten" (traditionellen) Eigenmittel und der damit notwendig gewordenen vierten Eigenmittel-Quelle nicht erreicht worden. Neben dem Ziel einer ausreichenden und sicheren Finanzierung steht die Frage der finanziellen Autonomie aber erneut auf der Tagesordnung der Verhandlungen für einen neuen Eigenmittelbeschluss.[301]

Im Zusammenhang mit dem Primärrecht der Europäischen Union von einer Verfassung[302] zu sprechen erscheint, wie in der Einführung in die Problematik dargestellt, zumindest aus der Sichtweise der deutschen Verfassungstheorie, nicht zulässig[303]. Ebensowenig ist es dann statthaft, die Finanzvorschriften des Primärrechts mit den daraus hervorgegangenen sekundärrechtlichen Bestimmungen als „Finanzverfassung" der Europäischen Union zu bezeichnen. Die Europäische Union ist kein Staat, auch kein staatsähnliches Gebilde, und schon gar nicht kann

[301]Vgl.: Kommission der Europäischen Gemeinschaften: Die Finanzierung der Europäischen Union. Bericht der Kommission über das Funktionieren des Eigenmittelsystems, Brüssel 07. Oktober 1998. Abgedruckt in: Bulletin der Europäischen Union, Beilage 2 / 98. **[KOM (1998) 560]**, Anhang 2 m.w.N.

[302]Zur Diskussion von Vertrag oder Verfassung für die EU vgl. aus institutionenökonomischer Sicht: Pies 1996, und zum Problem Harmonisierung vs. Wettbewerbslösung aus ordnungstheoretischer Perspektive: Koop 1996 sowie die Beiträge in Streit / Wohlgemuth (1999).

[303]Die bereits angesprochene Frage nach einer neuen vertraglichen oder verfassungsmäßigen Basis für die Europäische Union hat in jüngster Vergangenheit an Aktualität gewonnen. In der Bundesrepublik tritt diese Forderung insbesondere in dem Bestreben einiger Bundesländer zutage, die Kompetenzverteilung zwischen der europäischen Ebene und den Mitgliedstaaten und ihren Ländern bzw. Regionen klar zu strukturieren und normativ abzusichern. Vgl. auch Abschnitt C, Punkt 6 dieser Arbeit.

man hinsichtlich der Finanzierungskompetenz von einer grundsätzlich nicht beschränkten Abgabenhoheit der europäischen Ebene sprechen. Im komplizierten Zusammenspiel zwischen der europäischen Ebene und den Mitgliedstaaten mit ihren spezifischen Interessen werden die Regelungen für die Finanzierung unter höchsten Zustimmungserfordernissen festgelegt. Die Darstellung der Entwicklung der öffentlichen Finanzen der Gemeinschaft hat gezeigt, dass im Rahmen dieser Verhandlungsprozesse (insbesondere in Verbindung mit Vertragsänderungen) die Kompensationsfunktion des öffentlichen Budgets unter dem Deckmantel der Distribution zum bestimmenden Merkmal geworden ist.

Eine Entwicklung, die vor dem Hintergrund der mangelnden Budgetbefugnisse des Europäischen Parlamentes bei den obligatorischen Ausgaben eine bedenkliche Tendenz aufweist. Die Tatsache, dass die wesentlichen Entscheidungen im Ministerrat getroffen werden und somit nur mittelbar auf nationaler Ebene zu verantworten sind (Nichtbeachtung des Korrespondenzprinzips) führt in Verbindung mit den unzureichenden haushaltstechnischen Kompetenzen des Parlamentes zu einer unbefriedigenden Situation.

Es bleibt abzuwarten, ob die im Zusammenhang mit der Osterweiterung anstehenden Änderungen des Primärrechts[304] diese Defizite beheben können. Bei den Beratungen über ein neues System der eigenen Mittel auf Grundlage des Vorschlags der Kommission[305] ist eine intensive Auseinandersetzung mit dem Problem der Finanzierungsautonomie derzeit nicht erkennbar. Obwohl von der Kommission gewünscht, steht eine neue, zusätzliche Eigenmittelquelle mit einem höheren Autonomiegrad gegenwärtig nicht auf der europäischen Agenda. Es steht zu vermuten, dass die unterschiedlichen finanzwissenschaftlichen Auffassungen hinsichtlich einer weitergehenden Unabhängigkeit der Union von der Finanzie-

[304]Das *Protokoll über die Organe im Hinblick auf die Erweiterung der Europäischen Union* bestimmt in seinem Art. 2, dass spätestens ein Jahr vor der Erweiterung der Union auf über 20 Mitgliedstaaten eine Konferenz der Vertreter der Regierungen der Mitgliedstaaten die Vertragsbestimmungen über die Zusammensetzung und die Arbeitsweise der Organe zu prüfen hat. Das Protokoll ist eine Anlage zum Vertrag von Amsterdam und als solches rechtsverbindlich.

[305]Kommission der Europäischen Gemeinschaften: Vorschlag für einen Beschluss des Rates über das System der Eigenmittel der Europäischen Union [**KOM (1999) 333 endg.**].

rung durch ihre Mitglieder eine entsprechende Eingabe der Kommission verhindert hat. Gleichwohl steht außer Frage, dass im Zuge einer institutionellen Erneuerung auch die öffentlichen Finanzen der Union reformiert werden müssen. Die beiden Grundpositionen zur Reform der EU-Finanzierung passen exakt in jenem Meinungsstreit, der sich bei allen großen Projekten der Integration wie ein roter Faden durch die gesamte Geschichte der Europäischen Gemeinschaften zieht. Dabei sind die grundsätzlichen Positionen zur Marktintegration und zur Politikintegration in vielfältigen Ausprägungen zutage getreten. Wie Mussler / Streit anmerken, gehen die sich entgegenstehenden Ansätze zur europäischen Integration in den einzelnen Mitgliedstaaten gar auf unterschiedliche philosophische Traditionen zurück, die bis heute in den Auffassungen der Mitgliedstaaten zur Integration erkennbar sind.[306] Zu den bekannteste Ausprägungen dieses Paradigmenstreits gehört wohl die Auseinandersetzung über den richtigen Weg zur Europäischen Währungsunion. Die Anhänger der „Lokomotivtheorie" wollten eine Beschleunigung des Integrationsprozesses durch die Implementierung einer gemeinsamen Währung erreichen. Der EURO als gemeinsames Zahlungsmittel sollte in diesem Modell als Lokomotive die Volkswirtschaften der Mitgliedstaaten in eine ökonomische Konvergenz ziehen. Diese Strategie der währungspolitischen Integration kann auch als hierarchisch, von oben verordnet, bezeichnet werden. Demgegenüber wollten die Vertreter der „Krönungstheorie" die gemeinsame Währung erst nach einem Prozess der marktlichen Angleichung der Volkswirtschaften als Krönung und Vollendung der Währungsunion einführen.[307]

[306] Vgl.: Mussler / Streit 1996: 266.

[307] Vgl. stellvertretend zum Meinungsstreit zwischen Ökonomisten und Monetaristen im Vorfeld der Währungsunion: Jochimsen (1998). Der erste Anlauf zu einer Europäischen Wirtschafts- und Währungsunion in den frühen achtziger Jahren (Werner-Plan) ist unter anderem an diesem scheinbar unüberwindbaren Gegensatz insbesondere zwischen Deutschland (ökonomistische Position) und Frankreich (monetaristische Position) gescheitert. Die Positionen haben sich bis zum Vertrag von Maastricht auf eine Parallelstrategie angenähert. In Stufe zwei der Währungsunion (1994 bis 1998) wurden institutionelle Neuerungen (Europäisches Währungsinstitut, Überwachung der wirtschaftspolitischen Entwicklung durch die Kommission) mit Fortschritten bei der Konvergenzentwicklung und der Unabhängigkeit der europäischen Notenbanken kombiniert.

Auf das engste verbunden mit den unterschiedlichen Positionen zur Reform der EU-Finanzierung ist auch die Diskussion über die Steuerangleichung im europäischen Binnenmarkt. Das Projekt eines einheitlichen Binnenmarktes ohne Grenzen für Waren, Personen, Dienstleistungen und Kapital entfaltete mit zunehmender Verwirklichung beachtliche spill-over-Effekte auf andere Bereiche.[308] Mit der Vollendung des Wirtschaftsraumes wurde somit auch die Steuerpolitik der einzelnen Mitgliedstaaten zu einem wichtigen Standortfaktor. Unterschiede in der Unternehmensbesteuerung und der Belastung von Kapitalerträgen können gravierende Auswirkungen auf die Investitionsentscheidungen von Unternehmen und damit auf die Allokation der Produktionsfaktoren im Binnenmarkt haben.[309]

Sollen diese unterschiedlichen Steuersysteme der Mitgliedstaaten durch Harmonisierung mittels Intervention der europäischen Ebene miteinander in Einklang gebracht werden oder soll der Wettbewerb der Steuersysteme als Regulativ für eine Angleichung der Besteuerung sorgen?[310] Diese Diskussion ist untrennbar mit der Entdeckung und Beschreibung der mit der Globalisierung zusammenhängenden Phänomene verbunden. Zwar hat Tibout schon 1956 die miteinander konkurrierenden Teilsysteme eines föderal organisierten Staates als Modell für den Wettbewerbsföderalismus herangezogen. Diese Teilsysteme unterlagen in ihrer Gesamtheit jedoch den Bestimmungen der hoheitlich übergeordneten, staatlichen

[308]Gemäß der Theorie der ökonomischen Integration erfordert die Vollendung einer Integrationsstufe durch diese spill-overs stets die Realisierung einer nächsten. Vor diesem Hintergrund ist der Ausbau von der Freihandelszone über die Zollunion und den Binnenmarkt bis hin zur Wirtschaftsunion eine den Gesetzen der Ökonomie folgende Entwicklung. Am Beispiel der Notwendigkeit einheitlicher Grundsätze der Besteuerung zur Vermeidung eines unfairen Steuer-(Standort-) wettbewerbs wird diese Integrationsdynamik besonders deutlich. Vgl. wegweisend dazu: Balassa (1961) und als Überblick über die Theorien und Konzepte ökonomischer Integration: Behrens (1981).

[309]Vgl. Fuest / Huber 1999: 07ff.

[310]Vgl. zum Problembereich von Steuerwettbewerb- und Harmonisierung: Boss (1999); Fuest / Huber (1999); Windisch (1998); Heinemann (1999a); Larbig (1998) und Lang (1997).

Ebene.[311] Dies ist bei den gegenwärtig zu beobachtenden weltwirtschaftlichen Prozessen nicht der Fall, weshalb eine Harmonisierung auf europäischer oder gar auf OECD-Ebene gefordert wird.[312]

Die eindimensionale Betrachtung des Steuerwettbewerbs stellt einen kausalen Zusammenhang zwischen der abnehmenden Kapitalbesteuerung auf der einen Seite, und der zunehmenden Belastung des immobilen Faktors Arbeit auf der anderen Seite her. In der Folge dieser Erosion der Steuerbasis würde es zu einer Unterversorgung mit öffentlichen Gütern kommen. Der Steuersenkungswettlauf endet für alle Beteiligten in einem ruinösen „race to the bottom“. Diese (vor allem unter interventionistisch geprägten Politikern) durchaus populäre These fordert als Reflex die Harmonisierung der Kapitalbesteuerung auf übergeordneter Ebene um auf diese Weise einen Teil des verloren gegangenen Gestaltungsspielraums zurückzugewinnen[313]. Legitimiert wird diese Forderung mit der Verpflichtung, die Bereitstellung öffentlicher Güter weiterhin zu gewährleisten. Bezieht man in dieses recht einfache Modell jedoch weitere Faktoren, die auf die Standortentscheidungen von Unternehmen entscheidende Auswirkungen haben, ein, so wird ersichtlich, dass auch ein Hochsteuerland einem Niedrigsteuerstandort hinsichtlich seiner Standortattraktivität überlegen sein kann. Bei dieser Betrachtung wird unterstellt, dass in die Standortentscheidungen der Unternehmen stets die Beurteilung des gesamten öffentlichen Leistungsangebotes und das Maß der zu seiner Finanzierung notwendigen Steuerlast einfließt. So wird aus dem eindimensionalen Steuerwettbewerb (mit nur einer, in der Souveränität der Akteure verbleibenden Variable) ein mehrdimensionaler Standortwettbewerb mit diversen Wahl- und Gestaltungsmöglichkeiten. Nachfolgende Abbildung soll dies illustrieren:

---

[311]Vgl.: Windisch 1998: 138

[312]Vgl.: Stabiles Geld - solide Finanzen. Die öffentlichen Finanzen der Gemeinschaft im Hinblick auf die WWU. Bericht einer unabhängigen Gruppe von Wirtschaftswissenschaftlern. In: Europäische Wirtschaft, Nr. 53., S. 45 [zitiert als **Stabiles Geld (1993)**]

[313]Vgl.: Lepach 1998:173.

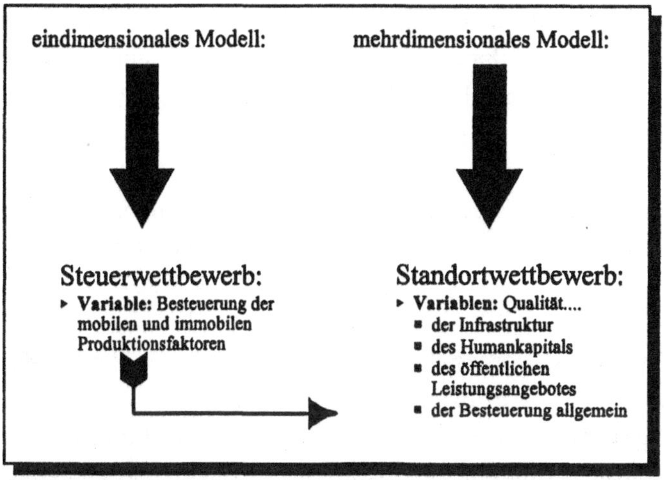

Abbildung 17: Faktoren von Steuer- und Standortwettbewerb
Quelle: Eigener Entwurf

Die einzelnen Steuersysteme der Industrienationen sind im Kern das Produkt weitgehend souverän handelnder Nationalstaaten. Ihre theoretische Basis - die ökonomische Theorie des (Fiskal-) Föderalismus - hatte im autonom agierenden Steuer- und Wohlfahrtsstaat, dessen Grenzen nahezu unüberwindbare Hindernisse für mobile Produktionsfaktoren darstellten, ihren zentralen Bezugspunkt.[314] In Verbindung mit der Annahme, dass wirtschaftspolitische Akteure gemeinwohlorientiert handeln, empfiehlt das Modell des kooperativen (Fiskal)-Föderalismus eine Zentralisierung fiskalpolitischer Kompetenzen auf einer übergeordneten Ebene. Innerhalb dieses Systems können dem öffentlichen Budget dann auch die Funktionen zugewiesen werden, die auf das wohlfahrtstheoretische Instrumentarium von Musgrave zurückgehen.

Die maßgeblich von Biehl auf die Finanzverfassung der EU angewandte ökonomische Theorie des Föderalismus spricht sich aus dem Blickwinkel der klassischen Finanzwissenschaft für die Etablierung einer Steuerhoheit auf europäischer

[314] Vgl.: Heinemann 1999a: 179f. sowie Kösters 1999: 187.

Ebene aus. Als Bezugsrahmen für die Reform einer europäischen Finanzverfassung dienen die zehn Teilprinzipien der optimalen Justierung des Gesamtsystems. Durch ihre Anwendung sollen Ineffizienzen im Beitragssystem vermieden und eine optimale Besteuerung ermöglicht werden. Anders als für die Anhänger des kooperativen Föderalismus ist der Steuerwettbewerb aus dieser Sicht nicht durchweg negativ, jedoch als second-best-Lösung einzustufen. Bessere Ergebnisse seien durch eine Steuerhoheit für die EU unter Beachtung der genannten Prinzipien zu erreichen.

Die in Abschnitt C vorgestellten Modelle zur Reform der EU-Finanzierung argumentieren jeweils in ihren theoretischen Bezugssystemen. Die Frage der Tragfähigkeit der traditionellen Föderalismustheorie und der Theorie des kompetitiven Föderalismus (mit ihren jeweiligen Implikationen für die Funktionen eines öffentlichen Budgets) wird vor dem Hintergrund der zunehmenden internationalen Verflechtung der Wirtschaft weitgehend außer acht gelassen. Ebenso finden bezüglich der Umsetzbarkeit die in Punkt sechs behandelten limitierenden Faktoren der nationalen Verfassungen im allgemeinen und des deutschen Grundgesetzes im speziellen eine unzureichende Berücksichtigung.
Darüber hinaus haben die Auswirkungen der Globalisierung auf die Aufgaben öffentlicher Finanzen in der Haushaltssystematik der Gemeinschaft bisher keinen entsprechenden Niederschlag gefunden. Strukturelles Merkmal ist das distributive Element. Ein Politikwechsel in Richtung auf eine aktive Gestaltung der Allokation unter Nutzung der weichen Standortfaktoren ist derzeit nicht feststellbar. Das Gegenteil scheint eher der Fall zu sein. Durch die Etablierung von tendenziell interventionistisch geprägten Politikbereichen scheint der Weg in die entgegengesetzte Richtung eingeschlagen worden zu sein.
Beginnend mit dem Bestimmungen zur Forschungs- und Technologiepolitik (EEA) setzte sich dieser Trend durch die Etablierung eines industriepolitischen Kapitels im Maastrichter Vertrag fort. Ein vorläufiges Ende ist durch den beschäftigungspolitischen Titel des Amsterdamer Vertrages erreicht worden. Zwar geben die konkreten Vertragsbestimmungen und hier vor allem die Entscheidungs- und Abstimmungsmechanismen keinen unmittelbaren Anlass,

hinter den genannten Bestimmungen den Versuch zu sehen, über die europäische Ebene stärker als bisher regulierend in die Abläufe des Wirtschaftsgeschehens einzugreifen. Dennoch ist in dieser Entwicklung ein deutliches Misstrauen gegenüber der Problemlösungskapazität von Marktmechanismen erkennbar. Einer institutionellen Integration wird von dieser Seite eindeutig Vorrang gegenüber einer wettbewerblich orientierten Integrationsstrategie eingeräumt. Ausdruck dieser ordnungspolitischen Kontroverse sind die scheinbar im Widerspruch zueinander stehenden Politikbereiche der Industriepolitik und der Wettbewerbspolitik.[315]

Zur Vermeidung eines „race to the bottom“ durch einen ruinösen Standortwettbewerb auf der einen Seite und einer überhöhten Besteuerung durch Kartellisierung auf der europäischen Ebene auf der anderen Seite sollten die vorhandenen Instrumentarien genutzt und sinnvoll miteinander kombiniert werden. Um eine Wettbewerbsverzerrung zu vermeiden und den Spielregeln des gemeinsamen Binnenmarktes nicht zu widersprechen, sollten die Teileinzelpläne B3 (allgemeine und berufliche Bildung, Jugend, Kultur, audiovisueller Bereich, Information und sonstige Sozialmaßnahmen), B5 (Verbraucherschutz, Binnenmarkt, Industrie und Transeuropäische Netze) sowie B6 (Forschung und technologische Entwicklung) innerhalb der Haushaltssystematik eine neue Bedeutung erfahren. Eine Umschichtung innerhalb der Haushaltslinien, an deren Ende eine quantitativ hochwertigere Ausstattung der genannten Teileinzelpläne steht, wirkt sich zwangsläufig auch auf den Umfang der Ausstattung der strukturerhaltend wirkenden Politikbereiche, insbesondere der Agrarpolitik aus. Diese Maßnahmen dürfen jedoch nicht dazu führen, dass die abnehmende Regulierung in einem Bereich durch zusätzliche Interventionen in einem anderen substituiert wird. Hieraus ergibt sich die Notwendigkeit eines fundierten ordnungstheoretischen Konzeptes um eine wettbewerbsneutrale Unterstützung der nationalen und regionalen Bemühungen zur Verbesserung der Standortqualität durch die europäische Ebene zu

[315]Vgl. stellvertretend: Oberender (1994), Hellmann (1994) und Schmidt (1998).

gewährleisten.[316]
Die folgende Abbildung soll die Wirkungskette der durch die Liberalisierung der Märkte hervorgerufenen Globalisierungstendenzen auf marktwirtschaftliche Systeme noch einmal vereinfachend darstellen. Als Reaktion auf die Gefahr einer Unterversorgung mit öffentlichen Gütern bleiben die Optionen der Harmonisierung durch Intervention oder der Setzung von Mindeststandards als ordnungspolitischen Rahmen, über denen sich der Wettbewerb der (Steuer-) Systeme frei entfalten kann.

[316] An dieser Stelle sei noch einmal daran erinnert, dass in traditionellen föderal gegliederten Systemen die Staatsverfassung den ordnungspolitischen Rahmen liefert, innerhalb dessen sich der Wettbewerb zwischen den Gebietskörperschaften abspielt. Dieser Rahmen fehlt im internationalen Maßstab.

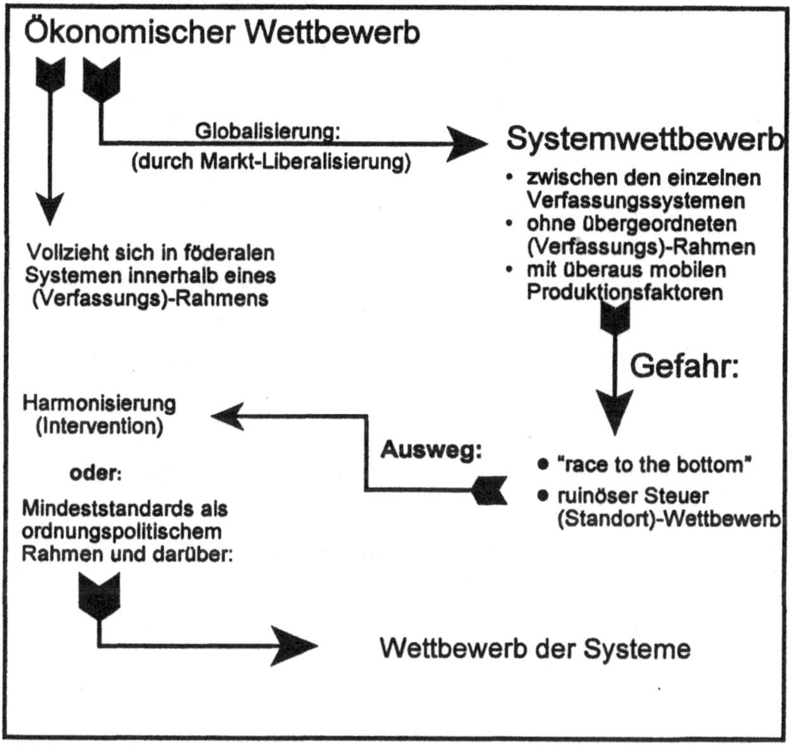

Abbildung 18: Föderale Systeme in der Globalisierung
Quelle: Eigener Entwurf

Die bestehende Distributionsintensität des europäischen Gesamthaushaltes kann als Produkt politischer Entscheidungsprozesse gedeutet werden. Die unveränderte Beibehaltung dieser Kompensation schafft systemwidrige Anreize, die notwendigen strukturellen Anpassungen in bestimmten Sektoren vorzunehmen.

Wenn bei fortschreitender Integration der europäischen Volkswirtschaften auch die Distributionsintensität des öffentlichen Haushaltes der Gemeinschaft ansteigt, dann können Mitgliedstaaten in Versuchung geraten, ursprünglich national zu finanzierende Maßnahmen durch Mittel aus den EU-Förderprogrammen zu finanzieren. Dieses Verhalten geht über das untereinander zu gewährende Maß an

Solidarität hinaus und wird allgemein als „Trittbrettfahrer-Verhalten" bezeichnet. Auch im Zusammenhang mit der Währungsunion ist dieses Phänomen intensiv diskutiert worden. Um eine laxe Haushalts- und Finanzpolitik der Mitgliedstaaten nach Eintritt in die Währungsunion zu vermeiden, wurde die als „no-bail-out-Klausel" bekannt gewordene, in Art. 103 EGV (Haftungsausschlüsse für Verbindlichkeiten untergeordneter Körperschaften) niedergelegte, Bestimmung in den Vertrag aufgenommen.

Unter diesem Aspekt werden die Bestimmungen über die öffentlichen Finanzen der Gemeinschaft nach Aufnahme des Subsidiaritätsprinzips in das Primärrecht als durchaus *„tragfähige und ordnungspolitisch befriedigende Grundlage interpretiert"* (Matthes 1995: 159). Diese Beurteilung bezieht sich aber auf die Fähigkeit zur Erhaltung der Geldwertstabilität durch die Europäische Zentralbank. Für die Rolle der öffentlichen Finanzen hinsichtlich ihrer allokativen, distributiven und stabilisierenden Funktionen besitzt diese Aussage m. E. keine Gültigkeit.

Eine Reform der öffentlichen Finanzen der Europäischen Union muss neben den von der Kommission herausgearbeiteten Kriterien[317]

- der Ergiebigkeit
- der Beitragsgerechtigkeit
- der Finanzautonomie
- der Tranzparenz und Einfachheit
- und der Kosteneffektivität

also insbesondere die Entwicklungen berücksichtigen, die als externe (und damit nicht unmittelbar zu beeinflussende) Faktoren auf die Funktionsfähigkeit einer Finanzverfassung einwirken. Die Chancen, die sich aus den gegenwärtigen weltwirtschaftlichen Prozessen ergeben, können bei einer aktiven Begleitung und Gestaltung der Prozesse durch die Politik als rahmensetzende Instanz durchaus zum Vorteil aller Beteiligten genutzt werden.

Die Antwort auf Globalisierung der Wirtschaft kann nicht in einer Kartellisierung

[317] Vgl.: Kommission der Europäischen Gemeinschaften: Die Finanzierung der Europäischen Union. Bericht der Kommission über das Funktionieren des Eigenmittelsystems, Brüssel 07. Oktober 1998. Abgedruckt in: Bulletin der Europäischen Union, Beilage 2 / 98. [KOM (1998) 560], Gliederungspunkt 1.2.

der Politik liegen. Oder, wie Reinicke es ausdrückt:

> „*Nicht die Prozesse, die wir mit dem Begriff der Globalisierung verbinden, führen uns in eine Falle. Vielmehr ist es die territoriale Beschränktheit in den bisher gewählten ordnungspolitischen Antworten auf Globalisierung.*" (Reinicke 1998: 291)

Der Begriff der Ordnungspolitik als konstitutioneller Bestandteil für das Funktionieren marktwirtschaftlicher Systeme muß von der herkömmlichen Gleichsetzung mit staatlicher Politik entkoppelt werden. In einer transnationalen oder gar supranationalen Ordnungspolitik müssen die operationellen Elemente der inneren Souveränität von ihrem formalen territorialen Fundament der Nationalstaaten und ihrer Regierungen unter Berücksichtigung des Subsidiaritätsprinzips gelöst werden.[318]

In diesem Plädoyer spiegelt sich die Einsicht in die abnehmende Fähigkeit des Nationalstaates klassischer Prägung wieder, weiterhin effizient nationalstaatlich orientierte Politik zu formulieren und zu implementieren. Bezogen auf den hier vorliegenden Untersuchungsgegenstand der öffentlichen Finanzen und ihrer Funktionen bedeutet dies, dass der Wettbewerb auch zwischen politischen Systemen (mit dem erforderlichen Maß an Konsens über die ordnungspolitischen Rahmenbedingungen) die Steuerzahler vor einer zentralen Besteuerung schützt und politische Entscheidungsträger zu verantwortungsbewusstem Handeln zwingt. Globalisierung und Standortwettbewerb müssen als Chance begriffen werden, verloren geglaubten Entscheidungsspielraum zurückzugewinnen - als Gelegenheit und Antrieb, natio-nale, regionale und kommunale Entwicklungspotentiale zu identifizieren und zu nutzen. Sichtbar werden muss diese Entwicklung in einer Umgestaltung und Neuorientierung des Haushaltsplans und der Funktionen, die dem öffentlichen Budget der Europäischen Union zugeordnet werden.

[318]Vgl.: Reinicke 1998: 291.

Verzeichnis der Literatur

Primäres Vertragsrecht

- Vertrag über die Gründung der Europäischen Gemeinschaft für Kohle und Stahl vom 18. April 1951 (BGBl. II S. 447)
- Vertrag zur Gründung der Europäischen Atomgemeinschaft (EURATOM) vom 25. März 1957 (BGBl. II S. 1014)
- Einheitliche Europäische Akte (EEA) vom 28. Februar 1986 (BGBl. II. S. 1102), Abl. L 169 vom 29. Juni 1986
- Vertrag zur Gründung der Europäischen Gemeinschaft (EGV) vom 25. März 1957 (BGBl. II S. 766) in der Fassung vom 02. Oktober 1997 (BGBl. 1998 II S. 386), Abl. C 340 vom 10. November 1997

Sekundäres Vertragsrecht / Offizielle Dokumente

Bereich I: Eigenmittel

- Beschluss des Rates (70/243/EGKS/EWG/Euratom) vom 21. 04. 1970 über die Ersetzung der Finanzbeiträge der Mitgliedstaaten durch eigene Mittel der Gemeinschaften (**Abl. 1970 L 94/19** vom 28. 04. 1970)
- Kommission der Europäischen Gemeinschaften: Vorschlag für einen Beschluss des Rates über das System der eigenen Mittel der Gemeinschaften (**Abl. C 145/5** vom 03. 06. 1983).
- Beschluss des Rates (85/257/EWG/Euratom) vom 07. Mai 1985 über das System der eigenen Mittel der Gemeinschaften (**Abl. L 128/15** vom 14. 05. 1985).
- Beschluss des Rates vom 24. Juni 1988 über das System der Eigenmittel der Gemeinschaften (**Abl. L 185/24** vom 15. 07. 1988)
- Kommission der Europäischen Gemeinschaften: Das System der Eigenmittel [**KOM (92) 81** endg.] Bericht der Kommission gemäß Art. 10 des Beschlusses über die Eigenmittel.
- Kommission der Europäischen Gemeinschaften: Bericht über die Durchführung der Interinstitutionellen Vereinbarung [**KOM (92) 82** endg.].

- Europäischer Rat in Edinburgh 11. und 12. Dezember 1992, Schlußfolgerungen des Vorsitzes. Abgedruckt in: Kommission der Europäischen Gemeinschaften, Vertretung in der Bundesrepublik: EG-Nachrichten, Berichte und Informationen - Dokumentation Nr. 15 vom 21. 12. 1992.
- Beschluss des Rates (94/728/EG, Euratom) vom 31. Oktober 1994 über das System der Eigenmittel der Gemeinschaften, (**Abl. L 293/9** vom 12. 11. 1994).
- Kommission der Europäischen Gemeinschaften: Die Finanzierung der Europäischen Union. Bericht der Kommission über das Funktionieren des Eigenmittelsystems, Brüssel 07. Oktober 1998. Abgedruckt in: Bulletin der Europäischen Union, Beilage 2 / 98. **[KOM (1998) 560]**
- Kommission der Europäischen Gemeinschaften: Vorschlag für einen Beschluss des Rates über das System der Eigenmittel der Europäischen Union [**KOM (1999) 333 endg.**].

Bereich II: Haushalt, Haushaltsordnung, Haushaltsdisziplin

- Beschluss des Rates über die Aufstellung einer mehrjährigen finanziellen Vorausschau (**Abl. 1970 L 94/23** vom 28. 04. 1970)
- Vertrag zur Änderung bestimmter Haushaltsvorschriften der Verträge zur Gründung der Europäischen Gemeinschaften und des Vertrages zur Einsetzung eines gemeinsamen Rates und einer gemeinsamen Kommission der Europäischen Gemeinschaften vom 22. 04. 1970 (**Abl. 1971 L 2/1** vom 02. 01. 1972)
- Vertrag zur Änderung bestimmter Finanzvorschriften der Verträge zur Gründung der Europäischen Gemeinschaften und des Vertrages zur Einsetzung eines gemeinsamen Rates und einer gemeinsamen Kommission der Europäischen Gemeinschaften (**Abl. 1977 L 359/1** vom 22. 07. 1975)
- Haushaltsordnung vom 21. 12. 1977 für den Gesamthaushaltsplan der Europäischen Gemeinschaften (**Abl. 1977 L 356/1** vom 31. 12. 1977)
- Interinstitutionelle Vereinbarung über die Haushaltsdisziplin und die Verbesserung des Haushaltsverfahrens (**Abl. L 185/33** vom 15. 07. 1988)
- Entscheidung des Rates vom 24. Juni 1988 betreffend die Haushaltsdisziplin (**Abl. L 185/29** vom 15. 07. 1988)
- Interinstitutionelle Vereinbarung vom 29. 10. 1993 über die Haushaltsdisziplin und die Verbesserung des Haushaltsverfahrens (**Abl. C 331/1** v. 07.12.1993.)

- Entscheidung des Rates (94/729/EG) vom 31. Oktober 1994 betreffend die Haushaltsdisziplin (**Abl. L 293/14** vom 12. 11. 1994).
- Verordnung (EGKS, EG, Euratom) Nr. 2730/94 des Rates vom 31. Oktober 1994 zur Änderung der Haushaltsordnung vom 21. Dezember 1977 für den Gesamthaushaltsplan der Europäischen Gemeinschaften. (**Abl. L 293/7** vom 12. 11. 1994).
- AGENDA 2000: Eine stärkere und erweiterte Union [KOM (97) 2000 Teil I endg.] und AGENDA 2000: Die Erweiterung der Union - Eine Herausforderung [KOM (97) 2000 Teil II endg.]
- Verordnung (EG, EGKS, Euratom) Nr. 2673/1999 des Rates vom 13. Dezember 1999 zur Änderung der Haushaltsordnung vom 21. 12. 1977 für den Gesamthaushaltsplan der Europäischen Gemeinschaften (**Abl. L 326** vom 18. 12. 1999)
- Interinstitutionelle Vereinbarung vom 06. Mai 1999 zwischen dem Europäischen Parlament, dem Rat und der Kommission über die Haushaltsdisziplin und die Verbesserung des Haushaltsverfahrens (**Abl. C 172** vom 18 .06 .1999).
- Schlußfolgerungen des Vorsitzes Europäischer Rat Berlin 24. und 25. März 1999. Abgedruckt in: Bulletin EU 3-1999. Quelle hier: http://europa.eu.int/council/off/conclu/mar99_de.htm/ 24.02.2000, 14:49 Uhr.

Bereich III: Sonstiges

- Vertrag zur Einsetzung eines gemeinsamen Rates und einer gemeinsamen Kommission der Europäischen Gemeinschaften vom 08. 04. 1965 (**Abl. L 1967 152/2** vom 13. 07. 1967)
- Sechste Richtlinie des Rates vom 17. Mai 1977 zur Harmonisierung der Rechtsvorschriften der Mitgliedstaaten über die Umsatzsteuern - Gemeinsames Mehrwertsteuersystem: einheitliche Steuerpflichtige Bemessungsgrundlage (**Abl. L 145** vom 13. 06. 1977)
- Schlussfolgerungen des Europäischen Rates vom 25. und 26. Juni 1984 in Fontainebleau, abgedruckt in: Bulletin 06/1984 und Bulletin des Presse- und Informationsamtes der Bundesregierung Nr. 17 vom 29. 06. 1984

- Mitteilung der Kommission an den Rat (**Dok. KOM 87/100**): Die Einheitliche Akte muß ein Erfolg werden: Eine neue Perspektive für Europa. Abgedruckt in: Bulletin der Europäischen Gemeinschaften, Beilage 1/87.
- Kommission der Europäischen Gemeinschaften: Industriepolitik in einem offenen und wettbewerbsorientierten Umfeld: Ansätze für ein Gemeinschaftskonzept, Mitteilung der Kommission an den Rat und an das Europäische Parlament. In: Bulletin der Europäischen Gemeinschaften, Beilage 3/91, Luxemburg.
- Kommission der Europäischen Gemeinschaften: 1992: Ein entscheidendes Jahr. Rede von Präsident Jacques Delors vor dem Europäischen Parlament. Von der Einheitlichen Akte zu der Zeit nach Maastricht: Ausreichende Mittel für unsere ehrgeizigen Ziele. Mitteilung der Kommission [**KOM (92) 2000**], Arbeitsprogramm der Kommission für 1992. Abgedruckt in: Bulletin der Europäischen Gemeinschaften, Beilage 1/92.
- Verordnung (EG, Euratom) Nr 2728/94 des Rates vom 31. Oktober 1994 zur Einrichtung eines Garantiefonds für Maßnahmen im Zusammenhang mit den Außenbeziehungen. (**Abl. L 293/1** vom 12. 11. 1994).
- Verordnung (EG) Nr. 1164/94 des Rates vom 16. Mai 1994 zur Errichtung des Kohäsionsfonds (**Abl. L 130** vom 25. 05. 1994).
- Kommission der Europäischen Gemeinschaften: Haushaltsvademekum, verschiedene Jahrgänge, Luxemburg.
- Kommission der Europäischen Gemeinschaften: Die Finanzverfassung der Europäischen Union, Luxemburg 1995.
- Europäische Kommission, Generaldirektion Bildung und Kultur: Glossar. Institutionen, Politiken und Erweiterung der Europäischen Union, Luxemburg 2000

Monographien und Aufsätze

BALASSA (1961):

Balassa, Bela: The Theory of Economic Integration, London.

BEHRENS (1981):

Behrens, Peter: Integrationstheorie - Internationale wirtschaftliche Integration als Gegenstand politologischer, ökonomischer und juristischer Forschung, in: Rabels Zeitschrift für internationales und ausländisches Privatrecht, 45 (1981), S. 08-50

BEIRAT (1992):

Wissenschaftlicher Beirat beim Bundesministerium für Wirtschaft: Schreiben des Wissenschaftlichen Beirats beim Bundesministerium für Wirtschaft an den Bundesminister für Wirtschaft zur Industriepolitik, Bonn, 24. Januar 1992, abgedruckt in: **HELLMANN (1994)**, S. 189 - 194

BEIRAT (1994):

Bundesministerium für Wirtschaft - Referat Öffentlichkeitsarbeit - (Hrsg.): Ordnungspolitische Orientierung für die Europäische Union. Gutachten des Wissenschaftlichen Beirats beim Bundesministerium für Wirtschaft.

BEIRAT (1998):

Wissenschaftlicher Beirat beim Bundesministerium für Wirtschaft und Technologie: Neuordnung des Finanzierungssystems der Europäischen Gemeinschaften, Gutachten Dezember 1998

BIEHL (1987):

Biehl, Dieter: Umrisse einer EG-Finanzverfassung aus föderalistischer Perspektive. In: **MESTMÄCKER ET.AL. (1987)**, S. 51 - 67.

BIEHL (1988):

Biehl, Dieter: Die Reform der EG-Finanzierung aus der Sicht einer ökonomischen Theorie des Föderalismus. In: **STREIT (1988)**, S. 63 - 84.

BIEHL / WINTER (1990):

Biehl, Dieter / Winter, Horst: Europa finanzieren - ein föderalistisches Modell. Gütersloh. (Strategien und Optionen für die Zukunft Europas: Grundlagen; 4).

BIEHL (1991):

Biehl, Dieter: Die EG-Finanzverfassung: Struktur, Mängel und Reformmöglichkeiten. In: **WILDENMANN (1991)**, S. 355 - 389.

BIEHL (1994):
Biehl, Dieter: Zur ökonomischenTheorie des Föderalismus: Grundelemente und ihre Anwendung auf die EU-Finanzunion. In: **SCHNEIDER / WESSELS (1994)**, S. 99 - 201.

BIEHL (1996):
Biehl, Dieter: Zur Reform der EU-Finanzierung: Braucht die EU eine eigene Steuerhoheit? In: **GICK (1996)**, S. 29 - 54.

BLANKART (1996):
Blankart, Charles B.: Braucht Europa mehr zentralstaatliche Koordination? Einige Bemerkungen zu Hans-Werner Sinn. In: Wirtschaftsdienst, 76. Jhrg., Nr. 2, S. 87 - 91.

BLANKART (1998):
Blankart, Charles B.: Öffentliche Finanzen in der Demokratie: eine Einführung in die Finanzwissenschaft; 3., völlig überarbeitete Auflage, München.

BLANKART (1998a):
Blankart, Charles B.: Politische Ökonomie der Zentralisierung der Staatstätigkeit. Humboldt-Universität zu Berlin - Wirtschaftswissenschaftliche Fakultät - Discussion Paper Economics Series 108.

BLECKMANN (1997):
Bleckmann, Albert: Europarecht: Das Recht der Europäischen Union und der Europäischen Gemeinschaften. 6., neubearbeitete und erweiterte Auflage, Köln

BOHNET-JOSCHKO (1996):
Bohnet-Joschko, Sabine: Leviathan Europa? Föderalistische und institutionelle Aspekte der Staatswerdung Europas (Zugl.: Witten / Herdecke, Privatuniv., Diss 1996), Marburg.

BOSS (1999):
Boss, Alfred: Do we need tax harmonization in the EU? Kiel, Institut für Weltwirtschaft, working paper 916.

BOSS (1999a):
Boss, Alfred: For a stable monetary policy and tax competition in Euroland. Kiel, Institut für Weltwirtschaft, Kieler Diskussionsbeiträge 338,

BRETON (1974):

Breton, Albert: The Economic Theory of Representative Government, Toronto 1974.

BUCHANAN / TOLLISON (1972):

Buchanan, James / Tollison, Robert: Theory of Public Choice - Political Applications of Economics, Ann Arbor

BUCHANAN / TULLOCK (1962):

Buchanan, James / Tullock, Gordon: The Calculus of Consent, Ann Arbor.

BRÜMMERHOFF (1996):

Brümmerhoff, Dieter: Finanzwissenschaft; 7., völlig überarbeitete Auflage, München / Wien.

BULL (1990):

Bull, Hans Peter: Zum Wandel öffentlicher Aufgaben und Staatsfinanzen. In: **HESSE / ZÖPEL (1990)**, S. 31 - 38.

BVERFG (1993):

Urteil des Bundesverfassungsgericht vom 12. 10. 1993 (89, 155, II)

CAESAR (1996):

Caesar, Rolf: Finanzordnung der EU. In: **OHR (1996)**, S. 235 - 264.

CAESAR (1996a):

Caesar, Rolf: Zur Reform des EU-Einnahmesystems. Diskussionsbeiträge aus dem Institut für Volkswirtschaftslehre der Universität Hohenheim Nr. 124/1996, Stuttgart.

CAESAR (1997):

Caesar, Rolf (Hrsg.): Zur Reform der Finanzverfassung und Strukturpolitik der EU, Baden-Baden. (Schriften des Arbeitskreises Europäische Integration e.V.; Bd. 42).

CLOSTERMEYER (1997):

Clostermeyer, Claus-Peter. Deutschland - „Zahlmeister“ Europas? In: **CAESAR (1997)**, S. 141 - 152.

COMMICHAU (1998):

Commichau, Michael Friedrich: Nationales Verfassungsrecht und europäische Gemeinschaftsverfassung, 2. Auflage, Baden-Baden 1998. (Nomos Universitätsschriften Recht, Band 163. Zugl.München, Univ. Diss. u. d. T.: Die

Entwicklung des europäischen Gemeinschaftsrechts durch die Rechtsprechung der Europäischen Gerichtshofes und das nationale Verfassungsrecht, 1994).

DEFFAA (1997):
Deffaa, Walter: Deutschland - „Zahlmeister" Europas? In: **CAESAR (1997)**, S. 153 - 160.

DONGES (1998):
Donges, Juergen B.: Was heißt Globalisierung? In: **DONGES / FREYTAG (1998)**

DONGES / FREYTAG (1998)
Donges, Juergen B. / Andreas Freytag (Hrsg.): Die Rolle des Staates in einer globalisierten Wirtschaft. Schriften zur Wirtschaftspolitik; Neue Folge Bd. 6; Herausgegeben von Juergen B. Donges und Johann Eekhoff, Stuttgart.

DOWNS (1968):
Downs, Anthony: Ökonomische Theorie der Demokratie, Tübingen 1968 (Originaltitel: An Economic Theory of Democracy, New York 1957).

EHLERMANN (1994):
Ehlermann, Claus-Dieter: Industriepolitik aus europäischer Sicht. In: **OBERENDER (1994)**, S.107 - 125.

ERBERICH (1997):
Erberich, Ingo: Industriepolitik. In: **BLECKMANN (1997)**, S. 996 - 1004.

ERDMANN ET. AL. (1995):
Erdmann, Klaus / Sattler, Martin / Schönfelder, Walter / Staender, Klaus: Europäische Union: Eine systematische Darstellung von Recht, Wirtschaft und politischer Organisation, Heidelberg.

ERLEI (1997):
Erlei, Mathias: Finanzausgleich in der Europäischen Union. Westfälische Wilhelms-Universität Münster, Lehrstuhl für Volkswirtschaftslehre, insbesondere Geld und Währung; Volkswirtschaftliche Diskussionsbeiträge Nr. 246.

FELD / KIRCHGÄSSNER (1995):
Feld, Lars P. / Kirchgässner, Gebhard: Fiskalischer Wettbewerb in der EU: Wird der Wohlfahrtsstaat zusammenbrechen? In: Wirtschaftsdienst X/1995 S. 562 - 568.

FELDSIEPER / PROKOP (1996):
Feldsieper, Manfred / Prokop, Marc: Dimensionen eines Europäischen Finanzausgleichs. In: Staatswissenschaften und Staatspraxis. Rechts-, wirtschafts- und sozialwissenschaftliche Beiträge zum staatlichen Handeln, 7. Jahrgang 1996, Heft 1, S. 43 - 62.

FOLKERS (1995):
Folkers, Cay: Welches Finanzausgleichssystem braucht Europa? In: **KARL / HENRICHSMEYER (1995)**, S. 87 - 108.

FRANKENBERGER (1999):
Frankenberger, Klaus-Dieter: Und jetzt eine Verfassung? In: Frankfurter Allgemeine Zeitung Nr. 53 vom 04. März 1999, Seite 1.

FRANZMEYER (1995):
Franzmeyer, Fritz: Industriepolitik. In: **WEIDENFELD / WESSELS (1995)**, S.238 - 242

FRIEDRICH (1978):
Friedrich, Manfred (Hrsg.): Verfassung: Beiträge zur Verfassungstheorie, Darmstadt.

FUEST (1996):
Fuest, Clemens: Zur Reform der EU-Fiskalverfassung. In: **STREIT / VOIGT (1996)** S.166 - 178.

FUEST / HUBER (1999):
Fuest, Winfried, Huber, Bernd: Steuern als Standortfaktor im internationalen Wettbewerb. Institut der deutschen Wirtschaft Köln (Beiträge zur Wirtschafts- und Sozialpolitik; 252).

FUGMANN, (1992):
Fugmann, Friedrich: Der Gesamthaushalt der EG: Bedeutung, rechtliche Struktur, Vollzug, Notwendigkeit und Möglichkeit einer Reform. Zugl. Saarbrücken, Diss. u. d. T.: Die rechtliche Struktur der Finanzverfassung der Europäischen Gemeinschaften. Sindelfingen.

GERLACH / KONEGEN / SANDHÖVEL (1996):
Gerlach, Irene / Konegen, Norbert / Sandhövel, Armin: Der Verzagte Staat - Policy-Analysen Sozialpolitik, Staatsfinanzen, Umwelt. Opladen 1996.

GENSER (1995):
Genser, Bernd: Auf der Suche nach einer föderativen Finanzverfassung für Europa. Juristische Fakultät Konstanz - Fakultät für Wirtschaftswissenschaften und Statistik, Serie II - Nr. 290, Dezember 1995.

GICK (1996):
Gick, Wolfgang (Hrsg.): Die zukünftige Ausgestaltung der Regionalpolitik der EU, München.

GERKEN (1995):
Gerken, Lüder (Hrsg.): Europa zwischen Ordnungswettbewerb und Harmonisierung - Europäische Ordnungspolitik im Zeichen der Subsidiarität. Berlin u.a.

GRIESE (1998):
Griese, Antonia: Die Finanzierung der Europäischen Union. Bestandsaufnahme und Ausblick. In: Europarecht, Heft 4 / 1998, S. 462 - 477.

GRIMM (1990):
Grimm, Dieter (Hrsg.): Wachsende Staatsaufgaben - sinkende Steuerungsfähigkeit des Rechts, 1. Auflage, Baden-Baden

GRIMM (1994):
Grimm, Dieter (Hrsg.): Staatsaufgaben; 1. Auflage, Baden-Baden.

GRIMM (1995):
Grimm, Dieter: Braucht Europa eine Verfassung? In Juristen Zeitung, 50. Jahrgang Nr.12 vom 16. Juni 1995.

GRIMM (1997):
Grimm, Dieter: Vertrag oder Verfassung. Die Rechtsgrundlage der Europäischen Union im Reformprozeß Maastricht II. In: **GRIMM / HESSE / JOCHIMSEN / SCHARPF (1997)**, 09 - 32.

GRIMM / HESSE / JOCHIMSEN / SCHARPF (1997):
Grimm, Dieter / Hesse, Jens Joachim / Jochimsen, Reimut / Scharpf, Fritz W.: Zur Neuordnung der Europäischen Union: Die Regierungskonferenz 1996/97. Baden-Baden.

GRIMM (1999):
Grimm, Dieter: Ohne Volk keine Verfassung. Eine demokratische EU braucht bessere Institutionen, aber kein Grundgesetz. In: Die Zeit, 18.03.1999, S. 04.

GRÜSKE / WALTHES (1994):
Grüske, Karl-Dieter / Walthes, Frank: Europäischer Finanzausgleich zwischen EU-Mitgliedstaaten. Determinanten und finanzielle Dimensionen. In: Raumforschung und Raumplanung, 52. Jahrgang 1994, S. 373 - 382.

HALLER / KÖLZ (1996):
Haller, Walter / Kölz, Alfred: Allgemeines Staatsrecht: Ein Grundriss, Basel, Frankfurt.

HAVIGHORST (1998):
Havighorst, Frank: Regionalisierung der Regionalpolitik, Münster. (Zugl.: Bremen, Univ., Diss., 1997).

HAYEK (1968):
Hayek, F. A. v.: Wettbewerb als Entdeckungsverfahren. In ders.: Freiburger Studien, Tübingen, S. 249 - 265.

HEILEMANN (1998):
Heilemann, Ullrich (Hrsg.): Entgrenzung als Erkenntnis- und Gestaltungsaufgabe. Festschrift für Reimut Jochimsen, Berlin.

HEINEMANN (1995):
Heinemann, Friedrich: Die Finanzverfassung und Kompetenzausstattung der Europäischen Union nach Maastricht: Eine finanzwissenschaftliche Soll-Ist-Analyse, Univ.-Diss., Mannheim.

HEINEMANN (1996):
Heinemann, Friedrich: Die ökonomische Föderalismustheorie und ihre Botschaft für die Kompetenzaufteilung im Mehrebenensystem der Europäischen Union. In: **KÖNIG ET. AL. (1996)**, S.117 - 132.

HEINEMANN (1998):
Heinemann, Friedrich: EU-Finanzreform 1999. Eine Synopse der politischen und wissenschaftlichen Diskussion und eine neue Reformkonzeption, Gütersloh.

HEINEMANN (1999):
Heinemann, Friedrich: Der Kompensationsfonds: Eine neue Finanzverfassung für die EU der 21+. In: Wirtschaftsdienst 1999/V, S. 293 - 299.

HEINEMANN (1999a):
Heinemann, Friedrich: Steuerpolitik im EU-Binnenmarkt: Harmonisierung oder Wettbewerb? In: Internationale Politik und Gesellschaft, herausgegeben von der Friedrich-Ebert-Stiftung, S. 179 - 186.

HELLMANN (1994):
Hellmann, Rainer: Europäische Industriepolitik: Zwischen Marktwirtschaft und Dirigismus, 1. Aufl., Baden-Baden.

HETTLAGE (1986):
Hettlage, Karl M.: Finanzverfassung und Finanzverwaltung. In: Staatslexikon. Recht, Wirtschaft, Gesellschaft in 5 Bänden, herausgegeben von der Görres-Gesellschaft. 7., völlig neu bearbeitete Auflage, zweiter Band 605 - 615, Freiburg, Basel, Wien.

HERZOG (1987):
Herzog, Roman: Föderalismus. In: Evangelisches Staatslexikon, Bd. 1. A - M., 3., neubearbeitete und erweiterte Auflage in 2 Bänden, Stuttgart.

HESSE (1978):
Hesse, Konrad: Die normative Kraft der Verfassung. In: **FRIEDRICH (1978)**, S. 77 - 99.

HESSE (1990):
Hesse, Jens Joachim: Der Staat der Zukunft - Zukunft des Staates. Zur Modernisierung öffentlicher Einrichtungen. In: **HESSE / ZÖPEL (1990)**, S. 13 - 27.

HESSE / ZÖPEL (1990):
Hesse, Jens Joachim / Zöpel, Christoph (Hrsg.): Der Staat der Zukunft. 1. Auflage, Baden-Baden 1990.

HÖLSCHEIDT (1997):
Hölscheidt, Sven: Finanzordnung. In: **BLECKMANN (1997)**, S. 440 - 472.

HOHAUS (1996):
Hohaus, Bolko: Steuerwettbewerb in Europa: Eine Analyse der Folgen unbeschränkter Güter und Faktormobilität im Europäischen Binnenmarkt, Frankfurt a. M. u.a., zugl. München, Univ., Diss., 1995.

HOLZEM (1995):
Holzem, Reiner: Industriepolitik und Wirtschaftsordnung: eine ordnungstheoretische Bewertung von Schwerpunkten der europäischen Industriepolitik und der deutschen Forschungs- und Technologiepolitik. Frankfurt a. M. u. a.. (Europäische Hochschulschriften: Reihe 5, Volks- und Betriebswirtschaft; Bd. 1795. Zugl. Aachen, Techn. Hochsch., Diss., 1995)

HRBEK (1986):
Hrbek, Rudolf: Doppelte Politikverflechtung: Deutscher Föderalismus und Europäische Integration. Die deutschen Länder im EG-Entscheidungsprozeß. In: **HRBEK / THAYSEN (1986)**, S. 17 - 36.

HRBEK / THAYSEN (1986):
Hrbek, Rudolf / Thaysen, Uwe (Hrsg.): Die Deutschen Länder und die Europäischen Gemeinschaften: Referate und Diskussionsbeiträge eines Symposiums der Deutschen Vereinigung für Parlamentsfragen am 20./21. Juni 1986 in Stuttgart mit Dokumenten-Anhang, Baden-Baden.

ISENSEE (1995):
Isensee, Josef: Das Volk als Grund der Verfassung: Mythos und Relevanz der Lehre von der verfassungsgebenden Gewalt, Opladen.

ISENSEE / KIRCHHOF (1987):
Handbuch des Staatsrechts der Bundesrepublik Deutschland, Bd. I: Grundlagen von Staat und Verfassung. Heidelberg.

JOCHIMSEN (1998):
Jochimsen, Reimut: Perspektiven der Europäischen Wirtschafts- und Währungsunion, 2. Auflage, Baden-Baden.

KARL / HENRICHSMEYER (1995):
Karl, Helmut / Henrichsmeyer, Wilhelm (Hrsg.): Regionalentwicklung im Prozess der Europäischen Integration, Bonner Schriften zur Integration Europas, Band 4, 1995.

KLATT (1998):
Klatt, Hartmut: Europapolitik im föderalstaatlichen System der Bundesrepublik. In: Staatswissenschaften und Staatspraxis, Rechts-. Wirtschafts- und sozialwissenschaftliche Beiträge zum staatlichen Handeln, 9. Jahrgang 1998, Heft 1, S. 45 - 84.

KLEIN (1991):
Klein, Eckhart: Der Verfassungsstaat als Gliedstaat in einer europäischen Gemeinschaft. In: **STEINBERGER / KLEIN / THÜRER (1991):** S. 56 - 96.

KOENIG / HARATSCH (1998):
Koenig, Christian / Haratsch, Andreas: Europarecht. 2. Auflage, Tübingen.

KOENIG / PECHSTEIN (1998):
Koenig, Christian / Pechstein, Matthias: Die Europäische Union - die Verträge von Maastricht und Amsterdam. 2., völlig neu bearbeitete Auflage, Tübingen.

KÖNIG ET. AL. (1996):
König, Thomas / Rieger, Elmar / Schmitt, Hermann (Hrsg.): Das Europäische Mehrebenensystem (Mannheimer Jahrbuch für Europäische Sozialforschung, Bd. 1, herausgegeben vom Vorstand des Mannheimer Zentrums für europäische Sozialforschung), Frankfurt.

KÖRNER (1999):
Körner, Heiko: Die deutsche Wirtschaftspolitik in der Globalisierungsfalle? In: Wirtschaftsdienst 1999/X, S. 598 - 604.

KÖSTERS (1999):
Kösters, Wim: Systemwettbewerb erzwingt effiziente Lösungen - Zentralisierung entfaltet exzessive Eigendynamik. In: Internationale Politik und Gesellschaft, herausgegeben von der Friedrich-Ebert-Stiftung, S. 187 - 190.

KOHLER-KOCH (1998):
Kohler-Koch, Beate (Hrsg.):Regieren in entgrenzten Räumen; Politische Vierteljahresschrift, 39. Jg. 1998, Sonderheft 29/1998, Opladen / Wiesbaden.

KONEGEN (1996):
Konegen, Norbert: Zwischen Wunsch und Wirklichkeit - Handlungsrealitäten im Politikfeld Staatsverschuldung. In: **GERLACH / KONEGEN / SANDHÖVEL (1996)**, S. 134 - 184.

KONEGEN (2000):
Konegen, Norbert: The Regional and Structural Policy of the European Union. Bisher unveröffentlichter Beitrag. Erscheint demnächst in Meyers et. al. Introduction to European Studies. A Textbook.

KONEGEN / NITSCHKE (1997):

Konegen, Norbert / Nitschke, Peter (Hrsg.): Revision des Grundgesetzes? Ergebnisse der Gemeinsamen Verfassungskommission (GVK) des Deutschen Bundestages und des Bundesrates, Opladen.

KOOP (1996):

Koop, Miachael: Europäische Integration: Rechtsangleichung oder Wettbewerb der Rechtssysteme? In: **STREIT / VOIGT (1996)**, S. 54 - 62.

KRAFF (1997):

Kraff, Manfred: der Finanzausgleich in der Europäischen Union: Theorie, Praxis und Perspektiven, Bonn. (Zugl.: Univ. Diss., Freiburg 1997).

KRAUSE-JUNK (1996):

Krause-Junk, Gerold (Hrsg.): Steuersysteme der Zukunft, Berlin. Schriften des Vereins für Socialpolitik, Gesellschaft für Wirtschafts- und Sozialwissenschaften, Neue Folge Bd. 256, zugleich Beiheft 6 Zeitschrift für Wirtschafts- und Sozialwissenschaften, Jahrestagung des Vereins für Socialpolitik, Gesellschaft für Wirtschafts- und Sozialwissenschaften in Kassel vom 25.- 27. September 1996.

KREMSER / LEISNER (1999):

Kremser, Holger / Leisner, Anna: Verfassungsrecht III - Staatsorganisationsrecht, München

KRÜGER (1998):

Krüger, Malte: Kann Industriepolitik die Wettbewerbsfähigkeit verbessern? In: **DONGES / FREYTAG (1998)**, S. 217 - 235.

LAMMERS (1993):

Lammers, Konrad: Braucht die EG einen Finanzausgleich? In: Beihefte der Konjunkturpolitik, Zeitschrift für angewandte Wirtschaftsforschung. Heft 41/1993: Probleme des Finanzausgleichs in nationaler und internationaler Sicht. S. 189 - 200.

LANG (1997):

Lang, Joachim: Besteuerung in Europa zwischen Harmonisierung und Differenzierung. In: Unternehmen Steuern, FS für Hans Flick zum 70. Geburtstag, herausgegeben von Franz Klein et. al., Köln

Larbig (1998):
Larbig, Gregor S.: Perspektiven des europäischen Steuerwettbewerbs. In: Wirtschaftsdienst1998, Heft 12 S. 743 - 749

Lehner (1998):
Lehner, Franz: regionale Handlungsfähigkeit in einer globalisierten Wirtschaft. In: **Heilemann (1998)**, S. 313 - 330.

Lepach (1998):
Lepach, Alexander: Steuerpolitik im Zeichen der Globalisierung: Quellenbesteuerung von Kapitalerträgen im Wettbewerb - eine politökonomische Betrachtung. In: **Donges / Freytag (1998)**, S. 173 - 198.

Littmann (1977):
Littmann, Konrad: Ausgaben, öffentliche II: Die „Gesetze" ihrer langfristigen Entwicklung. In: Handwörterbuch der Wirtschaftswissenschaft, Bd. 1, S. 349 - 363. Stuttgart.

Magiera (1994):
Magiera, Siegfried: Föderalismus und Subsidiarität als Rechtsprinzipien der Europäischen Union. In: **Schneider / Wessels (1994)**: 71 - 98.

Magiera (1994a):
Magiera, Siegfried: Titel II. Finanzvorschriften. In: Grabitz / Hilf (Hrsg.): Kommentar zur Europäischen Union, Loseblattsammlung, 7. Ergänzungslieferung, September 1994.

Matthes (1995):
Matthes, Heinrich: Die Finanzverfassung eines geeinten Europas. In: **Gerken (1995)**, S. 153 - 160.

Mestmäcker et. al. (1987):
Mestmäcker, Ernst-Joachim et. al. (Hrsg.): Eine Ordnungspolitik für Europa (FS für Hans von der Groeben), 1. Auflage, Baden-Baden.

Molitor (1981):
Molitor, Bernhard: Möglichkeiten und Grenzen staatlicher Industriepolitik. In: Industrie- und Strukturpolitik in der Europäischen Gemeinschaft, herausgegeben vom Vorstand des Arbeitskreises Europäische Integration, 1. Auflage, Baden-Baden, S. 09 - 27.

MÜLLER-GRAFF / RIEDEL (1998):

Müller-Graff, Peter-Christian / Riedel, Eibe (Hrsg.): Gemeinsames Verfassungsrecht in der Europäischen Union, 1. Aufl., Baden-Baden (Schriftenreihe des Arbeitskreises Europäische Integration e. V.; Bd. 43).

MUSGRAVE (1969):

Musgrave, Richard A.: Finanztheorie, 2. Auflage, Tübingen 1969. Titel der Originalausgabe: The Theory of Public Finance, Ann Arbor 1959

MUSGRAVE ET. AL. (1994):

Musgrave, Richard A. / Musgrave, Peggy B. / Kullmer, Lore: Die öffentlichen Finanzen in Theorie und Praxis; Bd.1, 6., aktualisierte Auflage, Tübingen.

MUSSLER / STREIT (1996):

Mussler, Werner / Streit, Manfred E.: Integrationspolitische Strategien in der EU. In: **OHR (1996)**, S. 265 - 292.

NEUMANN (1971):

Neumann, Manfred: Zur ökonomischen Theorie des Föderalismus. In: Kyklos. Internationale Zeitschrift für Sozialwissenschaften, Vol. XXIV, S. 493 - 510.

NITSCHKE (1997):

Nitschke, Peter: Grundgesetz und Europa. In: **KONEGEN / NITSCHKE (1997)**: S. 57 - 75.

OATES (1972):

Oates, Wallace E.: Fiscal Federalism, New York.

OBERENDER (1994):

Oberender, Peter (Hrsg.): Industriepolitik im Widerstreit mit der Wettbewerbspolitik. Schriften des Vereins für Socialpolitik, Gesellschaft für Wirtschafts- und Sozialwissenschaften; N. F., Bd. 231, Berlin

OHR (1996):

Ohr, Renate (Hrsg.): Europäische Integration, Stuttgart, Berlin, Köln.

OPPERMANN (1991):

Oppermann, Thomas: Europarecht: ein Studienbuch. München.

OPPERMANN / CLASSEN (1993):

Oppermann, Thomas / Classen, Claus Dieter: Europäische Union: Erfüllung des Grundgesetzes. In: Aus Politik und Zeitgeschichte, Beilage zur Wochenzeitung *Das Parlament*, Band 28 / 1993, S. 11 - 20.

PEFFEKOVEN (1994):
Peffekoven, Rolf: Die Finanzen der Europäischen Union. Mannheim, Leipzig, Wien, Zürich.

PEFFEKOVEN (1996):
Peffekoven, Rolf: Einführung in die Grundbegriffe der Finanzwissenschaft, 3., überarbeitete Auflage, Darmstadt.

PIES (1996):
Pies, Ingo: Vertrag oder Verfassung? - Institutionenökonomische Perspektiven für die Europäische Union. In: **STREIT / VOIGT (1996)**, S. 32 - 47.

RANDELZHOFER (1987):
Randelzhofer, Albrecht: Staatsgewalt und Souveränität. In: **ISENSEE / KIRCHHOF (1987)**: 691 - 708.

REHFELD (1997):
Rehfeld, D.: Was wissen wir über „erfolgreiche" Regionen: Regionen als statistisches Konstrukt, als wirtschaftlicher Innovationsraum oder als politischer Gestaltungsraum? In: Stadtforschung und Statistik 1997, Heft 1, S. 39ff.

REINICKE (1998):
Reinicke, Wolfgang H.: Globale Ordnungspolitik: Gedanken zu einem überfälligen Thema. In: **HEILEMANN (1996)**, S. 285 - 298.

REUL (1998):
Reul, Jürgen: Legitimation einer staatlichen Industriepolitik und Analyse der europäischen Industriepolitik in ausgewählten Teilbereichen. Frankfurt a.M. u.a.. (Europäische Hochschulschriften: Reihe 5, Volks- und Betriebswirtschaft; Bd. 2263. Zugl. Aachen, Techn. Hochsch., Diss., 1997)

RÖTTINGER / WEYRINGER (1996):
Röttinger, Moritz / Weyringer, Claudia (Hrsg.): Handbuch der europäischen Integration, 2. Auflage 1996, Wien u.a..

RÜRUP / KÖRNER (1985):
Rürup, Bert / Körner, Heiko: Finanzwissenschaft - Grundlagen der öffentlichen Finanzwirtschaft. 2., neubearb. und erw. Auflage, Düsseldorf.

SACHVERSTÄNDIGENRAT (1994):
Sachverständigenrat zur Begutachtung der gesamtwirtschaftlichen Entwicklung, Jahresgutachten 1994/95: Den Aufschwung sichern - Arbeitsplätze schaffen.

SCHACHTSCHNEIDER (1994):
Schachtschneider, Karl Albrecht: Das Maastricht-Urteil: Die neue Verfassungslage der Europäischen Gemeinschaft. In: Recht und Politik, Vierteljahreshefte für Rechts- und Verwaltungspolitik, 30. Jahrgang, März 1994, Heft 1, S. 01 - 09.

SCHARPF ET. AL. (1976):
Scharpf, Fritz / Reissert, Bernd / Schnabel, Fritz: Politikverflechtung: Theorie und Empirie des kooperativen Föderalismus in der Bundesrepublik, Kronenberg.

SCHARPF (1998):
Scharpf, Fritz W.: Die Problemlösungsfähigkeit der Mehrebenenpolitik in Europa. In **KOHLER-KOCH (1998)**: 121-144

SCHARPF (1998a):
Scharpf, Fritz W.: Globalisierung als Beschränkung der Handlungsmöglichkeiten nationalstaatlicher Politik. In: Jahrbuch für neue politische Ökonomie, Bd. 17: Globalisierung, Systemwettbewerb und nationalstaatliche Politik, Tübingen.

SCHIRM (1999):
Schirm, Stefan A.:Krisen, Interessen und Instrumente. Zur Konzeption der Wirkungen globaler Märkte auf Staaten. In: Zeitschrift für Politikwissenschaft, 9. Jhrg., Heft 2/1999, S.413 - 498.

SCHMIDT (1998):
Schmidt, André: Ordnungspolitische Perspektiven der europäischen Integration im Spannungsfeld von Wettbewerbs- und Industriepolitik. Frankfurt a.M. u.a.. (Hohenheimer volkswirtschaftliche Schriften; Bd. 28. Zugl. Hohenheim, Univ., Diss, 1997).

SCHMIDT-BLEIBTREU / KLEIN (1999):
Schmidt-Bleibtreu, Bruno / Klein, Franz: Kommentar zum Grundgesetz. 9. Auflage, Neuwied / Kriftel.

SCHNEIDER / WESSELS (1994):
Schneider, Heinrich / Wessels, Wolfgang (Hrsg.): Föderale Union - Europas Zukunft? München.

SCHULZE-FIELITZ (1990):
Schulze-Fielitz, Helmuth: Staatsaufgabenentwicklung und Verfassung. Zur normativen Kraft der Verfassung für das Wachstum und die Begrenzung der Staatsaufgaben. In: **GRIMM, DIETER (1990)**, S. 11 - 47

SCHUPPERT (1994):
Schuppert, Gunnar Folke: Zur Staatswerdung Europas. Überlegungen zu Bedingungsfaktoren und Perspektiven der europäischen Verfassungsentwicklung. In: Staatwissenschaften und Staatspraxis, 5. Jhrg. 1994, S. 35 - 76.

SCHWEITZER / HUMMER (1996):
Schweitzer, Michael / Hummer, Waldemar: Europarecht. Das Recht der Europäischen Union; das Recht der Europäischen Gemeinschaften (EGKS, EG, EAG); mit Schwerpunkt EG. 5., neubearb. und erw. Auflage, Neuwied.

SEIDL-HOHENVELDERN (1997):
Seidel-Hohenveldern, Ignaz: Völkerrecht. 9., neubearb. Auflage 1997.

SINN (1990):
Sinn, Hans-Werner: Tax harmonization and tax competition in Europe. In: European Economic Review 34 (1990), S. 489 - 504.

SINN (1994):
Sinn, Hans-Werner: How much Europe? Subsidiarity, centralisation and fiscal competition. In: Scottish Journal of Politcal Economy, Vol. 41, No. 1, February 1994.

SINN (1995):
Sinn, Hans-Werner: Implikationen der vier Grundfreiheiten für eine nationale Fiskalpolitik. In: Wirtschaftsdienst V/1995, S. 240 - 249.

SINN (1996):
Sinn, Hans-Werner: Das Prinzip des Diapositivs - Einige Bemerkungen zu Charles B. Blankart. In: Wirtschaftsdienst, 76. Jhrg., Nr. 2, S. 92 - 94.

STABILES GELD (1993):

Stabiles Geld - solide Finanzen. Die öffentlichen Finanzen der Gemeinschaft im Hinblick auf die WWU. Bericht einer unabhängigen Gruppe von Wirtschaftswissenschaftlern. In: Europäische Wirtschaft, Nr. 53.

STARBATTY / VETTERLEIN (1992):

Starbatty, Joachim / Vetterlein, Uwe: Europäische Technologie- und Industriepolitik nach Maastricht. In: Aus Politik und Zeitgeschichte, Beilage zur Wochenzeitung *Das Parlament*, 42. Jhrg. 1992, B 10-11, S. 16 - 24.

STEINBERGER / KLEIN / THÜRER (1991):

Steinberger, Helmut / Klein, Eckhart / Thürer, Daniel: Der Verfassungsstaat als Gliedstaat in einer europäischen Gemeinschaft. Veröffentlichungen der Vereinigung der Deutschen Staatsrechtslehrer, Heft 50, Berlin / New York

STERN (1984):

Stern, Klaus: Das Staatsrecht der Bundesrepublik Deutschland; Band I: Grundbegriffe und Grundlagen des Staatsrechts, Strukturprinzipien der Verfassung; Zweite, völlig neubearbeitete Auflage, München.

STERN (1984a):

Stern, Klaus: Staatsziele und Staatsaufgaben in verfassungsrechtlicher Sicht. In: Bitburger Gespräche, Jahrbuch 1984 der Gesellschaft für Rechtspolitik Trier, S. 5 - 24, München.

STIGLER (1957):

Stigler, George: Tenable Range of Function of Local Government. In Joint Economic Committee (Hrsg.): Federal Expenditures Policy for Economic Growth and Stability, Washington D.C., 213-219.

STRASSER (1992):

Strasser. Daniel: Die Finanzen Europas - Das Haushalts- und Finanzrecht der Europäischen Gemeinschaften. 7. Auflage, 3. Auflage in deutscher Sprache, Luxemburg.

STREINZ (1999):

Streinz, Rudolf: Europarecht. 4., völlig neubearb. Auflage, Heidelberg.

STREIT (1988):

Streit, Manfred E. (Hrsg.): Wirtschaftspolitik zwischen ökonomischer und poltischer Rationalität (FS für Herbert Giersch), Wiesbaden.

STREIT / VOIGT (1996):
Streit, Manfred E. / Voigt, Stefan (Hrsg.): Europa reformieren. Ökonomen und Juristen zur zukünftigen Verfaßtheit Europas (Contributiones Jenenses; Bd. 4). Baden-Baden.

STREIT / WOHLGEMUTH (1999):
Streit, Manfred E. / Wohlgemuth, Michael (Hrsg.): Systemwettbewerb als Herausforderung an Politik und Theorie, 1. Aufl., Baden-Baden (Contributiones Jenenses; Bd. 7).

TIBOUT (1956):
Tibout, Charles: A Pure Thoery of Local Expenditures. In: Journal of Political Economy 64: 416-424.

TIETMEYER (1994):
Tietmeyer, Hans: Intertemporale Herausforderungen wirtschaftspolitischen Handelns. In: Deutsche Bundesbank (Hrsg.): Auszüge aus Presseartikeln, Nr. 38 vom 03. Juni 1994, Frankfurt.

THÖNI (1986):
Thöni, Erich: Politökonomische Theorie des Föderalismus: Eine kritische Bestandsaufnahme. 1. Auflage, Baden-Baden (Schriften zu öffentlichen Verwaltung und öffentlichen Wirtschaft; Bd. 84).

THOMAS (1994):
Thomas, Ingo P.: Finanzausgleich und Kohäsion in der Europäischen Union. In: Die Weltwirtschaft - Vierteljahreszeitschrift des Instituts für Weltwirtschaft an der Universität Kiel 1994 , S. 472 - 491.

URFF (1997):
Urff, Winfried von: Agrarpolitik. In: **WEIDENFELD / WESSELS (1997)**, S. 61 - 68.

VOGEL (1987):
Vogel, Klaus: Der Finanz- und Steuerstaat. In: **ISENSEE / KIRCHHOF (1987)**: 1151-1185

WALTHES (1995):
Walthes, Frank: Europäischer Finanzausgleich, 1996 (zugl.: Univ. Diss. Erlangen-Nürnberg 1995).

WARTENBERG (1994):
Wartenberg, Ludolf von: Industriepolitik im Widerstreit zur Wettbewerbspolitik. In: **OBERENDER (1994)**, S. 55 - 68.

WEBER (1993):
Weber, Albrecht: Zur künftigen Verfassung der Europäischen Gemeinschaft. In: Juristen Zeitung, 48. Jahrgang 1993 vom 02. April 1993, S. 325 - 330.

WECKWERTH (1998):
Weckwerth, Martin: Die Handlungsfähigkeit des Staates vor dem Hintergrund der Internationalisierung von Unternehmen. (Zugl.: Darmstadt, Techn. Hochsch., Diss. 1997) Europäische Hochschulschriften: Reihe 5, Volks- und Betriebswirtschaft, Band 2241. Frankfurt a. M. u.a.

WEIDENFELD (1990):
Weidenfeld, Werner: Die künftige Finanzierung der Europapolitik. In: **BIEHL / WINTER (1990)**, 09 - 19.

WEIDENFELD / WESSELS (1997):
Weidenfeld, Werner / Wessels, Wolfgang (Hrsg.): Europa von A - Z, Taschenbuch der europäischen Integration, 6. Auflage, Bonn.

WEHMEIER (1998):
Wehmeier, Axel: Zwischen Harmonisierung und Systemwettbewerb: Schutzregulierungen im Zeichen der Globalisierung. In: **DONGES / FREYTAG (1998)**, S. 285 - 316.

WILDENMANN (1991):
Wildenmann, Rudolf (Hrsg.): Staatswerdung Europas? Optionen für eine Europäische Union, 1. Auflage, Baden-Baden.

WINDISCH (1999):
Windisch, Rupert: Globalisierung, Systemwettbewerb und Steuerpolitik. In: Probleme der Besteuerung II (Schriften des Vereins für Socialpolitik, Gesellschaft für Wirtschafts- und Sozialwissenschaften; N. F., Bd. 259) Berlin, S. 127 - 174.

WURMELING (1996):
Wurmeling, Joachim: Der EU-Haushalt: Politik in ECU. In: **RÖTTINGER / WEYRINGER (1996)**.

ZEITGESPRÄCH (1999):
Grundlegende Reform des Finanzierungssystems der EU. In: Wirtschaftsdienst 1999/II, S. 71 - 83. Darin die Beiträge: **NEUMANN, MANFRED J. M.:** Reform der Finanzierung der Europäischen Gemeinschaft; **VON WOGAU, CARL:** Die zukünftige Finanzierung der EU: Wird der deutsche Nettobeitrag vermindert? Und **DICKERTMANN, DIETRICH:** EU: Die Nettozahler- und Nettoempfänger-Positionen auf dem Prüfstand.

ZIMMERMANN / HENKE (1994):
Zimmermann, Horst / Henke, Klaus-Dirk: Finanzwissenschaft: eine Einführung in die Lehre von der öffentlichen Finanzwirtschaft. 7., völlig überarbeitete und erweiterte Auflage, München.

Anhang A:

TABELLE 1: FINANZIELLE VORAUSSCHAU EU-15

Mio. Euro- Preise 1999 –Mittel für Verpflichtungen	2000	2001	2002	2003	2004	2005	2006
1. LANDWIRTSCHAFT	**40920**	**42800**	**43900**	**43770**	**42760**	**41930**	**41660**
GAP-Ausgaben (außer Entwicklung des ländlichen Raums) Entwicklung des ländlichen Raums und flankierende Maßnahmen	36620 4300	38480 4320	39570 4330	39430 4340	38410 4350	37570 4360	37290 4370
2. STRUKTURPOLITISCHE MASSNAHMEN	**32045**	**31455**	**30865**	**30285**	**29595**	**29595**	**29170**
Strukturfonds Kohäsionsfonds	29430 2615	28840 2615	28250 2615	27670 2615	27080 2515	27080 2515	26660 2510
3. INTERNE POLITIKBEREICHE	**5900**	**5950**	**6000**	**6050**	**6100**	**6150**	**6200**
4. EXTERNE POLITIKBEREICHE	**4550**	**4560**	**4570**	**4580**	**4590**	**4600**	**4610**
5. VERWALTUNG	**4560**	**4600**	**4700**	**4800**	**4900**	**5000**	**5100**
6. RESERVEN	**900**	**900**	**650**	**400**	**400**	**400**	**400**
Währungsreserve Reserve für Soforthilfen Reserve für Garantien	500 200 200	500 200 200	250 200 200	0 200 200	0 200 200	0 200 200	0 200 200
7. HILFE ZUR VORBEREITUNG AUF DEN BEITRITT	**3.120**	**3.120**	**3.120**	**3.120**	**3.120**	**3.120**	**3.120**
Landwirtschaft Strukturpolitisches Instrument zur Vorbereitung auf den Beitritt PHARE (Bewerberländer)	520 1.040 1.560	520 1.040 1.560	520 1.040 1.560	520 1.040 1.560	520 1.040 1.560	520 1.040 1.560	520 1.040 1.560
GESAMTBETRAG DER MITTEL FÜR VERPFLICHTUNGEN	**91995**	**93385**	**93805**	**93005**	**91465**	**90795**	**90260**
GESAMTBETRAG DER MITTEL FÜR ZAHLUNGEN	**89590**	**91070**	**94130**	**94740**	**91720**	**89910**	**89310**
Mittel für Zahlung in % des BSP	1,13%	1,12%	1,13%	1,11%	1,05%	1,00%	0,97%
BEITRITTSBETRAG (Mittel für Zahlungen)			**4.140**	**6.710**	**8.890**	**11.440**	**14.220**
Landwirtschaft Sonstige Ausgaben			1.600 2.540	2.030 4.680	2.450 6.640	2.930 8.510	3.400 10.820
OBERGRENZE DER MITTEL FÜR ZAHLUNGEN	**89590**	**91070**	**98270**	**101450**	**100610**	**101350**	**103530**
Obergrenze der Mittel für Zahlungen in % des BSP	1,13%	1,12%	1,18%	1,19%	1,15%	1,13%	1,13%
Spielraum für unvorhergesehene Ausgaben	0,14%	0,15%	0,09%	0,08%	0,12%	0,14%	0,14%
Eigenmittelobergrenze	**1,27%**	**1,27%**	**1,27%**	**1,27%**	**1,27%**	**1,27%**	**1,27%**

TABELLE 2: FINANZRAHMEN FÜR DIE EU-21

Mio. Euro - Preise 1999 - Mittel für Verpflichtungen	2000	2001	2002	2003	2004	2005	2006
1. LANDWIRTSCHAFT	**40920**	**42800**	**43900**	**43770**	**42760**	**41930**	**41660**
GAP-Ausgaben (außer Entwicklung des ländlichen Raums) Entwicklung des ländlichen Raums und flankierende Maßnahmen	36620 4300	38480 4320	39570 4330	39430 4340	38410 4350	37570 4360	37290 4370
2. STRUKTURPOLITISCHE MASSNAHMEN	**32045**	**31455**	**30865**	**30285**	**29595**	**29595**	**29170**
Strukturfonds Kohäsionsfonds	29430 2615	28840 2615	28250 2615	27670 2615	27080 2515	27080 2515	26660 2510
3. INTERNE POLITIKBEREICHE	**5900**	**5950**	**6000**	**6050**	**6100**	**6150**	**6200**
4. EXTERNE POLITIKBEREICHE	**4550**	**4560**	**4570**	**4580**	**4590**	**4600**	**4610**
5. VERWALTUNG	**4560**	**4600**	**4700**	**4800**	**4900**	**5000**	**5100**
6. RESERVEN	**900**	**900**	**650**	**400**	**400**	**400**	**400**
Währungsreserve Reserve für Soforthilfen Reserve für Garantien	500 200 200	500 200 200	250 200 200	0 200 200	0 200 200	0 200 200	0 200 200
7. HILFE ZUR VORBEREITUNG AUF DEN BEITRITT	**3.120**	**3.120**	**3.120**	**3.120**	**3.120**	**3.120**	**3.120**
Landwirtschaft Strukturpolitisches Instrument zur Vorbereitung auf den Beitritt PHARE (Bewerberländer)	520 1.040 1.560	520 1.040 1.560	520 1.040 1.560	520 1.040 1.560	520 1.040 1.560	520 1.040 1.560	520 1.040 1.560
8. ERWEITERUNG			**6.450**	**9.030**	**11.610**	**14.200**	**16.780**
Landwirtschaft Strukturpolitische Maßnahmen Intere Politikbereiche Verwaltung			1.600 3.750 730 370	2.030 5.830 760 410	2.450 7.920 790 450	2.930 10.000 820 450	3.400 12.080 850 450
GESAMTBETRAG DER MITTEL FÜR VERPFLICHTUNGEN	**91995**	**93385**	**100255**	**102035**	**103075**	**104995**	**107040**
GESAMTBETRAG DER MITTEL FÜR ZAHLUNGEN	**89590**	**91070**	**98270**	**101450**	**100610**	**101350**	**103530**
davon: Erweiterung			***4.140***	***6.710***	***8.890***	***11.440***	***14.210***
Mittel für Zahlungen in % des BSP	1,13%	1,12%	1,14%	1,15%	1,11%	1,09%	1,09%
Spielraum für unvorhergesehene Ausgaben	0,14%	0,15%	0,13%	0,12%	0,16%	0,18%	0,18%
Eigenmittelobergrenze	**1,27%**	**1,27%**	**1,27%**	**1,27%**	**1,27%**	**1,27%**	**1,27%**

Quelle: Schlußfolgerungen des Vorsitzes Europäischer Rat Berlin

Anhang B: Übersicht über die Entwicklung des Systems der eigenen Mittel der Gemeinschaften mit den entsprechenden Änderungen der jeweiligen Eigenmittel-Beschlüsse und dem Vorschlag der Kommission

Die Entwicklung des Systems der eigenen Mittel der Gemeinschaften						
	Agrarabschöpfungen & Zölle	**Mehrwertsteuer-Eigenmittel**	**BSP-EM**	**EM-Gesamtobergrenze**	**IIV und FVS**	**Laufzeit**
1. EMB vom 21.04.1970	▸ Einnahmekompetenz bei der Gemeinschaft. ▸ Vollständige Budgetierung der Einnahmen in den Haushalt. ▸ Erstattung von 10% Erhebungskostenpauschale an die Mitgliedstaaten.	▸ Einführung der MwSt.-Eigenmittel. ▸ Begrenzung auf max. 1% der einheitlichen Bemessungsgrundlage.				**1971 bis 1985**
2. EMB vom 07.05.1985	▸ keine Änderungen.	▸ Anhebung des MwSt.-Eigenmittelsatzes auf max. 1,4% der einheitlichen Bemessungsgrundlage. ▸ Einführung eines Korrekturmechanismus für Großbritannien				**1986 bis 1987**
3. EMB vom 24.06.1988 (Delors I)	▸ Einbehaltung der Erhebungskostenpauschale durch die MS. ▸ Zölle der EGKS in der Ertragskompetenz der Gemeinschaft.	▸ Beibehaltung des 1,4%-Plafonds. ▸ Kappung der MwSt.-Bemessungsgrundlage bei 55% des BSP ▸ Neuregelung des Ausgleichsmechanismus für Großbritannien.	▸ Einführung der BSP-EM.	▸ Einführung der Eigenmittel-Obergrenze von 1,20% des gesamten BSP der Gemeinschaft.	▸ Einführung der IIV und der FVS.	**1988 bis 1994**
4. EMB vom 12.11.1994	▸ keine Änderungen	▸ stufenweise Rückführung des Höchstsatzes auf 1% der Bemessungsgrundlage. ▸ stufenweise Reduzierung der MwSt.-Bemessungsgrundlage auf 50% des BSP ▸ Korrektur der Haushaltsungleichgewichte zugunsten Großbritanniens	▸ keine Änderung	▸ Fixierung der Eigenmittel-Gesamtobergrenze bei max. 1,27% des gesamten BSP der Gemeinschaft im Jahr 1999	▸ Erneuerung der IIV und der FVS.	**1995 bis 1999 (2002)**
Vorschlag KOM (1999) 333 endg.	▸ Erhöhung der Erhebungskostenpauschale von 10 auf 25%	▸ Reduzierung des Höchstsatzes auf 0,75% für 2002 und 2003. ▸ Ab 2004 Fixierung des Höchstsatzes auf 0,50% der Bemessungsgrundlage	▸ keine Änderung	▸ Beibehaltung der Eigenmittelobergrenze von max. 1,27% des BSP der Gemeinschaft bis 2006	▸ Erneuerung der IIV und der FVS.	**2002 bis 2006**

Quelle: Eigene Zusammenstellung

Peter Lang · Europäischer Verlag der Wissenschaften

Dieter Bögenhold (Hrsg.)

Kleine und mittlere Unternehmen im Strukturwandel – Arbeitsmarkt und Strukturpolitik

Frankfurt/M., Berlin, Bern, Bruxelles, New York, Oxford, Wien, 2000.
243 S., zahlr. Tab.
Strukturwandel und Strukturpolitik. Bd. 2
Herausgegeben von Wolfram Elsner
ISBN 3-631-36316-8 br. DM 74.–*

In der Reihe nationaler und internationaler Maßnahmen zur Ankurbelung von Wachstum und Beschäftigung besitzt die Förderung kleiner und mittlerer Unternehmen und insbesondere von beruflicher Selbständigkeit und Unternehmensgründungen einen zentralen Stellenwert. Bei aller Euphorie muß freilich auch auf ernüchternde Tatbestände hingewiesen werden. Der Band beschäftigt sich in interdisziplinärer Perspektive mit unterschiedlichen wirtschafts-, sozial- und strukturpolitischen und sozioökonomischen Aspekten der Thematik. „Arbeit in und von KMU's", „Selbständige und Unternehmensgründungen" und „Entrepreneurship und Industrie- und Strukturpolitik" sind die Kapitel, unter die sich die Beiträge von namhaften Wirtschafts- und Sozialwissenschaftlern rangieren.

Frankfurt/M · Berlin · Bern · Bruxelles · New York · Oxford · Wien
Auslieferung: Verlag Peter Lang AG
Jupiterstr. 15, CH-3000 Bern 15
Telefax (004131) 9402131
*inklusive Mehrwertsteuer
Preisänderungen vorbehalten

Kolibri 360 GmbH
Ferdinand-Jühlke-Straße 7
99095 Erfurt, Deutschland
produktsicherheit@kolibri360.de

Druck:
CPI Druckdienstleistungen GmbH
im Auftrag der
Kolibri 360 GmbH
Ferdinand-Jühlke-Str. 7
99095 Erfurt